湖南省日本文化研究与交流中心资助项目

高校日语专业教材

新编 日本社会文化

许建明　编著

东南大学出版社
SOUTHEAST UNIVERSITY PRESS
·南京·

图书在版编目(CIP)数据

新编日本社会文化/许建明编著. —南京:东南大学出版社,2016.6(2022.2 重印)

ISBN 978-7-5641-6481-2

Ⅰ.①新… Ⅱ.①许… Ⅲ.①日语—高等学校—教材 ②文化—概况—日本 Ⅳ.①H36

中国版本图书馆 CIP 数据核字(2016)第 098811 号

新编日本社会文化

编　　著	许建明
出版发行	东南大学出版社
责任编辑	周　菊
社　　址	南京市四牌楼 2 号(邮编:210096　电话:025-83793330)
经　　销	全国各地新华书店
印　　刷	苏州市古得堡数码印刷有限公司
开　　本	880 mm×1230 mm　1/32
印　　张	12.875
字　　数	272 千字
版　　次	2016 年 6 月第 1 版
印　　次	2022 年 2 月第 2 次印刷
书　　号	ISBN 978-7-5641-6481-2
定　　价	40.00 元

(本社图书若有印装质量问题,请直接与营销部联系。电话:025-83791830)

前　言

中国和日本是一衣带水的邻邦，两国之间有着悠久的历史文化交流，随着经济全球化进一步发展，中日间的政治、文化、经济、科技等多领域的交流与合作更加拓展与深化，当前中国和日本在经济贸易的进出口上已经是最大的贸易国家，两国人民之间的友好往来也是最多的。为更好的推进中日合作和共同发展，促进中日之间各方面个层次交流合作的顺畅进行，亟需一大批既具备扎实的日语语言基本功、又熟知中日文化和跨文化交际能力的复合型、应用型外语人才。

自1972年中日邦交正常化以来，中国不仅从未停止过对日本的研究，而且这种研究随着两国关系及国际形势的发展越来越深化，已成为国际关系研究领域的一个十分重要的课题，中日关系也因此日益受到社会各界普遍的关注。

研究日本，首先要从分析日本历史社会发展状况和厘清由日本历史社会发展的每一时期产生的日本文化传承及变迁入手。近几年介绍和研究日本文化的书籍逐渐增多，这些书虽然从不同方面介绍了日本的衣食住行等风俗民情，但所涉及的范围较窄，仅集中于生活习俗而已。整体而全面地概括日本历史的发展、研究日本社会及日本文化的出版物很少。文化产生于社会、来源于社会、实用于社会。如何将日本每一历史时期的社会和文化介绍给广大的读者，是日本教学、研究工作者的一项义不容辞的责任。

本书按照教育部高等院校日语教学大纲的指导原则，由湖南省日本文化研究与交流中心和湖南省留学生交流中心的协力合作。考虑到日语专业的大学生及日语爱好者学习和实际需要，作者注意到了知识的涵

盖面和知识的连贯性,突出趣味性和知识性,叙述简明、通俗易懂。

　　本书的结构是这样安排的,全书共由10章组成。第1章是日本社会文化的序说;第2章是对日本的地理、环境、人口、资源的介绍;第3章是日本的概说;第4章是每一历史时期的社会文化介绍分析;第5章是日本的经济及企业经营;第6章是日本人的意识和生活文化,其中还叙述了当今的日本人的"治愈系"文化;第7章是日本人的传统、艺能、"道"文化;第8章是日本的风俗习惯;第9章是当今日本的社会保障;第10章是日本现代的文化产业。这种体例的安排并不是一种刻意的追求,而是根据本书的书名和日本社会与文化所持有的双重结构特性来决定的,为的是能更好地将一个完整而真实的日本条理清晰地介绍给广大的读者。

　　本书的编写工作得到了各级领导的关心和领导。湖南农业大学外国语学院院长胡东平教授在选题、策划等诸多方面给予了全力的支持。原日本九州大学教授、九州产业大学校长林正雄博士在审阅了本书的原稿后提出了许多极有价值的意见和建议;外籍日语教师小财佑介先生(已故)为本书的日语审阅,认真仔细地审阅了全稿,在此深表感谢。本书还得到了本校李薇老师的大力协助,特别是我们的外籍日语教师阿部叶菜子对书中部分内容进行了认真的更新审阅,在此深表感谢。对文中引用的中外学者的观点,出于行文顺畅的考虑,没有在文中逐一标明出处,我们在参考文献中一并列出,对此,我们表示深深的歉意。在此,我们谨向这些学者致以由衷的敬意,并对他们的观点对于本书的贡献表示诚挚的谢意。

　　本书的出版,得到了东南大学出版社的大力支持和鼎力相助,在此深表谢意。由于本人的水平有限,错误之处在所难免,恳请读者及专家学者赐予宝贵意见,以助于今后不断改进和完善。

2022.2

◎ 目録 ◎

目　録

第1章　日本社会・文化 …… 1
1. 日本社会・文化の特徴 …… 1
1.1　競争的な集団主義 …… 1
1.2　現世主義 …… 2
1.3　現在を貴ぶ態度 …… 3
1.4　外面的な形式主義と極端な主観主義 …… 3
2. 日本文化の開放性と主体性 …… 5
2.1　東洋的な源 …… 6
2.2　日本文化の開放性 …… 7
2.3　日本文化の主体性 …… 8
3. 日本文化の混雑性 …… 10

第2章　地理・環境・人口・資源 …… 11
1. 日本の地理 …… 11
1.1　位置 …… 11
1.2　国土の自然特徴 …… 12
1.3　自然災害 …… 15
2. 日本人と自然資源 …… 16
2.1　人口の動向 …… 18
2.2　天然資源 …… 19
2.3　資源の開発と利用 …… 21
3. 省エネ及びエネルギーの使用規制 …… 22

第3章　日本社会の概説 …… 24

1. 日本の象徴 …… 24
1.1　首都 …… 24
1.2　国旗 …… 24
1.3　国章 …… 25
1.4　国歌 …… 25
1.5　国花 …… 26
1.6　国鳥 …… 26
1.7　象徴天皇制 …… 27
1.8　天皇・皇室・元号 …… 27

2. 政治機構 …… 29
2.1　国家の権力特徴 …… 29
2.2　政党政治と選挙 …… 37

3. 日米安保体制と日本の防衛 …… 43
3.1　日米安全保障条約と戦後日本防衛体系の確立 …… 43
3.2　自衛隊と日米安保体制の強化 …… 45
3.3　自衛隊の現状 …… 47

4. 大国との外交関係 …… 49
4.1　日本外交の基軸 …… 49
4.2　日米の基軸関係 …… 49
4.3　日中関係の現状 …… 50
4.4　日ロ …… 52
4.5　アジア外交 …… 52

5. 外交に向けての方針 …… 54

第4章　日本歴史・文化の歩み …… 55

1. 原始、古代の文化 …… 55
1.1　日本人の起源 …… 55
1.2　日本国号の由来 …… 56

1.3　旧石器時代の文化 ……………………………………… 58
　　1.4　縄文時代 ………………………………………………… 60
　　1.5　弥生時代 ………………………………………………… 62
　　1.6　古墳時代 ………………………………………………… 66
　　1.7　飛鳥時代 ………………………………………………… 68
　　1.8　奈良時代 ………………………………………………… 70
　　1.9　平安時代 ………………………………………………… 73
　2. 中世 …………………………………………………………… 76
　　2.1　鎌倉時代 ………………………………………………… 76
　　2.2　室町時代 ………………………………………………… 80
　　2.3　戦国時代 ………………………………………………… 82
　3. 近世 …………………………………………………………… 83
　　3.1　安土、桃山時代 ………………………………………… 83
　　3.2　江戸時代 ………………………………………………… 86
　4. 近代、現代 …………………………………………………… 90
　　4.1　明治時代 ………………………………………………… 90
　　4.2　大正時代 ………………………………………………… 92
　　4.3　昭和時代 ………………………………………………… 99
　　4.4　平成時代 ………………………………………………… 101

第5章　日本の経済と企業 ……………………………………… 104
　1. 戦後の日本経済の概要 ……………………………………… 104
　　1.1　高度経済成長 …………………………………………… 105
　　1.2　日本経済成功の条件 …………………………………… 107
　　1.3　日本経済成功の要因 …………………………………… 111
　2. 日本の経済成長状況 ………………………………………… 112
　　2.1　日本の貿易、国際収支 ………………………………… 114
　　2.2　日中貿易の新しい動向 ………………………………… 118

3. 日本の産業 …………………………………………………… 120
　3.1　第1次産業 ……………………………………………… 122
　3.2　第2次産業 ……………………………………………… 129
　3.3　第3次産業 ……………………………………………… 139
　3.4　主な工業地帯 …………………………………………… 154
4. 日本の企業と企業経営 …………………………………… 162
　4.1　日本の企業 ……………………………………………… 162
　4.2　日本企業の経営 ………………………………………… 165
　4.3　日本の企業様式の特徴 ………………………………… 168

第6章　日本人の意識と生活文化 ……………………… 172
1. 信仰と意識 ………………………………………………… 172
　1.1　日本人の観念 …………………………………………… 173
　1.2　日本人の国民性 ………………………………………… 174
2. 日本人の衣・食・住 ……………………………………… 176
3. 衣・食・住の歩み ………………………………………… 179
4. 礼儀作法 …………………………………………………… 187
5. 「癒し」が関心事に ………………………………………… 188
　5.1　心と体をわけられるものか …………………………… 191
　5.2　インキュベーション …………………………………… 194
　5.3　死とたましい …………………………………………… 198
　5.4　創ることと癒すこと …………………………………… 199
　5.5　いじめと「内的権威」 …………………………………… 202
6. 余暇生活 …………………………………………………… 204
　6.1　「レジャー」 ……………………………………………… 204
　6.2　娯楽とスポーツ ………………………………………… 205
　6.3　交際的なスポーツ ……………………………………… 211
　6.4　旅行・観光 ……………………………………………… 212

第7章 日本人の伝統・芸能・「道」文化 …………………… 214
1. 民間の祝日 ……………………………………………………… 214
2. 正月と年中行事 ………………………………………………… 217
   2.1 お正月 ……………………………………………………… 217
   2.2 年中行事 …………………………………………………… 220
   2.3 郷土伝統的な活動 ………………………………………… 224

第8章 日本の風俗習慣 …………………………………………… 249
1. 日本の贈答 ……………………………………………………… 249
   1.1 モノのやりとり …………………………………………… 252
   1.2 共時的交換と通時的交換 ………………………………… 252
   1.3 贈り物は渡す ……………………………………………… 255
   1.4 贈り物へのお返し ………………………………………… 255
   1.5 贈答文化の連続・可変・創出 …………………………… 256
2. 日本での婚礼 …………………………………………………… 257
   2.1 神前式 ……………………………………………………… 257
   2.2 仏前式 ……………………………………………………… 258
   2.3 キリスト教(教会)式 ……………………………………… 258
   2.4 人前式 ……………………………………………………… 259
3. 日本での葬儀 …………………………………………………… 260
   3.1 葬儀 ………………………………………………………… 260
   3.2 法要 ………………………………………………………… 262
   3.3 祭祀 ………………………………………………………… 262

第9章 日本の社会保障 …………………………………………… 263
1. 社会保障の目的と機能 ………………………………………… 264
2. 日本の社会保障の特徴 ………………………………………… 267
   2.1 日本の社会保険制度 ……………………………………… 271
   2.2 国民皆保険・皆年金 ……………………………………… 274
3. 日本の社会保障の諸制度 ……………………………………… 276
   3.1 医療制度・公衆衛生・公的年金制度 …………………… 276

3.2　介護保険制度・高齢者福祉 …………………………… 286
3.3　雇用保険制度・求職者支援制度・労災保険制度 …… 288
3.4　生活保護制度・社会福祉制度 …………………………… 291

第10章　現代日本文化産業 …………………………………… 300
1. 日本文化産業戦略概要 ………………………………………… 300
1.1　日本文化産業の影響力 …………………………………… 300
1.2　日本文化産業の現状 ……………………………………… 301
1.3　現代文化産業戦略 ………………………………………… 303
2. 日本の漫画 ……………………………………………………… 307
2.1　日本漫画の語源と表現形式 ……………………………… 308
2.2　日本漫画の技法、評論、分類 …………………………… 311
3. 日本出版物の出版状況 ………………………………………… 314
4. 日本のアニメ …………………………………………………… 316
4.1　日本アニメの発展 ………………………………………… 316
4.2　輸出と外国の評価 ………………………………………… 320

附録 …………………………………………………………………… 323
附録1　日中簡体汉字対照表 …………………………………… 323
附録2　日本の国立大学一覧表 ………………………………… 333
附録3　日本三大名称一覧表 …………………………………… 335
附録4　中央省庁再編 …………………………………………… 341
附録5　日本人のノーベル賞受賞者一覧 ……………………… 345
附録6　日本人口状況 …………………………………………… 348
附録7　祝日・行事 ……………………………………………… 350
附録8　日本と中国の友好都市及び県省の締結状況 ………… 356
附録9　日中の共同声明、宣伝、平和友好条約 ……………… 371
附録10　日本の歴史上の人物要覧 ……………………………… 380
附録11　年表 ……………………………………………………… 386

参考文献 ……………………………………………………………… 398

第1章　日本社会・文化

　日本文化の特徴を「雑種文化」という言葉で表した(加藤周一 1981)。日本は海外から様々な宗教や思想を受け入れてきたが、その結果、日本の文化は様々な発想の寄せ集めからなっているというわけである。

● 1. 日本社会・文化の特徴

　日本社会・文化の基本的な特徴を次のようにまとめている。

1.1　競争的な集団主義

　日本の集団の原型としては「イエ」と「ムラ」の二つが考えられるが、「ムラ」のモデルを考えると、次の四つの特徴があげられる。
　第一の特徴は順応性で、みんなが同じようにふるまい、同じような意見をもつのが理想とされる。
　第二に、意見の一致が理想なので、少数意見は望ましくなく、極端な場合には、異なった意見を持つ成員を集団の外に追い出す「村八

分」が行われることになる。

　第三に、集団内部の構造がしばしば厳格な上下関係によって成り立っている。

　第四の特徴は競争で、日本の集団主義はアジアの集団主義と違って、競争が激しく、集団間の競争も集団内の競争も激しいと考えられる。

　以上の「ムラ」のモデルに関して、二つ興味深い点をあげる。

　第一に、日本の「ムラ」社会の構造には「垂直」だけでなく、「水平」の人間関係もあったので、明治維新や戦後改革を経て「平等」主義が日本に定着したと考える。これに対して、個人の「自由」は伝統的な集団主義と対立するので、日本では徹底しなかったと考える。

　第二に、日本の集団は内部での競争があまりに激しいので、集団全体の能率を妨(さまた)げることを避けるために、集団で責任をとるという巧妙な仕掛けを備えていると考える。

1.2　現世主義

　日本人は日常生活の現実を超えるような価値や権威（宗教など）に責任をもって係わらず、日常の世界に係わる傾向がある。集団に強く組み込まれた個人にとって、個人が属するのは集団そのものであり、日本の文化を形成する世界観は基本的には彼岸的＝日常的・現実的である。日本では、死後の彼岸(ひがん)の世界も所属集団の延長と考えられており、生きていた時に属していた集団への所属性は死んでも変わらない。このため、日本では、宗教（仏教）が大衆に入ると現世利益や彼岸的効用を求めるものとなり、教条的な宗教体系は生まれず、宗教は世俗化される。個人が集団に組み込まれている状況の

もとでは、個人が所属集団(具体的には家や村、藩、会社、国家)を超越する権威や価値(たとえばキリスト教の神、儒教の天)にコミットすることは困難になる。このように日本では、絶対的な価値がないので、個人が集団の利益に対して自己を主張することができず、超越的価値がないので、西洋と違ってユートピア主義は現れない。

これは日本の実用的な技術主義、享楽主義、美的装飾主義の背景となる。個人的な行動様式としては、自覚されない便宜主義や大勢順応主義につながり、芸術的な表現では全体の秩序よりも部分の感覚的洗練が強調され、大きなビジョンや構想を描くことなく、個々の政策や施策を小出しにするという現在の政治にもつながっている。

1.3 現在を貴ぶ態度

日本では、時間とは連続している今であり、キリスト教の時間概念のように初め(創世記)と終わり(終末論)が存在しない。したがって、「明日は明日の風が吹く」という現在主義が主流になり、現在の状況を理解または評価するために、以前の事情や今後の発展を考えることは行われない。日本では昔のことは心配せず、都合の悪いことは早く忘れ、未来のこともあまり心配しない。状況は「変える」ものではなく「変わる」ものであり、予想できない変化が起こった場合には、素早く反応する技術が発達する。

1.4 外面的な形式主義と極端な主観主義

日本では、集団内部の秩序維持のために極端な形式主義と主観主義が重視される。形式主義のもとで複雑な儀式の体系が普及し、名

目尊重の習慣（贈答の習慣や実質よりも名前を重んずる習慣など）が生まれる。主観主義とは気持尊重主義であり、実際に行った行動の結果よりも、そのような行動を選択した当人の心や動機が重視される。

　日本では、気持ちや心の尊重は以心伝心を理想的なコミュニケーションとみなす傾向につながる。小集団では、言葉に訴（うった）えなくても非常に微妙なことがわかり合えるが、外部に対しては言葉に訴えないとコミュニケーションは成立しないので、日本では内部のコミュニケーションは円滑で、外部のコミュニケーションは困難という状況が生まれることになる。

　以上の四つの特徴が、外に対する時にどういう形で表れるかという対外的態度については、日本では成員個人が集団に高度に組み込まれているので、このような集団は外に対しては閉鎖的になり、内の者と外の者との区別が非常に強くなると捉（とら）えた。この結果、地理的条件も加わって、日本では鎖国心理が残っており、海外諸国とのコミュニケーションの困難さが国際的孤立への恐怖（きょうふ）につながり、これは今までの日本の歴史においては強大国への一辺倒（いっぺんとう）となって表れた。すなわち、明治の日英同盟時代にはイギリス、1930年代にはドイツ、戦後はアメリカ、そして、それに対して左翼的な人々については、まずはソ連、ついで中国への一辺倒の姿勢がとられたというわけである。

　鎖国心理の反面、外国の文化を受け入れやすいことも日本の特徴であると考える。日本は、古代には中国・朝鮮の文化、明治維新以降は西洋の文化を積極的に受け入れた。このように日本人は外人は嫌いだが、外人の文化は好きだったのは、外国が遠いという感覚、

◎ 第1章　日本社会・文化 ◎

つまり鎖国心理のもとで、海外の人と文化があらかじめ分離されたためであると考えている。このように考えつつも、先進国間の経済的関係や技術的な情報交換、文化的相互依存が次第に密接になる状況のもとで日本が生き延びていくためには鎖国心理を克服する必要がある。

 2. 日本文化の開放性と主体性

東洋の文化は多く印度や中国にその源を持つものであるから、日本文化が東洋文化の一部である以上、印度や中国の文明と共通面の非常に多いことは申すまでもない。しかし、そういう共通面よりさらに進んで、日本だけに固有な文化が発達したことは極めて興味があり、かつ重要なことである。

日本は、長い歴史の中で、中国やヨーロッパから入った文明を吸収しながら独特の日本文化を形成したのである。日本文化は、外国から取り入れたものを蓄えて、反映したのである。

日本は古くから周辺文明として、長期にわたって孤立的に発展してきた。古代の日本は、アジアの東に位置している孤島として、独自に自分の文化を発展させてきた。

中国文化が原生的、創造的な文化であると考える場合、日本文化は継発的、摂取的な文化であるといえる。継発的、摂取的な特性が日本文化に開放性と主体性をもたらした。

周知の通り、東アジア文明圏或は「儒教」文明圏、西洋のキリスト教文明圏、西アジア―中東のイスラム文明圏と南アジア仏教―インド教文明圏とが世界四大文明圏と呼ばれている。その中で、歴史が

悠久で、範囲が広大で、成果が輝かしく、影響の深い東アジア文明圏の核—「儒教」から観察してみると、この文明が中国から発生し、中国で形成されたことが分かる。中国は、東アジアの伝統文明の軸心として、その周囲の国々に対し影響を与えてきた。

2.1 東洋的な源

　東洋文化の源は中国にあるといわれる。内藤湖南「日本文化の根源を知るには、中国文化を理解しなければならない」というように、日本文化の起源は、中国から伝わったものにある。漢字・医・易・史書・律令・美術・建築などは中国から日本に伝わったのであり、仏教も中国を通って日本に入ったのである。

　日本が中国文化を取り入れたピークは、遣隋使、遣唐使の時代である。この時代、おもに文化を中心に行ったが、政治制度の取り入れも、日本の封建制度の形成に役割を果たした。その次、宋学といわれる儒教学説を受け入れたのち、明との貿易展開にしたがって、中国文明を吸収するかたわら、日中間の文化交流が盛んに行われていった。

　日本は、長い歴史の中で、中国やヨーロッパから入った文明を吸収しながら独特の日本文化を形成したのである。日本文化は、外国から取り入れたものを蓄えて、繁栄したのである。漢字の場合、古代から中国から受け入れて使ってきた文字であるが、漢字で表した成語や単語をもっと合理的に作り直した例が少なくはない。例えば、「粉身砕骨」という中国の成語を「粉骨砕身」に変え、物理的に漢字の意味を分析して合理的に組み合わせた。このほか、現実に応じて、ただの一文字の漢字を組み合わせて新しい単語を数多く作り出し

た。例えば「革命」「幹部」「科学」などがそれであり、またそれを中国に逆輸出したものも少なくはない。

2.2 日本文化の開放性

伝統文化を尊重する日本文化は、調和の色彩が濃く、融合の特徴が強い。日本の文化及び日本文化の形成は「融合」で概括できる。

1）大陸から文明を取り入れる

中国文明の原生性と継続性という特性と比べて見ると、日本文明の伝統は、開放性と周辺性が特徴となっていることが分かる。日本は古くから周辺文明として、長期にわたって孤立的に発展してきた。古代の日本は、アジアの東に位置している孤島として、独自に自国の文化を発展させてきた。日本農業文明の発生はヨーロッパ、中東、インド、中国より何千年も後れている。外来文明がなかったとすれば、日本文明の発展は、また違う状況であっただろう。紀元前三世紀前まで、日本列島では土着文化の縄文文化が8000年ほど続き、原始の採集文化と旧石器時代の文化があった。しかし、家永三郎は「日本列島に閉じ込められた私達の祖先が長い間、石器文化の段階で足踏みしている間に、大陸の漢民族は早くも金属文化の時代を迎え、強大な国家を作っていた。漢民族の四周への発展はめざましく、その余勢は日本列島にも及んで、日本に金属文化と農耕技術をもたらすこととなった」と論じた。大陸の稲作文化圏の民族が金属器を携えて日本列島に上陸してから、日本は急に原始の採集文化から水田農耕段階に入り、旧石器時代から急に鉄器と青銅器の併用時代に入り、輝かしい弥生文化が現れるようになった。そして縄文文化と弥生文化の「混血」によって日本民族が形成されたのである。

日本文化の自然な発展は、その緩慢な形成過程において、弥生時代に至って自分よりはるかに先進的な大陸の外来文明の浸透によって中断させられた。日本の縄文文化と大陸文明との落差によって、日本は大陸からの外来先進文明に対して、垂直型の姿勢で自分よりはるかに先進的な外来文化に対して抵抗なく、次々と取り入れるようになった。

2）外来文化を摂取(せっしゅ)

日本では外来文化の吸収によって、飛躍的な変化が起き、外来文化を摂取する過程で開放性という特徴を備えるようになった。日本文化の開放性によって、日本は中国文化、朝鮮文化、インド文化、南蛮(ポルトガルを主として)文化、紅毛(オランダを主として)文化、西欧文化、アメリカ文化などを自国に取り入れた。なかでも、645年、大化改新前後における中国隋唐文化の摂取、1868年、明治維新時期における西欧文化の摂取、第二次世界大戦後のアメリカ文化の摂取が、日本の外来文化摂取史においての三大画期である。

2.3　日本文化の主体性

日本文化は単に外来先進文化を摂取する開放性をもつだけではなく、自国に取り入れた外来文化を消化し、改造し、日本化する主体性を同時に有している。日本の外来文化の摂取は単純な模倣ではなく、現実的な必要とその可能性を考慮した上で外来文化を選択し学ぶようにした。だから、日本文化は、また主体性という特質も持っていると言える。

1）外来文化を吸収

日本文化の主体性としては、まず、外来文化を吸収する際の主導性を挙げることができる。外来文化を吸収する過程で、日本は当時

の世界において最も先進的な文化だけを吸収した。紀元5～6世紀頃、中国は古代アジアにおける文明の中心地のみならず、世界の文明の中心地でもあった。日本は、中国の隋唐の先進的な生産方式と政治制度を移植した。第二次世界大戦後、アメリカは、世界現代文明のモデルとして、世界各国の憧れの国となり、日本も大幅なスピードでアメリカの議会民主主義制度と管理科学を取り入れ、アメリカの生活様式を普及させた。

2）吸収過程での選択性

日本文化の主体性のもう一つは、吸収過程での選択性が挙げられる。日本はいつも世界において最も先進的な文化を吸収してきた。しかも、自国に有益な文化、自国に適応できる文化だけを吸収してきた。古代において中国文化に対する吸収過程で、日本は、中国の隋唐の先進的な生産方式と政治制度を移植したが、日本人に受け入れ難い科挙制(かきょせい)と宦官制(かんがんせい)を拒否した。中国の科挙制は、人材の選抜に効果的であったが、日本固有の身分制と世襲制に適用できなかったので、日本は科挙制の輸入吸収を放棄した。

3）強い融合性

日本文化の主体性の三つ目は、その融合性が挙げられる。外来文化を吸収する中で、日本は機械的にそのまま外来文化を吸収しただけではなく、強い融合性を示した。日本は、外来の文化に対して改造と融合とを行なった上でそれを日本化した。日本は、漢字の改造を通して、日本の文字を作った。つまり、漢字の草書を基礎として平仮名を作り、楷書を基礎としてカタカナを作った。また、大陸から伝来してきた仏教に対して改造を行い、日本の固有思想を中心に取り入れ、「現世仏教」を作った。また、中国から儒学思想を取り入

れたが、本来は「仁」を中心とした儒学の思想を、「忠」を中心とした日本儒学に変え、天皇制に利用した。

4）伝統文化の保守性

日本文化の主体性の四つ目は、固有の伝統文化に対する保守性であろう。中国に起源し、中国では戦争によって失われた東洋の優れた伝統文化、例えば、茶道、花道、宮廷音楽、舞踏などが、日本にそのまま保存され、発展してきた。

3. 日本文化の混雑性

日本文化の開放性と主体性はまた日本文化に混雑性をもたらした。日本文化の中に古と今、和と洋、洋と洋との文化要素が統一された、体系の中に雑然と並存している。明治文化から見ると、神話伝説に基づいた「神の子孫」としての天皇が政治的又は宗教的な権威として存在する一方、近代的な範疇としての議会も同時に役割を果たしている。日本人の日常生活の中に洋室、洋服、洋食、洋楽などがある一方、和室、和服、和食、邦楽などもある。外来文化にしても各国の文化が日本文化の中に雑然と並存している。例えば、イギリスの功利主義、実証主義と進化論、フランスの天賦人権論、ドイツの国家イデオロギー、観念論などが同時に存在した。

前述した通り、食物、服飾、住宅などの生活文化の方面において日本文化は強い混雑性を現していた。だから、このような混雑状態の日本文化は二重文化、混合文化、混血文化、雑種文化、合金文化などと呼ばれている。

第2章　地理・環境・人口・資源

● 1. 日本の地理

1.1　位置

　日本列島は、島国である日本を構成する多数の島（6800位）の内、北海道島、本州島、四国島、九州島の4島を含む総称である。

　日本国土はアジア（ユーラシア大陸）の東方（欧米から見れば極東）の沿海部にある4つの弧状列島（千島列島、日本列島、琉球列島、伊豆・小笠原諸島）から成り立っている。北東から南西に弓状につらなった日本列島は、太平洋の西側に位置し、東経122度56分（沖縄県与那国島）から153度59分（東京都南鳥島）まで、北緯20度25分（東京都沖之鳥島）から45度33分（北方領土の択捉島）までの範囲にある。日本海を挟んで、ロシア、朝鮮民主主義人民共和国（北朝鮮）、大韓民国（韓国）と向い合っている。東シナ海を挟

んでは中国大陸および台湾島と向い合っている。

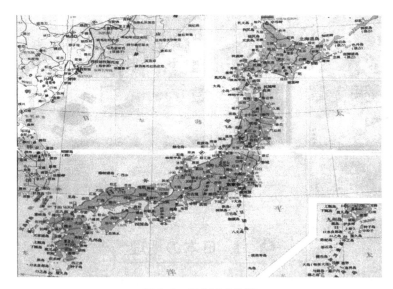

図 2.1　日本国の位置

日本の周辺は全て海であり、そのため他国と陸上において接していない。北東がわでは、樺太（からふと）が日本本土から43キロメートルの位置にあり、ロシアが日本から一番近い他国の領土である。また、日本は中国の隣国で、福岡から上海まで900キロぐらいであり、長崎から中国の上海まで467海里（約867キロ）しかない。

1.2　国土の自然特徴

日本列島の長さはおよそ3,500キロ、面積は約37.8万平方キロである。国土のおよそ3分の1は平野部分である。国土の利用状況から見ると、森林66.4％、農用地13.2％、宅地4.7％、道路3.3％、水面・河川・水路3.5％、その他8.9％である。日本の総面積は約世界の面積の約0.3％であり、中国の26分の1に当たる。

◎ 第2章　地理・環境・人口・資源 ◎

　日本国土は約4分の3が山地である。北海道には日高山脈などがあり、本州の中央部にある飛騨・木曾・赤石の各山脈は高度3000メートル前後の山々を連ね、日本アルプスとも呼ばれている。本州の中央山脈を境に日本海側は裏日本といい、太平洋側は表日本という。また中国地方には中国山地、四国には四国山地、九州には九州山地などがある。一番高い山の富士山の標高は3776メートルで、日本を代表する風物の一つである。

　日本は森林資源に富んだ国で、日本国土の3分の2近くは森林に覆われている。日本列島は、火山や温泉が多く、富士火山帯など七つの火山帯によって覆われ、世界の10％の火山は日本にある。今でも本州の浅間山、大島の三原山、九州の雲仙岳、阿蘇山、桜島など活動を続ける活火山がある。

　日本の河川は短く狭い急流である。そのため、季節による水位の変動が大きい。また上流地域で大雨が降ると、水かさが急速に上昇し、支流の増水とあわせて、下流地域に洪水を起こしやすい。逆に日照りが続けば、水不足となる傾向が強い。

　日本の河川の中で、最も長い川は367 kmの信濃川、最も流域面積の広い川は16,829 km²の利根川、最も広い湖は670.33 km²の琵琶湖、最も周囲長の長い湖は249.5 kmの霞ヶ浦である。最も深い湖は423 mの田沢湖であり、最も水面標高の高い湖は標高1,269 mの中禅寺湖である。河川は国土の中央を走る山脈を境に、太平洋側に注ぐものと日本海側の注ぐものとに大別され、長さが

短く、流れが急で、流域面積は小さいという特徴を持つ。

　南北に細長い日本列島は、亜熱帯から亜寒帯に渡り、気温の南北の差と気候の地域の差が大きい。北の北海道から南の九州まで複雑な地形が続き、黒潮や親潮などの海流と季節風の影響を受ける、大部分の地域は温暖で、四季の区別が比較的はっきりしていることが、大きな気候の特徴である。

　ケッペン（ドイツの気象学者：柯本）の気候区分によると、本州以南沖縄諸島・大東諸島以北の大半が温帯多雨夏高温気候、多良間島・八重山列島（石垣島・西表島・与那国島・波照間島）や沖大東島などでは熱帯雨林気候に属する一方、北海道などが亜寒帯湿潤夏冷涼気候を示す。モンスーンの影響を受け四季の変化がはっきりしているものの、全般的には海洋性気候のため大陸と比較して冬の寒さはそれほど厳しくなく温和な気候である。

　冬季は、シベリア高気圧が優勢となり北西の季節風が吹くが、その通り道である日本海において暖流の対馬海流から大量の水蒸気が蒸発するため、大量の雪を降らせる。そのため、日本海側を中心に国土の約52％が世界でも有数の豪雪地帯である。この雪は春には雪どけ水となり、灌漑用水や生活用水の重要な水源となる。しかし、雪崩が多発して、交通障害や、人身安全の妨害となる。太平洋側では、空気が乾燥した晴天の日が多い。

　夏季は、太平洋高気圧の影響が強く、高温多湿の日が続く。台風も多い。但し、北部を中心にオホーツク海高気圧の影響が強くなると低温となり、しばしば農業に冷害を与える。

　日本は比較的に降水量の多い地域である。主な要因は、日本海側

での冬季の降雪、6・7月(沖縄・奄美は5・6月)に前線が停滞して起こる梅雨、夏季から秋季にかけて南方海上から接近・上陸する台風など。年間降水量は、約1,700 mmとされる。

1.3 自然災害

日本国土の地理位置と地理構造の故により、日本は暴風、豪雨、豪雪、洪水、高潮、地震、津波、噴火その他の異常な自然現象により生ずる被害がたびたび発生する。

1991年6月長崎・雲仙の火山災害:雲仙普賢岳噴火・火山活動自体は1990年秋から始まっていたが、この時期以降に大規模な火砕流が多発し、被害が拡大した。死亡40人以上、傷・損壊多数、著名な外国の火山学者も犠牲になった。活動は1995年まで継続し、山容は一変した。この時生まれた山体を平成新山と呼ぶことがあり、普賢岳の活動としては歴史時代最大級という説がある。

1995年1月17日兵庫県南部の内陸地震:阪神・淡路大震災(兵庫県南部地震)M6.8〜7.3、死亡6,436人(関連死を含む)、負傷43,000人余り、被害総額は13兆円位である。直下型のため圧死者が多かった。淡路島北部の断層に沿う地域や、神戸港は岸壁の8割が崩壊し壊滅状態になった。当時戦後最悪の自然災害と呼ばれた。

2006年10月四国以東の大雨・強風:死亡50人、負傷50人余り、船舶の被害は多数に及んだ。

2007年6月日本全国の酷暑害:死亡66人、負傷5,300人余り、猛暑による熱中症被害相次ぐ。

2011年3月11日東日本全域(関東を含む)海底地震:東日本大震災(東北地方太平洋沖地震)M9.0である、日本観測史上最大震度と

大津波で甚大な被害を被った(地震動自体による被害は比較的少なかったと見られている)。死亡20,416人、特に大津波による被害が壊滅的であった。最大波高は15m以上と見られており、三陸沿岸で遡上高(そじょうだか)39m超を記録した。福島・宮城・岩手の沿岸では文字通り消滅した町があった。日本海溝の複数震源が連動する事態も過去に記録がなかった。津波は太平洋に拡散し、ニューギニアとアメリカで死者を出している。被害額25兆円位であり、戦後日本最悪の災厄である。避難民は最大で55万人、損壊家屋は100万棟を超えた。

福島原子力発電所の1〜3号機でメルトダウンが発生し、水素爆発により施設が損壊し、莫大量の放射性物質が漏出する事態になった。周辺住民は避難したが事後の対応遅れで政府への批判も多い。

2. 日本人と自然資源

日本の人口は、世界では中国、インド、アメリカ、インドネシア、ブラジル、ロシア、パキスタン、バングラデシュ、ロシアに次いで第十位である。

日本の総人口は、2010年の国勢調査の結果によると128,057,352人(2010年10月1日現在の確定値)であり、前回調査(2005年)と比べ289,358人増加している。日本人の平均寿命(2012年世界保健機関の統計)は、男性が80歳、女性が86歳、男女平均が83歳である。

◎ 第2章　地理・環境・人口・資源 ◎

表2.1　日本人人口の将來推算（年齢3区分別）

		人口				割合		
		総数	0〜14歳	15〜64歳	65歳以上	0〜14歳	15〜64歳	65歳以上
				(1,000人)				(％)
平成17	2005年	126,115	17,449	83,359	25,308	13.8	66.1	20.1
22	2010年	125,498	16,533	80,117	28,847	13.2	63.8	23.0
27	2015年	123,493	15,149	75,578	32,766	12.3	61.2	26.5
32	2020年	120,230	13,445	72,163	34,622	11.2	60.0	28.8
37	2025年	115,982	11,898	69,402	34,682	10.3	59.8	29.9
42	2030年	111,082	10,727	65,882	34,473	9.7	59.3	31.0
47	2035年	105,735	9,928	61,194	34,613	9.4	57.9	32.7
52	2040年	100,053	9,273	55,251	35,529	9.3	55.2	35.5
57	2045年	94,149	8,565	50,351	35,234	9.1	53.5	37.4
62	2050年	88,329	7,765	46,182	34,381	8.8	52.3	38.9

注：7月1日（年央）の日本人人口

- 生産年齢人口（15〜64歳）は、2005年の8,336萬人から2050年の4,618萬人まで44.6％の減少である。

- 年少人口（0〜14歳）は、2005年の1,745萬人から2050年の777萬人まで55.5％の減少である。

- 老年人口（65歳以上）は、2005年の2,531萬人から2050年の3,438萬人まで35.8％の増加である。

- 老年人口割合は、2005年の20.1％から2050年の38.9％まで18.8ポイント上昇している。

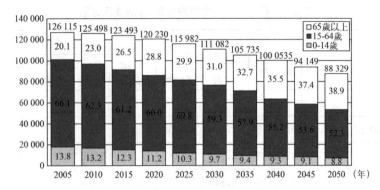

図 2.2　日本人人口の将来推計(年齢構造)

出典:エイジング総合研究センター,2006 年.

2.1　人口の動向

　第二次世界大戦前にも、田舎などから都市圏への人口の移動が始まったが、日本経済の急速な発展にともない、特に60年代から三大都市圏への人口流入現象は激化した。これによって、田舎を中心に、地方では人口が減少する地域が現れた。

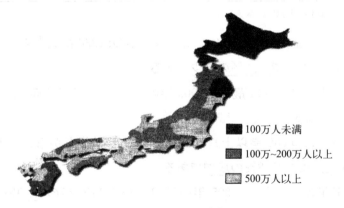

図 2.3　人口の分布

出典:厚生労働省 HP2010.

全国に占める割合をみると、東京都が10.3％と最も高く、全国人口の1割を占めている。2011年10月1日現在の都道府県別の人口は、東京都が1,319万6千人と最も多く、次いで神奈川県（905万8千人）、大阪府（886万1千人）、愛知県（741万6千人）、埼玉県（720万7千人）となっている。

2.2 天然資源

1）水資源

「金を湯水のように使う」というような表現があるくらい、日本は水資源の豊な国である。世界の平均年間降水量973 mmに対して、日本は1,750 mmで、約2倍近い。しかし、地形が険しく河川が短いため、雨水や雪解け水が簡単に海へ流出する環境である。人口の増加、産業の発展に従って、年間900億立方メートルに達する水の大量使用のため、ダムの建設と湖沼の開発のほか、下水や工場の排水を再使用することも行われている。

日本の火山地帯には、天然の温泉がたくさんある。人々は休養や健康のために温泉に行く習慣がある。温泉街ではレジャー施設が整備され、人々は温泉を保養地や観光地として休日を過ごすことが多い。

2）森林資源

日本の天然植物資源は松、杉、柏、竹など160種類以上あり、豊富で植林も多い。森林面積は25万平方キロメートル以上があって、全国の面積の67％を占めている。統計によると、日本の木材資源は25億立方メートルである。青森・長野県の柏、奈良・秋田・長野県の杉は有名であり、北海道のえぞ松は高級パルプの原材料である。

南西部にはみかん、茶など、東北部にはりんご、さくらんぼ、かき、梨、桃、イチゴ、葡萄、メロンなどの果物も栽培されている。

3）水産資源

日本列島の周りの海域は寒流と暖流の合流点に当たっているため、魚の種類もの漁獲高(ぎょかくだか)も多い。海草類、貝類、えびなどを除いて、魚類だけでも700類以上ある。鮭(さけ)、鱒(ます)、鯡(にしん)、鱈(たら)など寒流の魚類と、鮪(まぐろ)、鯛(たい)、秋刀魚(さんま)、鰯(いわし)、ヒラマサなど暖流(だんりゅう)の魚類が漁獲されている。日本の漁獲高は長期に渡り世界のトップを占めている。

4）エネルギー資源

20世紀に入ってから、石炭に次いで石油が主要な燃料として登場した。日本のエネルギー全体に占める石油の割合は半分以上になっていて、先進国の中では高い方である。日本は地下資源が乏しい国なので、エネルギーの大半が輸入に頼っている。そのうち石油の輸入は99.6％、石炭は93.1％（1991）を占める。1997年の場合、石炭の輸入は1億3358万トンで、輸入額は8233億円になっており、石油の輸入は2億6800万キロリットルで、輸入額は4兆2174億円になっている。

5）鉱物資源

日本の地下資源は種類が多く、ほぼ全国に金属鉱山と非金属鉱山が分布している。海底資源に関して、金属鉱物はもとよりメタンハイドレートや天然ガスなどが大量に埋蔵されていることが確認されている。また、レアメタルに含まれる希少金属も確認されている。ある程度は採掘(さいくつ)できるがコストに見(み)あわず、日本ではほとんど産出しない。銅、鉄などの金属鉱山は資源量が少ないうえ、鉱物

を取り尽くしてほとんど閉山(へいざん)している。一方、非金属鉱物は埋蔵量が比較的多く、輸入する割合は少ない。中には、石灰石(せっかいせき)のように、必要量をまかなえるものもある。

2.3 資源の開発と利用

日本のような工業国では、工業の飛躍的発展は、鉄、アルミニウム、銅などの工業原料や石油、石炭などのエネルギー資源の消費を急増させた。エネルギー供給量の推移に関して、「総合エネルギー統計」によると、90年代のエネルギー供給量は60年代の10兆キロカロリーの5倍である。

このような傾向は高度経済成長期に最も顕著に現れ、資源、エネルギーの大量使用による大量生産、大量消費の経済構造を作り出した。中でも石油は石油化学工業の発達によって、エネルギー資源としてだけでなく、工業原料としても欠(か)かせなくなった。

1）資源開発

工業の原料を確保することは、大きな課題となる。金属資源が輸入に頼(たよ)るほかに、最近は外国から単に鉱物を買うだけでなく、日本の会社が外国で直接現地の地下資源を開発することに携(たずさ)わるようになっている例もある。

1973年の第1次石油危機以降、日本は天然資源が有限だという認識が強まり、省資源、省エネルギーが叫ばれるとともに、石油に替わる地熱エネルギー、太陽熱エネルギーなどの新エネルギーの開発が必要であると考えられるようになった。

2）エネルギー資源の利用

　石油に替わるエネルギー資源としては、現在、原子力・石炭・液化天然ガス・地熱・水力などのエネルギーの利用に加えて、オイルシェール・石炭液化から得られる合成液化体燃料、太陽エネルギー、水素エネルギー、核融合など、新しいエネルギーの開発が期待されているようである。

　特に原子力発電は発電コストが比較的安定しているなどの利点があり、先進工業国を中心に、日本もこれを早くから実用化している。しかし、放射能汚染や廃棄物処理など、解決すべき問題が数多く残されている。

　日本は主要資源のほとんどを外国に依存している。したがって、資源の安定確保を図りながら、クリーンエネルギー資源の開発、リサイクリング、省エネルギーなどについて、解決すべき課題が山積している。

3. 省エネ及びエネルギーの使用規制

　1998年11月、ブエノスアイレスにおいて気候変動枠組条約第4回国会で採択された高度計画温室効果ガス消減に関する排出権取引、共同実施、クリーン開発メカニズムの三つを柱とする京都メカニズムを2000年のCOP6までに決めることになっていた。

エネルギーの使用規制

　1999年4月より、「エネルギーの使用の合理化に関する法」の改正案が実施された。同法の主な内容は、工場、事業場におけるエネ

ギー使用合理化の徹底、トップランナー方式の導入の見直し規定の明確化である。従来のエネルギー管理指定工場は、第1種エネルギー管理指定工場となり、計画的なエネルギー使用の合理化への取り組みを促すため、「中長期計画書」の提出が義務付けられた。

風力発電は、2000年末には青森県や北海道で建設するステーションは、6万キロワットにまで達しそうな勢いである。

日本国内の風力発電（出力10 kW以上）の累計導入量は2007年3月時点で約1400基、総設備容量は約168万kWであり、発電量は標準的な原発（100万kW前後）の数分の1である。

第3章　日本社会の概説

1. 日本の象徴

1.1　首都

日本の首都について直接定める法令はないが、日本の現状や様々な理由から東京とされる。東京は、日本の政治・経済・文化の中心地で、23区27市からなっている。人口は1300万人で、日本で1番多く、総人口の10分の1を占める。千代田区永田町は首相官邸（かんてい）・国会議事堂の所在地であり、千代田区は政府機関が集中して、官庁街といわれるところである。都心にある皇居は天皇、皇后の居住地である。

1.2　国旗

日本の国旗は法律上は日章旗（にっしょうき）と呼ばれ、日本では古くから、また今日一般的に日の丸（ひのまる）と呼ばれる旗である。旗の形は縦が横の3分

の2の長方形。日章の直径は縦幅の5分の3で中心は旗の中心。色は地が白色、日章が紅色とされている。上下・左右対称で方向性はない。

1.3 国章

日本では法令上明確な国章は定められていないが、伝統的に天皇が紋章として使用し、今日でも皇室が事実上の家紋として使用している十六八重表菊が、慣例的に国章に準じた扱いを受けている。

また、歴史上皇室や政権担当者が紋章として使用し、今日では内閣総理大臣・政府・内閣府が事実上の紋章として使用している五七桐花紋も、慣例的に国章に準じた扱いを受けている。

図 3.1

1.4 国歌

日本の国歌は、10世紀に編纂された『古今和歌集』に収録されている短歌の一つである。作者不明、作曲は宮内省雅楽局の林広守である。現行の国歌は国旗とともに1999年8月9日の国旗国歌法によって定められた。

図3.2　日本の国歌

1.5　国花

日本の国花は桜である。日本では平安時代の国風文化の影響以降、桜は花の代名詞のようになり、春の花の中でも特別な位置を占めるようになった。桜の花の下の宴会の花見は風物詩である。各地に桜の名所があり、有名な一本桜も数多く存在する。サクラの開花時期は関東以西の平地では3月下旬から4月半ば頃が多く、日本の年度は4月始まりであることや、学校に多くの場合サクラが植えられていることから、人生の転機を彩る花にもなっている。また、皇室の紋章が菊であるため、菊も日本を代表する花とされている。

1.6　国鳥

日本の国鳥は雉である。1947年に国鳥とされた。オスは翼と尾羽を除く体色が全体的に美しい緑色をしており、頭部の羽毛は青緑色で、目の周りに赤い肉腫がある。背に褐色の斑がある濃い茶色の部分があり、翼と尾羽は茶褐色。メスは全体的に茶褐色で、ヤマドリのメスに似ているが、ヤマドリメスより白っぽい色を

しており、尾羽は長い。

1.7　象徴天皇制

天皇は、第二次世界大戦後から現在まで、日本国憲法に「日本国の象徴であり日本国民統合の象徴」（憲法１条）と位置づけられ、「この地位は、主権の存する日本国民の総意に基く」とされる（同条）。その地位（皇位）は、世襲によって受け継がれ、国会の議決する皇室典範の定めるところによって継承される（憲法第２条）。憲法の定める国事行為のみを行い、国政に関する権能を有しない（憲法４条１項）。但し、国事行為の他、象徴たる地位に基づく公的行為を行う。また、日本国政府は「立憲君主制と言っても差し支えないであろう」としているが、日本国憲法には明記されていない。明治期に制定された大日本帝国憲法には、立憲君主制であることが明記されていた。

明治憲法における天皇が「統治権の総覧者」として絶対権力を保持していたのに対し、現行の日本国憲法における天皇は「象徴」として実質的な権限を有しないとされ、単に下記のような「国事行為」のみを行うにすぎない。これは象徴天皇制という。

1.8　天皇・皇室・元号

1）天皇

日本の現在する最古の史書によると、紀元前660年に初代の天皇「神武天皇」が即位したことになっている。しかし、天皇の存在を史実に即して説明できるのは、4～5世紀以降である。「天皇」号が成立したのは大宝律令で「天皇」号が法制化される直前の天武天皇ないしは持統天皇の時代（7世紀後半）とするのが通説である。今上天

◎ 新編日本社会文化 ◎

皇は、昭和天皇の長男で、名は明仁。1933年12月23日に誕生し、学習院大学の政治経済学部に学んで、1959年に日清製粉社長正田英三郎の長女である正田美智子と成婚式を挙げた。皇太子は1960年2月23日に誕生し、かつてイギリスのオックスフォード大学に留学した。

2）皇室

天皇および皇族の総称。戦前においては、帝室(ていしつ)とも呼ばれていた。天皇と内廷皇族を家族とする内廷と皇太子以外の男性皇族及びその家族である宮家で構成される。具体的には天皇を中心にその配偶者である皇后、先代の天皇の未亡人である皇太后、先々代の天皇の未亡人である太皇太后、また皇太子をはじめとした男性皇族である親王、王、さらには生まれながらの女性皇族である内親王、女王がある。親王妃、王妃は親王、王の配偶者となることをもって、皇族とされる。日本は皇室の歴史が長い。天皇の存在は、最古の史書「古事記」にある説によると、紀元前660年に初代の神武天皇からとなるが、史実(しじつ)によれば、日本の歴史が説明できるのは、紀元4～5世紀以後である。

19世紀、明治憲法によって、天皇は再び国の統治権を行使(こうし)することになった。しかし、実際は立法・行政・司法の三権分立の形をとった立憲君主制(りっけんくんしゅせい)である。第二次世界大戦後、現行の日本国憲法に基づいて象徴天皇制による皇室の形になった。

3）元号

日本では645年の「大化」がはじめとされ、天災・事変・祥瑞・即位などによって年号を改めたが、19世紀後半の明治以後一世一元という原則を「元号法」で定めた。すなわち天皇の践祚(せんそ)する年を元年

とし、天皇が崩御（ほうぎょ）するまで同一元号を使用する。現在の元号は1989年から平成とし、2015年現在は平成27年とする。「平成」の名前の由来は、中国の史書『史記』五帝本紀の「内平外成（内平かに外成る）」、中国の経書『書経』大禹謨（だいうはか）の「地平天成（地平かに天成る）」で「内外、天地とも平和が達成される」という意味である。

2. 政治機構

2.1 国家の権力特徴

国家の権力特徴は、立法（りっぽう）、行政（ぎょうせい）、司法（しほう）の三権に分け、三権分立制とよんでいる。それぞれを異なった機関に担当させ、相互に牽制（けんせい）させて国民の基本的権利を保障しようとする政治組織の原理である。日本の政治機構は三権分立制に基づいて、立法権（りっぽうけん）は国会（こっかい）、行政権は内閣（ないかく）、司法権（しほうけん）は裁判所（さいばんしょ）に属することを定めている。

1) 立法権（りっぽうけん）（国会（こっかい））

日本国憲法（にほんこくけんぽう）において、国会（こっかい）は「国権（こっけん）の最高機関（さいこうきかん）」であって、「国（くに）の唯一（ゆいいつ）の立法機関（りっぽうきかん）」と位置（いち）づけられている。また、「国民（こくみん）の代表機関」としての性格も有する。例えば、予算その他、国の財政に関する議決をすること、条約（じょうやく）の締結（ていけつ）を承認（しょうにん）すること、内閣総理大臣を指名すること、憲法の改正を発議すること、衆議院は内閣不信決議（ないかくふしんけつぎ）

案を議決することなどの役目を持っている。

国会は、衆議院及び参議院の両議院でこれを構成し、両議院は「全国民を代表する選挙された議員」(国会議員。衆議院議員及び参議院議員。)でこれを組織すると定める。

2）国会中心立法の原則

国の行う立法は、憲法に特別の定めがある場合を除いて、常に、国会を通して為されなくてはならないとする原則。この原則の例外となる「特別の定め」としては、衆参各議院がその自律権に基づいて定める議院規則、および、最高裁判所が定める最高裁判所規則が挙げられる。この原則は、(1) 行政権が緊急命令や独立命令の形式で、議会を通すことなく、独自に立法を行う立法二元制（憲法における緊急勅令や独立命令など）の廃止、および、(2) 行政権が行う立法を、法律の執行に必要な細則を定める執行命令と法律の委任に基づく委任命令に限定する立法一元制の採用に示される。

国会は毎年一回必ず開かれる。これが常会（通常国会）で、このほかに臨時会（臨時国会）、特別会（特別国会）も召集される。

表 3.1　国会の種類

種類	回数	召集	会期	主な議題
常会（通常国会）	毎年一回	1月中召集	150日間	翌年度予算の審議など
臨時会（臨時国会）	不定	内閣、またはいずれかの議院の総議員の4分の1以上の要求	両議院一致の議決による	次の常会を待てないほどに、予算・外交その他、国政上緊急に必要な議事

続表 3.1

種類	回数	召集	会期	主な議題
特別会（特別国会）	不定	衆議院が解散された時、総選挙の日から30日以内	同上	内閣総理大臣の指名など
参議院の緊急集会	不定	衆議院の解散中、国に緊急の必要が生じた時、内閣が集会を求める国政上緊急に必要な議事	不定	特別会を待てないほどに、国政上緊急な議事（ただし、次の国会開会あと、10日以内に衆議院の同意が必要だ）

3）行政権（内閣）

内閣総理大臣とその他の国務大臣で組織し、国の行政権を担当する最高の合議機関である。閣議による意思決定にもとづいて行政権を行使し、国会に対して連帯してその責任を負う。また、天皇の国事行為について助言と承認を行い、その責任を負う。さらに一般行政事務、条約の締結、予算の作成など多くの重要な職務権限を有する。内閣総理大臣は内閣の首長である国務大臣で、内閣府の長として所管の行政事務を担当し、国会議員の中から国会の議決によって指名され、天皇により任命される。総理大臣、総理、首相とも呼ばれる。内閣総理大臣は国務大臣を任命する。これらの業務を分担するため、国務大臣を長とする1府12省庁が置かれている。「1府12省庁」とは、1府は内閣府であり、11省は総務省、法務省、外務省、財務省、文部科学省、厚生労働省、農林水産省、経済

◎ 新編日本社会文化 ◎

産業省、国土交通省、環境省、防衛省であり、1庁は国家公安委員会を指す。これらは中央官庁とも言われる。

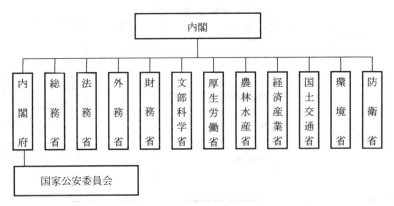

図3.3　中央省庁の体制

「一府十一省一庁」の行政役割分担：

内閣府—国政上の重要課題の企画・立案と総合調整を行い、首相担当の行政事務を処理する。

総務省—行政管理、地方自治、通信、郵政などの事務や各行政機関の事務、施策など総合調整を行う。

法務省—裁判以外の法律についての仕事。国民の権利を守る仕事。

外務省—外国との交渉、条約のとりきめなどの仕事。

財務省—国の財政の事務についての仕事。

文部科学省（文科省）—国の教育・学問・科学・芸術・文化などについての仕事。

厚生労働省—国民の保険、社会福祉保障、雇用労働条約の

整理などの仕事。

農林水産省（農水省）―農林、畜産、水産業などに関係のある仕事。

経済産業省（経産省）―経済、産業、通商政策、エネルギーに関する仕事。

国土交通省―国土計画に基づく社会資本の調整と交通施策などに関係のある仕事。

環境省―地球及び自然環境の保全、公害の防止、環境型社会の構築を主な目的とする。

防衛省―自衛隊を管理、運営する機関。防衛庁長官は国務大臣で内閣総理大臣の指揮監督を受ける。陸上、海上、航空の各自衛隊の幕僚監部、総合幕僚会議を置く。

国家公安委員会―国の公安に関わる警察行政、管理などを行う最高機関、内閣総理大臣の所轄の下に委員長（国務大臣）のほか5人の委員で組織。警察庁長官を任命する。

4）司法権（裁判所）

裁判所とは、日本国憲法に特別の定のある場合を除いて一切の法律上の争訟を裁判し、その他法律において特に定める権限を有する所である。国法上の「裁判所」・官署としての「裁判所」とは裁判官その他の裁判所職員が配置された国家機関である。最高裁判所、各高等裁判所、各地方裁判所または各簡易裁判所である。いく

つかの「民事〇部」や「刑事〇部」(〇に数字が入る。)最高裁判所の場合、「第一小法廷」から「第三小法廷」までの「(小法廷」や「大法廷」)、総務課など司法行政の実務を担う(「最高裁判所事務総局」を始めとする)「裁判所事務局」、場合によって「本庁」や「支部」などから成る。裁判機関としての「裁判所」とは実際に、法廷に在り(在廷し)、ある個別的・具体的な争訟(訴訟)を審理する、1名または数名の裁判官から構成される「裁判体」のことであり、「受訴裁判所」といって区別する場合がある。裁判官1人からなる「一人制」と裁判官3人・5人又は15人からなり、裁判長が訴訟指揮を担う「合議制」とに区分される。ただし、裁判員裁判対象事件では、裁判官と裁判員からなる合議体が「裁判所」を構成し、心神喪失者等医療観察法の処遇事件では、裁判官と精神保健審判員からなる合議体が「裁判所」を構成する。最高裁の場合、各「小法廷」又は「大法廷」が、訴訟法上の「裁判所」と一致すると考えて大過ない。下級裁判所の場合、合議制の「裁判所」の裁判官は、通常、個々の「民事〇部」や「刑事〇部」(〇に数字が入る。)などの部や支部ごとに、その部又は支部に所属する裁判官からなり、その裁判長は、その部の事務を総括する裁判官(部長)又は支部長が務めることになる。

　法令においては、いずれかの意味で用いられる。日本では、1890年に公布された裁判所構成法から、「裁判所」が一般的な呼称になった。それ以前における同様の裁判機関は、時代によって様々な名称を有する。

5）民事裁判と刑事裁判

　民事裁判は、個人や団体の財産や身分上の権利・義務についての争いであり、訴訟を起こした原告と、その相手である被告が法廷で

争う裁判である。刑事裁判は、検察官が原告となって被疑者を裁判所に起訴し、裁判者が検察者・被告人・弁護人の申し立てを聞き、証拠を取り調べて、真実の発見に努め、その上で判決を下ろす裁判である。最高裁判所には、違憲立法審査権がある。法律や命令、処分などが憲法に違反していないかどうかを判断する。

検察官は、刑事事件において、裁判所に公訴を提起し、適当な判決を求め、また、刑の執行を監督する検察権を持っている。検察官が行う事務を統括するところを検察庁といい、裁判所の機構に対応して、最高検察庁・高等検察庁・地方検察庁・区検察庁の四つに分かれている。

検察権は行政権の一作用であり、検察官は法務大臣の一般的な指揮・監督を受けるが、検察官による起訴・不起訴が政治的圧力に屈するようでは、刑事裁判の公正を期すことはできない。そのため、検察官の身分も裁判官と同様に強く保証されている。

6）地方自治

日本の地方自治については日本国憲法第8章において定められている。憲法第92条は「地方公共団体の組織及び運営に関する事項は、地方自治の本旨に基づいて、法律でこれを定める。」こととしており、地方自治の原則を示している。なお、ここでいう地方自治の本旨とは、法律をもってしても侵害できない地方自治の核心部分を指すとされ、具体的には住民自治及び団体自治を指すとされる。

地方自治に関係する法令は数多く存在するが、これらは地方公共団体の組織及び運営に関するものと、地方公共団体の行う行政及び行政作用に関するものに大別することができる。なお、地方自治に関する基本的な事項については地方自治法により規定されている。

地方自治は、国の中に存在する地域・地方の運営について、地方の住民の意思に基づき行うことをいう。

国は公正かつ普遍的な統治構造を維持するため、国家全体の運営について画一的、均一的運営を行うことが要請されるが、地方の実情や地方における住民からの要望は各地方によって様々であることからこれをすべて同一に運営することは不可能であり、地方の運営に当たっては地方の独自性を考慮する必要が生じる。

そこで、地方の総合的な運営は地方に委ね、国は国家に係る根幹的な事柄を担当し、かつ、国家全体の総合的な調整を図るという役割分担がなされることになる。すなわち、地方自治とは国による統治に対立する側面を有している。

7）地方公共団体

地方自治法上の地方公共団体とは、普通地方公共団体と特別地方公共団体であり（地方自治法1条の3第1項）、普通地方公共団体には都道府県と市町村（地方自治法1条の3第2項）、特別地方公共団体には、特別区、地方公共団体の組合及び財産区（地方自治法1条の3第3項）がある。

地方公共団体の組織：日本国憲法第93条は「地方公共団体には、法律の定めるところにより、その議事機関として議会を設置する。」こととし、また、「地方公共団体の長、その議会の議員及び法律の定めるその他の吏員は、その地方公共団体の住民が、直接これを選挙する。」としている。これは、地方自治の実施主体である地方公共団体について、首長制による統治機構の構築と統治に携わる者の選任を規定することにより、地方自治における民主主義の確保を図っている。

地方公共団体の権能：日本国憲法第 94 条は「地方公共団体は、その財産を管理し、事務を処理し、及び行政を執行する権能を有し、法律の範囲内で条例を制定することができる。」こととしており、地方公共団体が地方に係る財産権、行政権（公権力を持つもの）及び立法権を保有することを規定している。

地方自治法で認められている住民の権利：直接請求イニシアティブ（住民発案）条例の制定、改廃請求、事務の監査請求、リコール、住民投票が必要なもの議会の解散請求、議員の解職請求、長の解職請求、役員の解職請求（役員は、副知事・助役・出納長・収入役・選挙管理委員・監査委員・公安委員のこと）がある。

2.2 政党政治と選挙

日本では、政党が議会の中で活動するだけでなく、日常的な活動を通して組織の拡大に努める。選挙のときには政策を掲げ、候補者を立てて、政権の獲得を目指す。

政権を担当する政党を与党といい、それ以外の政党を野党という。野党は、単に反対勢力というのではなく、政府や与党の施策を批判し、行政を監視するなど、国民の声を代表し、政治を抑制する重要な役割を果たしている。

政党政治とは、政党による議会政治というが、日本の政党政治は、欧米に比べると歴史が浅い。1881 年の国会開設後、板垣退助らが作った自由党は、日本で最初の政党であった。翌年、大隈重信らが改進党を結成したが、この時期では、藩閥政府であって、議会政治がまだ認められなかったので、これらの政党は、実際に政治に携わったわけではなかった。

◎ 新編日本社会文化 ◎

　1890年、日本で最初の国会議員選挙が行われ、その年に第一回の議会が開かれた。やがて1898年に自由党と進歩党が合併され、憲政党が作られた。その年、憲政党の大隈重信が総理大臣となり、最初の政党内閣が生まれた。しかし、本格的な政党内閣は、1918年立憲政友会の原敬内閣からであるとされる。

　第二次世界大戦直後、日本共産党が再建されるほか、多数の政党が生まれ、離合集散を繰り返したが、1955年、保守合同による自由民主党、社会党の統一により一応の二大政党制が形成された。それを55年体制という。その後、民社党・公明党が結成され、近年、日本新党。新党さきがけ・新進党などが結成され、多党化の方向に向かっている。

　一般的に日本の政党は党員数が少なく、大衆組織が弱いといわれる。組織や日常活動、政治資金などの面で多くの課題を抱えている。このため、選挙を政党だけで遂行することはできず、各種の業界・団体や労働組合などの外部組織に頼り、また候補者の後援会組織が必要となっている。これで、外部の支援団体や企業に依存することが多い。

　大口献金の団体や個人の意向に強く支配され、代議士は選挙区や団体の部分的、私的な利害の代表となってしまい、公共の利益を忘れやすい。そのうえ、政治資金の収入先や支出先の不透明性などが疑惑を招く要因になっている。

　選挙には事前の後援会活動を含めて金がかかることから、金丸信元自民党副総裁の巨額脱税事件やロッキード事件・リクルート事件・東京佐川急便事件などのような疑獄事件が発生した。

　1994年、政治資金規正法が改正され、罰則が強化された。腐敗防止の徹底を図るため企業・団体献金を対政党に限定し、個人献金促

進のため税額控除制度を導入した。いずれも「5万円超」は公開すると定めている。

1）圧力団体

政党内部の派閥(はばつ)が国会・内閣・政党などの役職をめぐって抗争を繰り広げたり、政策や線路の選択で対立したり、政治の醜(みにく)さを露呈する場合があり、国民からの批判を招いている。国民の価値観や意見に対応して、多種多様な集団・団体が存在するようになった。これらの団体の中には、自分たちの要求を政府や国会、政党に働きかけ、政治的に圧力をかけて実現しようとするものが増加している。このような団体を圧力団体(あつりょくだんたい)という。

圧力団体は、自由化・予算編成などの問題で話題になって、自分が属する、或いは自分の代表する業界ないしグループの影響力を国会、地方議会、政府・関係各省に行使する。

2）選挙制度

国民主権主義・人権尊重主義・恒久平和主義は、日本国憲法の三本柱である。国民主権主義の一つの内容は、選挙で国民の意思を表すものである。日本の選挙は、公職選挙法に基づいて二十歳以上の男女による普通選挙である。民主的な選挙制度の原則とする普通選挙・平等選挙・直接選挙・秘密投票のいずれもが採用されている。

衆議院の選挙制度は、長い間、全国の選挙区を130に分けて、一選挙区から2～6人を選ぶ「中選挙区制」であったが、この制度は、いわゆる当選の条件「三バン―地盤(じばん)、看板(かんばん)、鞄(かばん)」の意味が強く、同一党内の同士打ちを発生させ、個人本位の金かかる選挙となり、派閥を助

長するなどの批判が強かった。

　中選挙区制に比べて小選挙区制は、選挙民が候補者の人物・見職をよく知るため候補者の乱立を防止することができる。選挙にかかる費用が節約される。多数党の出現が容易で、政局の安定に有利な長所がある。

　1994年に公職選挙法が改正され、「小選挙区・比例代表並立制」という制度に変わった。一つの議席を「小選挙区」と、政党の得票に応じて議席を割り振る「比例代表」を組み合わせた制度である。

　世界の選挙制度は、主として小選挙区制と比例代表制に大別される。小選挙区制は、イギリス、アメリカなどの国で行われているように、一つの区で候補者に単記で投票するわかりやすい制度であるといわれる。「二大政党制過渡、政権交替、政治腐敗防止などの可能性が高い」という利点があると同時に、小政党を排除し、死票が多いなどの問題点がある。

　また、比例代表制は、ヨーロッパ諸国で行われているように、政党の得票率に比例して議席を配分する制度で、有権者の意思を公正に議会に反映する長所があるが、小党分立になり政治が不安定になりやすいといわれている。

3）公務員試験

　国家公務員試験には、各省庁に共通の官職を対象とするものと格別の省庁の専門的官職を対象とするものがある。

　共通の官職について上級試験の採用者が少ない。中級試験は本来短大或いは高専卒業程度の試験であるが、合格者の90％以上が四年制大卒である。初級試験は本来高卒程度の試験であるが、合格者の10％は短大或いは高専卒以上の学歴を有するものであることな

どから、試験体系の再編が企てられてきた。そこで1985年度から一種試験、二種試験、三種試験の三つが行われるようになり、一種試験は従来の上級甲種(こうきゅう)試験、三種試験は従来の初級試験を引き続き、2種試験は上級乙種(おつしゅ)試験・中級試験を統合した大卒程度のものとされるようになった。

1998年版「公務員白書(はくしょ)」によって、1997年度から、公務員試験の方法などについて改善され、受験資格についても調整された。

試験の方法改善について、一種・二種試験では、筆記試験のほかに「人物試験」という形式が増えた。それは、最上位の評価者により「人物試験」の評価の結果を一定の換算点にして、これを筆記試験の得点と合算する方式である。

行政区分の専門試験の解答方法について、2種試験の場合は、従来の選択回答制を科目選択回答制に改めた。また、法律及び経済区分の試験について、全問解答制に代えて一部に選択解答制を導入した。

2種試験の資格について、一種試験と同じ大卒した者を対象とし、原則として受験年の4月1日現在における年齢が21歳以上、29歳未満の者を対象としている。三種試験の資格について、高卒した者を対象とし、受験年の4月1日現在における年齢が21歳未満の者を対象として、以前より2歳引き下げた。

4）公務員制度

第二次世界大戦後に取り入れられた公務員制度によって、公務員は、国家公務員と地方公務員に別れ、国または地方公共団体において行政事務を担当する。国家公務員法及び地方公務員法は、公務員を大きく分けて、一般職と特別職としている。

◎ 新編日本社会文化 ◎

　地方公務員は、都道府県・市町村など地方公共団体から給与を受け、その公務を担当するすべての公務員を指し、一般的には、地方公務員法に列記された特別職以外の一般職を指す。

　公務員は「全体の奉仕者であって一部の奉仕者ではない」。そのため、政治的中立性が強く要求され、法律によって政治的活動が禁止されている。また、労働三権（団結権・団体交渉権・争議権）についても制限されている。

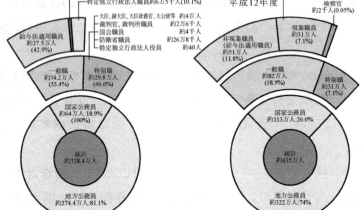

図3.4　国家公務員の数と種類

出典：2015年公務員プロフィールより．

　地方公務員は、住民全体の奉仕者という職務の公共性から、政治行為及び労働争議権が制限されており、地方公務法は、地方公務員の公正な人事権を確保するため、能力の機会均等の原則に基づく成績主義を基本に、長そのほかの任命権者から独立した人事行政機関

◎ 第3章 日本社会の概説 ◎

を設置することなどをさだめている。地方分権主義を根本の建前とし、地方公共団体の自治権を拡充強化し、民主的で高度な能力を持つ行政官を確保し、行政事務を民主的かつ能率的に進めることを目的としている。この趣旨にのっとり、その職員も都道府県の知事をはじめとして、すべて地方公共団体の行政官であることにした。

70年代に入ると、福祉部門を中心に、地方公務員数は急増し、その分の支出が国の約2倍であるのに対し、公務員数は約3倍、282万人に達している。地方行政改革の一環として、地方公務員数は1994年以来漸減している。

日本政府総務庁の資料によると、1998年度末公務員の予算定員は449万1000人で、そのうち国家公務員が114万8000人、地方公務員が334万3000人である。

3. 日米安保体制と日本の防衛

3.1　日米安全保障条約と戦後日本防衛体系の確立

日本国憲法第2章第9条に、「国権の発動たる戦争と、武力による又は武力の行使は、国際紛争を解決する手段としては、永久にこれを放棄する」「陸海空軍その他の戦力は、これを保持しない。国の交戦権は、これを認めない」と明記されている。

しかし1950年4月、朝鮮戦争を契機に、米軍占領下の日本は、アメリカ軍を主力とする連合国軍の補給基地となり、総司令官マッカーサーの指示によって警察予備隊が新設された。吉田内閣は、経済復興を進めるとともに、自衛力増強を大きな課題とし、保守勢力の側

からは憲法改正・再軍備が主張された。

　アメリカは冷戦の対処(たいしょ)を考慮し、日本を対ソ・対中戦略的橋頭(きょうとう)堡(ほ)として役割を果たし、連合国軍の占領から米軍駐留への過渡、日本国内騒乱鎮圧などを目的として、1951年9月9日サンフランシスコ講和条約の調印と同日に日米安全条約の調印を実現させた。

　1952年10月、警察予備隊は、サンフランシスコ講和条約の発効、連合国軍による日本占領の終了とともに保安隊と改組され、海上警備隊も新設された。戦後の日本の再軍備は、当初から東西冷戦におけるアメリカの補完軍事力として運命付けられる。

　1954年、日本は、MSA協定によりアメリカの軍事・経済援助を受けて、自衛力の増強を図った。同年七月に保安隊・海上警備隊と新設された航空部隊を統合して陸上・海上・航空自衛隊を発足させ、防衛庁を新設した。

　この時期の自衛隊は冷戦の橋頭堡たる日本と在日米軍基地の防衛が目的で、国民にも「自衛隊は本土防衛のため」「専守防衛」と観念されていた。この年には、自治体警察を廃止し警察庁指導下の都道府県警察に一本化した。

　1957年、日本政府は、国防会議・閣議決定で「国防の目的は、直接及び間接の侵略を未然に防止し、万一侵略が行われるときはこれを排除し、もって民主主義を基調とするわが国の独立と平和を守ることにある」という国防の基本方針を定めた。この年、防衛力整備計画が決定された。

　20世紀70年代初頭の米ソデタント、米中・日中国交正常化など国際情勢の下で、軍事化には一定の歯止めがかけられた。1976年、「防衛計画の大綱」が制定され、三木内閣は「防衛費はGNP 1％以内」と決

定した。1％という数字に特別の意味はないが、防衛費が無制限に増えることへの歯止めとなってきた。1983年、中曽根康弘首相は「不沈空母」発言・シーレーン防衛・封鎖などの主張を提出し、1987年さらに中曽根内閣は、米ソINF全廃条約の調印・軍縮という国際情勢におかれたにもかかわらず、防衛費GNP1％枠を撤廃し、総額明示方式を採用することにした。防衛費は、1996年の554億米ドルに達し、それ以来毎年は500億米ドル以上の横ばいの状態になっている。

3.2 自衛隊と日米安保体制の強化

1960年1月19日、ワシントンで岸首相とハーター国務長官は両国政府を代表して日米相互協力及び安全保障条約に調印した。この条約の承認をめぐって、岸内閣は野党の反対を抑え、衆議院で強行裁決を行ったため、安保条約改定反対運動が国民的に盛り上がった。6月23日、条約は参議院の承認を得ないままに自然成立し、発効した。その後、7月に岸内閣は総辞職するに至った。

新安保条約は、旧条約と異なる点については、(1) 経済面などの協力を約したこと、(2) 米軍の日本防衛、日本の自衛力増強が義務付けられたこと、(3) 米軍の軍事行動に対する事前協議制が定まったこと、(4) 内乱鎮圧のための米軍の行動条項を剥除したこと、(5) 在日米軍の地位協定で旧条約の不利をなくしたこと、(6) 有効期間10年と以後の自動延長を明記したことなどである。なお、1970年に規定の10年を過ぎ、自動延長に入っている。

日本では、自衛隊の発足や日米安保条約の成立が憲法第9条に違反するかどうかという問題は、1962年の恵庭事件を初め何度か裁判で争われたが、いまだに明確な判断は示されていない。上級では統

治行為論や「門前払い」などにより憲法判断が回避されているからである。

　「国防の基本方針」は日本の防衛政策の基礎となるもので、米国との安保体制を基本として、その中で防衛力の整備を進めるとしている。日本政府は、「日米安全保障体制の堅持・適切な防衛力の整備・国際の平和と安全を確保するための外交努力」を安全保障政策の三本柱としている。

　このような防衛政策を進めるにあたっては、憲法第9条との関係が当然問題となる。そこで、これまで国会における野党の追及などを背景に、防衛政策を「自衛」の範囲にとどめるための諸原則が政府より表明されてきた。

　しかし50〜70年代にかけて、日本は、日米安全保障条約に対して「有事支援」を期待する一方で、冷戦への「巻き込まれ」を危惧する受動的な同盟国であったが、1981年、鈴木善幸首相の訪米中発表された日米共同声明では、双方は始めて「同盟関係」という言葉が使われ、これについて日本では強い反響が起こされた。鈴木首相は、極東の平和と安定確保のため、「日本の領域、周辺海空域での防衛力改善」に一層の努力を行う旨を述べた。

　90年代に入ると、日本はPKO協力法の成立と活動などを通じて、自衛隊の活動範囲を海外に拡大しようとするとともに、「周辺事態」の協力・東アジアの不安定などを理由に、安保の「再定義」「適切」な防衛力の整備が必要だと鼓騒している。

　こう見てくると、「日本のすべての行為は、その時々において適用のある国内法に従う」というように、時代の変化に従ってその「適用のある」内実が大きく変わってくる。

3.3 自衛隊の現状

　日本の自衛隊は、30万人を超える隊員（自衛官、事務官等のほかに、防衛大学校及び防衛医科大学校の学生、予備自衛官等を含む。）を擁し、日本の防衛を効率的に行うことができるよう部隊や各種の機関が置かれ、長官の統轄の下に運営されている。

　長官が隊務を統轄するに当たっては、日本の防衛力装備体系は陸上・海上・航空自衛隊の3基幹部隊からなり、1995年の新中期防完成予定時に、陸上自衛隊には平時地域配備部隊、機動部隊、低空域防空用地対空ミサイル部隊があり、海上自衛隊には対潜水艦艇部隊、潜水艦部隊、陸上対潜機部隊があり、航空自衛隊には航空警戒管制部隊、要撃戦闘機部隊、支援戦闘機部隊、航空輸送部隊、警戒飛行部隊、高空域防空用地対空ミサイル部隊がある。

　また、各種の機関は、部隊の諸活動を維持し、支援するために必要な業務を分担している。これらの機関としては、部隊等の活動の基盤となる防衛施設の取得、管理及び建設工事の実施を行う防衛施設庁、技術研究開発を行う技術研究本部、装備の調達を行う調達実施本部、補給・整備を行う補給処並びに毎年3万人近くの隊員の募集を行う地方連絡部がある。このほかに、防衛研修所、防衛大学校、防衛医科大学校その他の学校、病院などがある。

1）陸上自衛隊の編成

陸上自衛隊は、次のように編成されている。

① 主要部隊の編成と役割

A. 方面隊は、担当する方面の防衛に当たる部隊であり、基幹とな

る2～4個の師団と、これらの師団を支援する特科部隊、高射特科部隊、施設科部隊等から編成されている。

B. 師団は、陸上戦闘に必要な各種の機能を備えており、一定の期間独立して戦闘行動を実施することのできる基本的な作戦部隊である。編成人員数9,000のものと7,000のものとの2種類に分けられるが、特に機械化された第7師団がある。

② 主要な部隊の配置と警備区域

A. 陸上自衛隊は、全国を警備区域に区分し、方面隊を配置している。

B. 各方面隊の警備区域は、地域の広狭その他の特性に応じて、2～4個の警備地区に区分して、それぞれに師団を配置している。

C. 各警備地区には、部隊の運用、維持、管理並びに災害派遣、民生協力等を考慮して各種の部隊等を分散、配置しており、それらの部隊の駐とん地の数は全国で123か所に及んでいる。

2）海上自衛隊の編成

主要部隊の編成と役割

① 自衛艦隊は、機動的運用によって日本国周辺海域において防衛に当たる部隊であり、護衛艦隊、航空集団、2個の掃海隊群及び2個の潜水隊群を基幹として編成されている。

② 地方隊は、自衛艦隊と密接に連携しながら、担当海域の海上防衛に当たるとともに、自衛艦隊を含む部隊等の後方支援を実施するものであり、日本国沿岸海域を区分した5つの警備区域に配置されている。

3）航空自衛隊の編成

① 主要部隊の編成と役割

航空総隊は、日本国の空の防衛の任に当たる部隊であり、3個の航

空方面隊と1個の航空混成団を基幹として編成されている。

② 主要な部隊の配置と防衛区域

航空自衛隊は、日本とその周辺空域を防衛区域に区分し、航空方面隊又は航空混成団を配置している。

4. 大国との外交関係

4.1　日本外交の基軸

第二次大戦後の日本は、日米関係を日本外交の基軸(きじく)として、欧米諸国との協調をはかりながら、外交を開(かい)するという外交方針を定めた。戦後日本の外交は、1951年サンフランシスコ講和条約の調印を契機に本格的スタートしたのである。

4.2　日米の基軸関係

日米関係の基軸は日米の安全保障条約てあって、「新たな日米防衛協力のための指針」が策定されるにつれて、日米同盟関係が一段と強固になった。日米関係を規定する要因は長い間、経済が主で軍事が従であったが、20世紀90年代以後、軍事は経済と同等の重みを持つに至っている。そして防衛・安保が関係に占める比重は、年を追うごとに重みを増やしつつある。したがって、アメリカ側から、日本の保障の動向に対する関心や要求も複雑になりつつある。

1999年7月、アメリカ中央情報局(CIA)内部のシンクタンク・国家情報会議(NIC)がまとめた日米関係に関する報告では、江沢民中

国国家主席訪日時の言動に関する日本国内の受け止め方をアメリカ側が共有していないことなどの4例を挙げ、「最近の新たな日本の独自路線は、注意深く見守る必要がある」と指摘した。

　一方、日米貿易摩擦がますます深刻化してきた。主な原因は両国間の貿易収支不均衡にあり、日本商品の低いコストや両国の貿易構造の違いにある。日本の対米輸出物の80％は重工業産品で、アメリカの対日輸出物の半分以上は原材料と農産品である。20世紀70年代から80年代前半に問題の対象となったのは、繊維、カラーテレビ、自動車、半導体、（ビデオ、テープ、レコーダー）など特定商品であった。これは米側の輸入数割り当てや関税率引き上げ、日本側の輸出自主規制で決着したが、不均衡は拡大を続けた。

　1985年、為替レート調整で是正を試みたが、結果は予想に反した。その後、不均衡は両国間の経済構造の相違に起因するとの認識が高まり、1989に日米構造協議が発足した。にもかかわらず、日米間に政治・経済・軍事上の相互依存によって、日米関係には大きな変化をもたらさなかった。

4.3　日中関係の現状

　中日両国の相手国に対する感情は近年良くない。特に日本の対中感情は国交正常化以来、最悪の状態になっている。日本政府の国民意識調査によれば、中国に「親しみを感じる」という好感度は国交正常化後の1970年代から80年代半ばにかけて70〜80％の高水準にあったが、1989年以降は好感度が低下し90年代には50％前後を推移、2000年代前半から半ばまでの「政冷経熱」状態では40％台に低下し、2008年には餃子中毒事件などの影響で好感度33％にまで落ち込んだ。2009年には6ポイント上昇し、初めて好感度低下傾向に歯

止めがかかったが、2010年には尖閣諸島事件の影響で好感度は20％と一気に低下、調査開始以来最悪になった。また、日本のNPO法人「言論NPO」と中国の英字紙チャイナデーリーが2011年6、7月に両国で実施した共同世論調査の結果、相手国への印象について「良くない」と答えたのが日本人の約8割、中国人の約7割に上り、過去7回の調査で最悪となった。その理由は、日本人は「尖閣諸島の漁船衝突事件」「食品の安全」「中国の自己中心的な資源やエネルギー確保」が上位。中国人は「過去の戦争」「侵略に対する歴史認識」「尖閣諸島問題の日本政府の強硬な態度」を挙げている。中日関係の今後の懸念材料として両国民とも「領土問題」に高い関心を持っている。国民感情の問題は、一方的な相互誤解や相互不理解が原因の一つになっている。双方ともそれぞれの主張を相手に丁寧に説明し、相互理解を図る努力が必要である。

　対立衝突を避けるメカニズム構築について、宮本雄二・元中国大使は著書の中で、「中国と安定した予測可能な協力関係を構築する」ために、① 国民レベルで関係改善を図る、② 中国との経済関係を最大限に活用し企業、産業を強化する、③ アジア、世界の平和と繁栄の協力の構図を作り上げる」と指摘している。「要は、経済のグローバル化と地球的な相互依存関係の深まりを背景にして、世界の平和と繁栄に貢献する日中関係をつくっていくことである」と主張している。そのためにも、両国は将来にわたり対立や衝突を回避しなければならない。中日両国が採るべき具体的な対策4点を主張する。

　両国は① 領土・主権をはじめとする緊急事態発生に対する危機管理メカニズムを総合的に構築する。特に、安全保障面での包括的交流を推進し、相互不信感を解消する。② 個別の問題によって二国

間関係全般に影響を及ぼさないようにする。そのために首脳レベル及び関係閣僚レベルでの政治対話を維持する。③ 多分野の交流活動を継続発展させる。特に経済貿易の促進・拡大により両国間の絆を強化する。また、青少年交流とメディア交流を強化する。2008年の日中首脳合意に基づき、日中青少年交流は年間4千人規模に拡大し、ホームステイ体験する高校生が増えているが、これを継続拡大する。次世代の相互理解、相互信頼を構築することが将来の中日関係の基礎となる。④ 国際テロ、環境問題、伝染病拡大など非伝統的脅威への中日両国及びアジア太平洋関係諸国との共同対処を強化する。中日両国は、国交正常化の基礎となった不戦の誓い、反覇権の原則を厳守し、戦略的互恵関係を推進することによって、アジア・世界での平和友好協力を実現していくことが可能である。

4.4 日ロ

北方領土(ほっぽうりょうど)の帰属問題と、経済協力など問題解決のための環境整備を「車の両輪」とみなして「同時に努力を傾ける」と日本側が強調している。橋本元首が提起した対ロ外交の三つの原則(信頼・相互利益・長期的視点)および東京宣言に基づき、両国が2000年までに平和条約を締結するために全力を尽力(じんりょく)すということについて、その後に大きな進展が見られない。

4.5 アジア外交

日本は、中国、韓国、ロシアなどとの緊密な関係を構築し、朝鮮人民民族主義共和国(北朝鮮)との関係を改善していく上で、新たな原動力ともなるものであると強調しているが、1990年に北朝鮮を訪問

した自民党(金丸信)・社会党(田辺誠)代表団と北朝鮮の労働党との三党共同声明では、日本が過去の行為に対する責任を清算する基礎の上に、国交を樹立することが合意された。しかし、この合意に基づく交渉は1990年に開始したが、アメリカ及び韓国の思惑を優先する日本政府の消極性によって頓挫したまま、今日に至るまで正常化されていない。

経済技術協力　冷戦後のアジア太平洋地域での新たな秩序構築に向け日本が積極的な役割を果たす考えを持って、経済技術協力・文化交流・人的交流に力を入れているのが評価されている。

従来、日本の政府開発援助(ODA)については、第二次世界大戦の戦後賠償という形で発足したものであると言われる。その後、円借款や投資の融資に用いられ、日本の経済利益に沿って運用されてきた。経済偏重で「理念のない援助」との批判があった。

対外経済協力というのは、一般に先進国が発展途上国を援助することをいう。すなわち先進国が発展途上国に対して行う資金援助や技術供与のことをさし、ODAはその中心的役割を果たす。

発展途上国は、先進国がODA総額をGNP(国民総生産)0.7%とするよう求めているが、実際には実現されていない。日本の場合、GNPの規模や経済収支の黒字に比較して対外経済協力が不十分であり、日本のODAは経済的利益に傾き、理念をもたないとの批判が強い。DAC(開発援助委員会)加盟国の中でも日本の実績が2割近くを占め、対外政策への期待の高まりを受け、理念制定に至ったのである。

1992年6月、日本政府は、発展途上国を対象とした政府開発援助の理念を内外に示すODA大綱を公表した。

ODA諸国のODA総額は500億ドル台で横ばい、日本のODAも1995年度に135億ドルで、DAC諸国1位となったのをピークとし

て、1996年に112億ドルODA/GNP比で0.21％を占め、1997年度にはODA/GNPの94億3,600万ドルに達し、DAC平均並みであったが、円安と1998年度予算の一律年10％削減の由で1998年度には約1兆円（約70億ドル）と減少している。

5. 外交に向けての方針

国際組織・国際政治の対処　日本の常任理事国入り問題について、1995年、国連が創設50周年を迎えるのを契機に、安保理事会を改革する理論を進めている中で、日本は常任理事国入りしたいという事実上の名乗りを上げた。これに対して慎重論と積極論にはさまざまな論調があった。村山政権になると、日本の常任理事国入り問題について、一転してトーンダウンしてきた。

　日本の国際貢献については、軍事的役割りも辞さない「普通の国」を目指す小沢一郎（新政党）の考えと、これに一線を画して「憲法擁護・大国排除」「小さくともキラリと光る国」を掲げる武村正義（新党さきがけ）の考えが代表的である。

　日本の国連通常預算分担率は、アメリカに次いで2位になっている。2000年の分担率は20.573％で、185の成員国のなかで2割を占める。しかし、金額だけではなく、これからの国際政治の中では日本はどのような勢で外交を展開していくか、（国連平和維持活動）協力法に基づいての対応、「周辺事態法」をめぐる事態対応、歴史に対する認識などさまざまな国際的政治・外交の課題に対する把握に関わっている。

第4章　日本歴史・文化の歩み

　日本の歴史における時代区分には様々なものがあり、定説と呼べるものはない。しかしながら、一応のところ、(原始・)古代・中世・近世・近代(・現代)とする時代区分法が歴史研究では広く受け入れられている。この場合でも、各時代の画期をいつに置くかは論者によって大きく異なる。

1. 原始、古代の文化

1.1　日本人の起源

　モンゴロイドの一種。旧石器時代または縄文時代以来、現在の北海道から琉球諸島(りゅうきゅうしょとう)までの地域に住んだ集団を祖先に持つ。シベリア、樺太(からふと)、朝鮮半島などを経由する北方ルート、南西諸島などを経由する南方ルートなど複数の渡来経路が考えられる。
　日本人について概説する。なお、近年の科学的研究の進展により

従来の見方は大きく見直しが進んでいる。科学的な見地からは日本人特有のY染色体D2系統を保持する者を日本人と呼称する場合が多い(大和、琉球、アイヌ民族が含まれる)。

先史時代の日本列島に住んでいた人間を、縄文土器(じょうもんどき)を使用していたことに因(ちな)み縄文人と呼んでいる。水稲農耕が始まった弥生時代の日本列島に居住する日本人を弥生人(やよいじん)と呼んでいる。佐原真(さわらまこと)は弥生人について、渡来系の人々とその子孫、渡来系と縄文人が混血した人々とその子孫などの弥生人(渡来系)と、縄文人が弥生文化を受け入れて変化した弥生人(縄文系)に区別できるとした。

最近の研究では、日本人の祖先は旧石器時代からの住人(じゅうにん)にほかならず、その後、中国、朝鮮、東南アジアなどからたくさんの人が日本に移住して文化を伝え、次第に混血して現在の日本人になったと考えられている。

1.2　日本国号の由来

「日本」の表記が定着する以前、日本列島には、中国の王朝から「倭国(わこく)・倭(やまと)」と称される国家があった。新羅本紀(しらぎほんぎ)では「670年、倭国が国号を日本と改めた」とされている。「倭国」と「日本国」とはどのような関係かというと、日本書紀によれば、「ヤマト」の勢力が中心に倭を統一した古代の日本では、漢字の流入と共に「倭」を借字として「ヤマト」と読むようになり、やがて、その「ヤマト」に当てる漢字を「倭」から「日本」に変更し、当初はこれを「ヤマト」と読んだとする。旧唐書は、「倭国」と「日本国」を併記した上で、日本国は倭国の別種とし、倭国が日本国に改名した可能性と元小国の日本が倭国を併合

◎ 第4章　日本歴史・文化の歩み ◎

した可能性について記している。

　「日本」という国号の表記が定着した時期は、7世紀後半から8世紀初頭までの間だと考えられる。この頃の東アジアは、618年に成立した唐が勢力を拡大し、周辺諸国に強い影響を及ぼしていた。斉明(さいめい)天皇は658年臣の安倍氏に、外国である粛慎(きよしまこと)(樺太(からふと))征伐を命じている。663年の白村江(はくそんこう)の戦いでの倭国軍の敗戦により、唐は劉徳高(りゅうとくこう)や郭務悰(かくむそう)、司馬法聡らの使者を倭国に遣(つか)わし、唐と倭国の戦後処理を行っていく過程で、倭国側には唐との対等関係を目指した律令(りつりょう)国家に変革していく必要性が生じた。これらの情勢を契機として、668年には天智天皇が日本で最初の律令である近江朝廷之令(近江令)を制定した。そして672年の壬申の乱を経て強い権力を握った天武天皇は、天皇を中心とする体制の構築を更に進め、689年の飛鳥浄御原令から701年(大宝元年)の大宝律令の制定へと至る過程において国号の表記としての「日本」は誕生したと考えられる。

　具体的な成立の時点は、史料によって特定されていない。ただしそれを推定する見解は2説に絞られる。第一説は、天武天皇の治世(672年～686年)に成立したとする説である。これは、この治世に「天皇」の号および表記が成立したと同時期に「日本」という表記も成立したとする見解である。例えば吉田孝は、689年の飛鳥浄御原令で「天皇」表記と「日本」表記と両方が定められたと推測する。もう一説は、701年(大宝元年)の大宝律令の成立の前後に「日本」表記が成立したとする説である。

　8世紀前半の唐で成立した『唐暦』には、702年(大宝2年)に「日本国」からの遣使(遣唐使)があったと記されている。後代に成立した

『旧唐書』、『新唐書』にも、この時の遣唐使によって「日本」という新国号が唐(武則天、大周)へ伝えられたとの記述がある。両書とも「日の出の地に近いことが国号の由来である」とする。国号の変更理由については「雅でない倭国の名を嫌ったからだ」という日本国側からの説明を記載するものの、倭国と日本国との関係については、単なる国号の変更ではない可能性について言及している。すなわち、『旧唐書』は「小国だった日本が倭国を併合した」とし、『新唐書』は「倭が日本を併合し、国号を奪った」としている。いずれにせよ、これらの記述により、702年に「日本」国号が唐によって承認されたことが確認できる。

「日本」の日本語での発音「にっぽん」、「にほん」と読まれる。日本政府は正式な読み方をどちらか一方には定めておらず、どちらの読みでも良いとしている。

国家としての日本、日本の民族・文化は、有史以前からの長い年月を経て段階的に形成されて来ていて、明確な建国の時期を示す記録は存在しない。建国記念の日(旧紀元節)は、記紀で神武天皇が即位したとされる日(紀元前660年1月1日〔旧暦〕、2月11日〔新暦〕)となっている。

1.3 旧石器時代の文化

通常、旧石器時代は以下の3つに区分される。

前期旧石器時代:(約260万年前〜約30万年前)ハンドアックスがひろく用いられた時代。この時代の人類はホモ・ハビリスおよびホモ・エレクトスが主流であった。

中期旧石器時代:(約30万年前〜約3万年前)剥片石器が出現した時代。ネアンデルタール人が広がった。極東アジアの中期石器

文化の特徴から、ヨーロッパから来たネアンデルタール人に依ったものではなく、アジアの原人から進化した古代型新人によって形成された可能性が大きいとされる。

後期旧石器時代：（約3万年前～約1万年前）石器が急速に高度化、多様化した時代。このような技術革新の原動力を言語に求める説もある。クロマニヨン人（ホモ・サピエンス）が主流となり、他の化石人類は急速に姿を消した。

日本列島において確認されている人類の歴史は、約10万年～約3万年前までさかのぼる。古く北海道と九州方面は大陸と地続きでありナイフ形石器と呼ばれる石器が列島全域で広く使用された。

岩戸遺跡からは約3～2万年前のものとみられるこけし型の岩偶が見られ、旧石器時代にも何らかの信仰があったことがうかがえる。

約1万2千年前頃、最終氷期が終わり急激な温暖化による海面上昇が始まると、日本列島はアジア大陸から分離した。これにより、人々の文化や生活に大きな変化が生じ、南西諸島を除いて、次の縄文時代へ移行していった。

▲ ピリカ遺跡蘭越型細石刃核接合資料
（写真撮影：小川忠博）

▲ 出土した石器を接合した状態
（写真提供：帯広百年記念館）

図 4.1

1.4　縄文時代

　縄文時代は、年代でいうと今から約1万6,500年前(紀元前145世紀)から約3,000年前(紀元前10世紀)、地質年代では更新世末期から完新世にかけて日本列島で発展した時代であり、世界史では中石器時代ないし新石器時代に相当する時代である。旧石器時代と縄文時代の違いは、土器の出現や竪穴住居の普及、貝塚の形式などがあげられる。草創期・早期・前期・中期・後期・晩期の6期に区分される。この頃の日本列島人は縄文式土器を作り、早期以降定住化が進んで主に竪穴式住居に住んだ。文化の特徴は、弓矢を用いた狩猟、貝塚に見られる漁労、植物の採集などで生活を営み、打製石器、磨製石器、骨角器などを用いた。

　雑穀や堅果などの栽培も行われたとする仮説も提示されており、野生のイヌビエから穀物のヒエへの栽培化のプロセスが追跡できるとする研究や、クリの選択が行われて栽培化の動向がうかがわれるとされる研究も公表されている。後期から晩期にかけては稲作も導入された。

1) 縄文土器の特色

　① 特徴と変遷——縄文土器は低温焼成であり、黒褐色、厚手でもろいものが多く、表面には縄目を転がした文様を付けて焼くことが多かった。② 代表的な縄文土器——注目されるのは尖底という特色のある早期の土器と晩期の極めて華麗な文様を発達させた亀ヶ岡土器である。③ 土器の用途——土器は煮炊きし、保存するという日常生活の器として作られただけでなく、装飾物としても使われていた。

◎ 第4章　日本歴史・文化の歩み ◎

▲ 大正3遺跡から出土し北海道最古の土器。縄文時代草創期の特徴である「爪形文」が見られます（寫真提供：帶広百年記念館）

図 4.2

2）縄文人の社会生活

① 原始共同体—血のつながりのある人々は共同生活を営み、獲物は公平に分け、道具などは共有であった。② 交易—石器などは、各集団の枠を超えて、かなり広い範囲に交換が行われていた。③ 集団規制—集落の間や集団ごとの内部で、さまざまな規制を強めることが必要になった。

3）縄文人の精神生活

① 自然の脅威と原始宗教—自然現象などにも霊威を認めて、畏怖し崇拝する原始的信仰が生まれた。② 土偶—縄文時代に人や動物をかたどって作られた土製の人形で、女性は生命を産み出す神秘的な力を有する存在と考えられていた。③ 土版と土面と石棒—縄文中期は宗教遺物がもっとも大きく変化し始める転機であった。④ 抜歯と研歯—門歯や犬歯を一定の総則によって抜くのが抜歯、研歯という風俗である。⑤ 屈葬—縄文時代にある死体の手足を折り曲げて葬る方法である。

4）縄文人の衣食住

① 定住生活の開始―ある1ヶ所に一定期間住みつき、こうした生活に便利なように竪穴式住居を建造するようになった。② 集落の発達―縄文早期になると、人々は台地上に竪穴式住居を建て、10人前後の小規模な集落を形成して集団生活をはじめた。③ 貝塚―集落の人々のゴミ捨場であり、貝殻、獣骨、魚骨、鳥骨などが堆積して腐らずに今日まで残ったものである。④ 食生活―縄文人の食生活は四季おりおりに多彩な食物を摂取し、地域によってかなり差があった。⑤ 服装と装身具―縄文人は植物から繊維をとり、手で編んだり、簡単な機械で織った布で服を作ったと考えられる。

1.5 弥生時代

紀元前9世紀頃から3世紀頃までは弥生時代と呼ばれる。時代区分名称は、この時期に特徴的に見られた弥生式土器に由来する。稲作（いなさく）を中心とする農耕（のうこう）社会が成立し、北部九州から本州最北端以北を除く日本列島各地へ急速に広まった。農耕社会の成立によって地域集団が形成された。農耕社会の発展とともに地域集団は大型化していき、その中心部には環濠集落（かんごうしゅうらく）が営まれた。当時多く築造された墳丘墓（ふんきゅうぼ）は大型地域集団の首長墓と見られ、身分差が生じ始めていたことの現れだと考えられている。

当時の日本列島は中国から倭・倭国と呼ばれた。大型地域集団の中には中国王朝と通交するものもあり中国から「国」と称された。紀元前後には100前後の「国」が中国と通交していたとされる。倭の奴国王は後漢へ通使（つうし）し金印を授与された。大型地域集団は次第に

政治的な結合を強めていき、倭国連合と呼びうる政治連合体を2世紀初頭頃に形成した。その盟主は倭国王と称し、最初期の倭国王に帥升がいる。しばらく倭国は政治的に安定していたが、2世紀後半に倭国大乱と呼ばれる内乱が生じ、その後邪馬台国の卑弥呼が倭国王となった。卑弥呼は魏との通交により倭国連合の安定を図った。

1）弥生人の農耕生活と社会

農耕の開始 ① 水稲農業の開始—紀元前300年前後の頃、農業の中心は水田における稲の栽培であった。② 木製農具の使用—弥生時代の農具は鋤(すき)・鍬(くわ)、石包丁(いしぼうちょう)・鎌(かま)、木臼(きうす)・竪杵(たてぎね)等に大きく分けられた。③ 水稲の伝播—弥生中期から東日本へ広がって、弥生後期には東北地方にまで普及した。④ 水稲耕作開始の意義—人々は定住生活をするようになり、土地や収穫物をめぐる戦争が始まり、貧富の差が発生し、支配する者とされる者に分かれ、各地に小国が誕生した。

弥生時代の社会 ① 社会の変化—土地経済、家父長制、地縁的社会、財産私有、世襲といった一連の階級社会への道程をたどり、3世紀から4世紀の頃、古代国家の形成にたどりつくのである。② 収穫物の貯蔵—弥生時代には、主に米を貯蔵する倉庫が発達した。③ 高床式倉庫—水稲耕作によって、収穫した稲を貯蔵する高床式倉庫が出現した。

2）弥生人の土器と生活習慣

弥生の土器 ① 弥生土器の成立—弥生土器は生活用具として生活に密着した土器である。② 弥生土器の特徴—土質は細かく、焼成度は高くて、薄手に焼かれ、色は赤褐色または黄白色で、文様はないものが多く、あっても簡単な条線文である。

◎ 新编日本社会文化 ◎

図4.3 向ヶ丘貝塚で発見された
「弥生式土器第1号」

重要文化財．東京大学総合研究博物館蔵．

図4.4 壺形土器
「弥生時代（後期）・1〜3世紀東京都」

大田区久が原出土（個人蔵，東京国立博物館寄託）

弥生人の生活文化 ① 生活の様相—米が食料の重要な部分になり、狩猟や漁労による食料の獲得は盛んであった。② 弥生人の食と衣—横幅のある布をうまく身体に巻きつけて服とし、食生活では米を主食として、魚や貝を好んで捕らえ、野菜もよく食べた。③ 集落の形成—住居である竪穴式住居3軒に高床式倉庫1棟というまとまりが幾つか集まっている。④ 環濠集落（かんごうしゅうらく）—水稲文化と同時に大陸から伝来し、九州から関東にわたって波及した。⑤ 葬法の変化—支石墓、甕（かめ）棺墓（かんぼ）、箱式石棺など独自の地方的特色を備えた墓が発達し、葬法も屈葬のほか手足を伸ばした姿勢で埋葬する伸展葬が行われた。

図4.5 弥生時代からつづく竪穴住居は、掘（ほ）りくぼめる穴のかたちが丸から四角に変わります、竪穴住居の中（なか）。

◎ 第4章　日本歴史・文化の歩み ◎

3）弥生時代の鉄器と青銅器

鉄器と青銅器　① 中国と朝鮮半島からの伝来——弥生時代前期後半に銅剣や銅矛などの青銅武器は鉄器とともに中国から伝わり、日本の民族文化に大きな飛躍発展の機会を与えた。② 青銅器の分布——金属器は分布の地域により銅矛・銅剣・銅戈分布圏と銅鐸分布圏に分かれている。③ 青銅器祭器の発達——大型の青銅器は出現当初を除いて、ほとんどが祭祀に用いられる非実用的な祭器または宝器になっていた。

青銅器の種類　① 銅鏡——銅鏡は北九州で特定の甕棺墓から出土して、その多くは中国漢代の漢式鏡である。② 銅鐸——銅鐸は中国の編鐘を祖形とした楽器が起源とされ、朝鮮半島から伝わった。③ 貨幣——貨泉は前漢と後漢の間にあった新の貨幣で、新は15年という短期間で終わった。④ 銅剣——細身で鋭利な舶載品と、鈍（なまくら）で非実用の儀器的・祭祀的なものという二つの形がある。

4）弥生文化の起源と特色

農耕社会の起源　① 成立の背景——戦国時代の混乱を収拾した秦とそれに続く漢は、国の版図をかつてないほど広めた。漢は強大な統一国家を形成し、その文化は周辺の諸民族に波及した。② 農耕の成立——弥生遺跡から出土した炭化した籾（もみ）から水稲耕作の存在を裏づけ、弥生時代に原始農耕が存在し発展したということが解明された。③ 国際情勢——大陸では春秋時代に続いて晋が韓、魏、趙の三国に分立し、戦国時代に入った。④ 極東圏中の交流——極東圏で人や物の交流のネットワークが3000年以上も前からできていた。⑤ 特徴——竪穴式住居の構造や土器・打製石器の製作などには、縄文文化の伝統が受け継がれている。⑥ 範囲——水稲耕作は最初北九州、後に愛知県知多半島の辺りまで伝わった。

図 4.6 弥生時代の稲作
国立科学博物館展示の模型.

1.6 古墳時代

　3世紀中後半から7世紀頃までは古墳時代と呼ばれる。3世紀中頃に畿内(きない)に出現した前方後円墳とそれに伴う墓制が急速に列島各地に広まっており、このことは畿内(ヤマト)・北部九州(筑紫)・北関東(かんとう)(毛野(けの))・山陽(吉備(きび))・山陰(出雲(いずも))に並立(へいりつ)していた地域政治集団が糾合(きゅうごう)してヤマト王権を形成したことを表していると考えられている。ただし、これは初期国家と呼べる段階にはなく、王権の連合(連合王権)と見るのが適切とされている。この王権が後に国家としての体制を整え、さらに大和朝廷と称される政権に発展するが、どの時期以降をもって朝廷と呼ぶべきかに関しては、なお議論がある。

　4世紀後半からヤマト王権は、列島主要部の支配を固めるとともに武器・農具の原料である鉄資源を求めて朝鮮半島への進出を開始し、半島諸国の国際関係にも介入するようになったが、これを契機として朝鮮や中国の技術と文物が倭国へ流入した。

◎ 第4章　日本歴史・文化の歩み ◎

図4.7　大分県亀塚古墳

　5世紀に入るとヤマト王権は本拠を河内平野へ移し、朝貢することで朝鮮半島諸国との関係を優位にすべく、その目的にふさわしい官爵を求めて中国の南朝との通交を活発に行った。中国史書に名の残るこの時期のヤマト王権の首長を倭の五王という。

　倭の五王の後、5世紀後半から6世紀前半にかけて、ヤマト王権では混乱が見られた。しかし北陸・近江根拠地の傍系王族から即位した継体天皇の登場と統治により、ヤマト王権の列島支配が強まり、これ以後は現天皇に繋がる体制が確立した。

　またこの時代には、朝鮮半島諸国の国際関係への介入は大きく後退した。こうした内政の時期を経て、ヤマト王権による日本列島支配体制はさらに強化されていった。同時期にオホーツク海沿岸地域では、オホーツク文化が成立し、およそ13世紀まで続いた。

　この時代(場合により次の飛鳥時代を含めて)を、大和時代と呼ぶことがあったが、現在は古墳時代とするのが一般的である。

1) 古墳時代の生活

① 竪穴式住居──縄文時代から盛んに造られ、弥生時代に伝わり、日

本の農家や民家のもととなった。② 土師器と須恵器—古墳時代に製作、使用された土器である。③ 春秋の祭り—田に来た神が山に帰る時に収穫感謝を表すために、秋の新嘗祭が行われた。④ 食物—海外の文化が受け入れられ、米や魚貝、海藻のほか、豆、雑穀も食べるようになった。⑤ 信仰—自然崇拝、産土神の信仰、雨乞いの祭りなどが整った。⑥ 殯屋(もがりや)—殯の実体は死者の再生を願うと共に、死者の鎮魂と、死者とその家族の浄化を行うことである。⑦ 太占の法—鹿の骨を焼いて、その面に生じた割れ目の形で吉凶を占う方法である。

2）大陸文化の受容

① 渡来人の波—4世紀末から5世紀に、戦乱を避けるため、難民たちが渡来し、土木・灌漑技術や高度な機織り技術を伝えた。② 騎馬民族征服王朝説—東洋史学者の江上波夫から唱えられた学術上の仮説である。③ 漢字の伝来—漢字が伝来する前に日本人は文字を持たなかった。④ 漢委奴国王—1784年に福岡県の志賀島から発見された金印には篆書体で「漢委奴国王」の五文字が陰刻されている。⑤ 漢籍—代表的な漢籍には『和邇』『倭の朝貢記事』『風姿』『魏志・倭人伝』などがある。⑥ 金石文の伝来—金属器や石器の面に刻まれた文字や文章である。

1.7　飛鳥(あすか)時代

6世紀後半から8世紀初頭までは、ヤマト王権の本拠が飛鳥に置かれたことから飛鳥時代と呼ばれる。6世紀後半にはヤマト王権の国内支配が安定し、むしろ王権内部の王位継承抗争が目立った。この時期には百済から仏教が伝来し、後の飛鳥文化・白鳳(はくほうぶんか)文化などの仏教文化へと発展していった。6世紀末、400年ぶりに中国を統

一した隋の登場は、東アジア諸国の政治権力の集中化をもたらし、倭国でも7世紀前半にかけて聖徳太子と蘇我氏により遣隋使派遣・冠位十二階制定・十七条憲法導入などの国政改革が行われた。しかし豪族層の抵抗も根強く、権力集中化はその後も企図されたが、その動きは伸び悩んだ。

　7世紀中頃の大化の改新も権力集中化の動きの一つであり、一定の進展を見せている。しかし、権力集中化への最大の契機は、7世紀後半の百済復興戦争における敗北(→白村江の戦い)であり、倭国内の諸勢力は国制整備を進めることで一致し、権力集中化が急速に進み始めた。さらに壬申の乱に勝利した天武天皇は権力集中を徹底し、天皇の神格化を図った。天皇号の制定時期は天武期と考えられている。併せて、天皇支配を具現化するために律令制の導入を進め、8世紀初頭の大宝律令制定に結実した。日本という国号もまた、大宝律令制定の前後に定められている。

1) 飛鳥文化の成立

成立の背景は　① 大和朝廷の動揺——当時の国際関係の変化によって、部民制・国県制という新たな支配体制の形成を促すこととなった。② 仏教の伝来——583年に百済の聖明王の遣いで訪れた使者が欽明天皇に金銅の釈迦如来像や経典、仏具などを献上した。③ 崇仏論争——崇仏した蘇我氏は南大和を基盤とした豪族であったが、物部氏は仏教に反対すべきだと言った伝統的で保守的な氏族であった。

文化の性格としては　① 大陸文化の摂取——百済を媒介とする南朝の中国文化が続々と日本に移植され、飛鳥文化の展開を可能にさせる前提条件を形成した。② 飛鳥文化の特色——蘇我氏など中央の有力豪族層と渡来人による文化の充実の上に生み出された文化で

ある。寺院と仏像は、法興寺、四天王寺、法隆寺、中宮寺というように本格的な寺院建設が行われた。仏像と彫刻は、中宮寺の半跏思惟像、飛鳥寺丈六釈迦如来像、法隆寺百済観音像・金堂釈迦三尊像・夢殿救世観音像、広隆寺半跏思惟像というような金銅像が多く、中国南北朝時代の文化の影響を受けている。

2）白鳳文化の特性

文化の特色は、① 律令国家の形成期にふさわしい清新な気風に満ちた文化である。② 初唐文化の影響を受け、仏教興隆策による仏教文化である。歴史書編纂は、『古事記』（712年）と『日本書紀』（720年）という両書は天武天皇の命令によって編纂が開始された。建築と彫刻は、① 建築—各地には豪族によって、弘福寺、薬師寺、大官大寺、山田寺などの寺院が造られた。② 彫刻—前半は飛鳥時代の様式が継続され、後半には唐の影響が現れた。絵画と工芸は、① 法隆寺金堂の壁画—白鳳文化の絵画を代表するもので、アジアの古代仏教絵画を代表する作品の一つである。② 高松塚古墳の壁画—極彩色で写実的な正装の男女官人像や玄武などの四神が描かれ、唐や高句麗の壁画文化の影響を示している。

1.8　奈良時代

8世紀初頭から末（710〜794）にかけては奈良時代と呼ばれ、奈良に都城（平城京）が置かれた。この時期は、律令国家体制の形成と深化が図られた。王土王民思想に基づく律令制は、天皇とその官僚による一元的な支配を志向しており、民衆に対しては編戸制・班田制・租庸調制・軍団兵士制などの支配が行われた。8世紀前半は、律令

制強化への動きが積極的に展開しており、三世一身法・墾田永年私財法などの農地拡大政策もこうした律令制強化の一環だったと考えられている。しかし、8世紀後半に入ると、百姓階層の分化が始まり、百姓の逃亡が増加するなど、律令支配の転換を迫る状況が生じていった。

また、新羅を蕃国とし、東北地方の蝦夷・南九州の隼人を化外民とする中華意識が高まり、日本は、新羅へ朝貢を要求するとともに、蝦夷・隼人らを「教化」して律令支配へと組み込もうとしていった。

奈良時代に、朝廷は、唐の制度や文化を学ぶため、たびたび遣唐使を送り、留学生、留学僧を同行させた。遣唐使がはじめて派遣されたのは630年のことで、894年に停止されるまでの約260年間に、数十回送られた。そのうち奈良時代には6回送られた。当時は造船や航海の技術が未熟であったので、遣唐使船はしばしば遭難した。しかし、遣唐使や留学生たちは、唐の進んだ文化を取り入れるため、危険をおかして荒海をこえた。中には帰国の船が難破して唐で一生を終えた阿部仲麻呂のような人もいた。

平城京の繁栄　① 平城京の遷都—平城京は藤原京と違って交通の便がよく、風水思想にもかなっていた。② 平城京の住民—平城京には皇族、貴族、官人、僧尼、一般住民など、さまざまな人々が厳しい身分秩序のもとで生活していた。

国家仏教の歩んだ道　① 仏教の興隆—日本において仏教はかなりの期間、いわゆる鎮護国家宗教として保護されてきた。② 鎮護国家思想—仏教の力をもって国家の安泰を得ようとする思想を鎮護国家思想という。③ 鑑真の招来—唐の高僧鑑真とその弟子たちが来日したことで、正規の授戒の体制が整った。

南都六宗と南都七大寺
① 経典の写経事業—国家仏教として、鎮護国家の実をあげるためには、経典が必要であった。② 南都七大寺—平城京の周辺に存在し、朝廷の保護を受けた七つの官立大寺院の総称である。③ 南都六宗—奈良時代を最盛期として平城京を中心に活動した仏教の6宗派の総称である。

大仏の造立
① 国分寺の建立—聖武天皇が741年に国状不安を鎮撫するために各国に建立を命じた寺院である。② 東大寺の創建—733年、若草山麓に創建された金鐘寺が東大寺の起源とされる。③ 盧舎那大仏の造顕—聖武天皇による盧舎那大仏の造顕は、740年の難波行幸に河内国の智識寺において天皇が盧舎那仏を拝したことがきっかけであった。

鑑真と唐招提寺
渡来僧鑑真は中国唐代の僧で、仏教者に戒律を授ける導師「伝戒の師」として日本に招請され、日本律宗の開祖になった。鑑真は、日本に渡ろうとして何回も遭難し、その途中で失明したが、759年ようやく日本に着き、平城京に唐招提寺を開き、寺院や僧の制度をととのえた。奈良市五条町に創建した日本律宗の中心的道場で、南都六宗の一つである律宗の総本山である。

図4.8　唐招提寺（金堂）

奈良時代の文化は、遣唐使によってもたらされた唐の文化の影響を強く受け、さらにペルシャ(イラン)、インドの文化の影響もみられる国際色豊かな文化であった。また、寺院建築や仏像彫刻などの仏教芸術が発達したが、このような奈良時代の文化は、聖武天皇のときの年号をとって天平文化とよばれる。

聖武天皇は仏教の力によって国家を守ろうとし、741年、国ごとに国分寺・国分尼寺をつくらせ、都には東大寺とその本尊の大仏をつくらせた。東大寺正倉院は、聖武天皇の愛用品などを納めた、校倉造の倉庫である。

文化面では、618年、唐は大帝国を築き、東アジアに広大な領域を支配して周辺諸地域に大きな影響を与えた。天平文化は神武天皇の天平年間(729〜749)を中心として栄えた奈良時代の文化であり、天平文化の特徴は① 唐文化の影響—中国風、仏教風の文化の影響が列島の地域社会へ浸透していった。② 文化の内容—建築、美術、彫刻、絵画、文学ではすばらしい成果をあげた。③ 文化の特徴—唐文化の影響で、律令国家の発展をうまく反映して、平城京を中心とした壮大かつ華麗な文化である。史書と地誌の編纂は① 史書の編纂—奈良時代に『古事記』と『日本書紀』という二つの歴史書を完成した。② 地誌の編集—713年、諸国に郷土の産物、地理などを収録した『風土記』の編纂が命令された。

1.9 平安時代

8世紀末頃から12世紀末頃(794〜1185)までは平安時代と呼ばれ、桓武天皇の築いた平安京が都とされた。平安前期には古墳時代の地方首長層に出自する古来の国造一族から任命された郡司階

層の没落と百姓階層の分化が一層進み、前代から引き続いた律令国家体制に限界が生じていた。そこで朝廷は11世紀初頭頃から地方分権的な国家体制改革を精力的に推進し、王朝国家体制と呼ばれる体制が成立した。王朝国家では、朝廷から大幅に統治権限を委譲された受領とその国衙機構による地方支配が展開した。この受領・国衙支配のもと、収取体系は従来の律令体制における、戸籍による個別人民把握と郡司層の百姓層に対する首長権に裏付けられた、人頭税方式の課税から、土地単位の課税と有力百姓階層や土着した元国司子弟などの富豪層への農地経営請負委託を組み合わせた、負名体制へと変貌した。また地方統治を裏付ける軍事面においては、国衙軍制を通じて武芸の家として武装と武力の行使を公認された官人層である、武士階層が登場した。また、中央政治においては11世紀に藤原北家が天皇家の外戚として政権中枢を担う摂関政治が成立した。

　12世紀に入ると王朝国家のあり方に変化が生じ、12世紀末から13世紀にかけて荘園の量的増加と、経営単位として自律した一円領地化という質的変化が著しくなり、権門を荘園領主とする荘園と、国衙が支配する公領が対等な存在として拮抗して並び立ち、このそれぞれにおいて荘園・公領間の武力紛争に耐えられる武士が現地の管理者として在地領主化する、荘園公領制と呼ばれる中世的な支配体制が確立した。同時期には上皇が治天の君として政務に当たる院政が開始しており、この時期が古代から中世への画期であるとされている。平安末期には保元・平治両乱を経て武士の軍事力が中央政界の政争の帰趨を左右するようになり、その結果、中央政界で政治の主導権を握った伊勢平氏によって原初的な武家政権と評価される平氏政権が登場した。

　平安時代は国風文化を特色として、9世紀にもまだ唐朝の影響を受けて、密教と漢文学の弘仁、貞観文化が栄えたが、10世紀以後

◎ 第4章　日本歴史・文化の歩み ◎

大陸との直接交流がなくなって、日本独特の貴族(きぞく)文化が生まれた。

1）弘仁・貞観文化

　唐風文化の影響－中国風の文化を重んじ、日本在来の風習に多くの唐風の儀礼を取り入れて様々な宮廷の儀式を整え、確立した。

　遣唐使中止後、いわゆる平安貴族の国風文化が栄え、独自の文化を形作っていくことになる。

2）国文学の発達

　① 仮名文字の普及―平安時代は仮名文字が発明され、仮名文字を巧みに使う女性の作家が活躍した時代であった。② 和歌の興隆―仮名文字の発達に伴って、和歌は次第に公的な文化として復権し、歌合も行われるようになった。③ 物語文学―『竹取物語』『伊勢物語』『源氏物語』など、物語は多様な発達を見せはじめた。④ 日記文学―『土佐日記』『蜻蛉日記』『更級日記』などが、日記文学の代表的なものとされている。⑤ 随筆―清少納言によった執筆された『枕草子(まくらのそうし)』が鴨長明の『方丈記』、吉田兼好の『徒然草』と並んで日本三大随筆と称される。

3）美術の国風化

　① 絵画―中国から伝来した絵画の技法を消化し、日本の出来事や人物を描いた大和絵の手法が生まれた。② 書道―藤原行成は王羲之の流れを汲んで、最も精巧を極め、小野道風、藤原佐理と共に和様の能書家で三蹟としていずれも国風を発揮させた。③ 寺院―1053年に平等院鳳凰堂は藤原頼通によって完成された。④ 彫刻―代表的な作品として鳳凰堂阿弥陀如来像、法界寺阿弥陀如来像、鳳凰堂雲中供養菩薩像などが挙げられる。⑤ 工芸―平安時代の工芸技術の中では、蒔(ま)絵が日本独特の漆芸(しつげい)技法の一つとして注目された。

4）貴族生活の国風化

① 貴族生活の国風化―藤原北家を中心とする摂関政治を確立した貴族たちは、荘園からの莫大な財源を背景に栄華な生活を繰り広げた。② 精神生活―中国の陰陽道の影響で迷信が流行し、占いが盛んに行われた。

年中行事、座る生活、方角や日のよしあしが習慣になってきた。例えば、平安時代に貴族のあいだでおこった年中行事は、現在のひな祭り、七夕などのもとになる行事があった。また、現在行われている京都の祇園祭のおこりも平安時代である。

奈良時代まで貴族は室内で椅子と机を用いていたが、寝殿造りの室内では部分的に畳をしいて、座る生活になった。

平安時代の貴族は、方角や日のよしあしがあると信じていたが、東北の方角を鬼門としてきらう習慣などは現在でもみられる。

東北地方では、11世紀頃から安倍氏・清原氏・奥州藤原氏などの半独立政権が興亡し、中央から派遣された鎮守府将軍をも交えてしばしば抗争した（前九年の役・後三年の役）。南西諸島においては、12世紀頃からグスク時代に入る。

● 2. 中世

2.1 鎌倉時代

12世紀末頃から14世紀頃（1185～1333）までは鎌倉時代と呼ばれ、中央の公家政権と関東の武家政権が並立した。10世紀ごろから、貴

◎ 第4章　日本歴史・文化の歩み ◎

族や地方豪族のなかから、軍事や武芸を専門とする武士があらわれた。地方の豪族や有力な農民は、土地や財産を守るため武装するようになった。各地の武士は源氏と平氏を武士の棟梁とあおぎ、大きな武士団を形づくった。源氏は東国の武士を、平氏は西国の武士をひきい、武士の棟梁となった。源頼朝(みなもとのよりとも)を首長とする鎌倉幕府は、治承・寿永の乱で勝利して平氏政権を打倒し、その過程で守護・地頭補任権を獲得し、朝廷(公家政権)と並びうる政権へと成長した。13世紀前半の承久(じょうきゅう)の乱の結果、公家政権は武家政権に従属した。その後、御家人筆頭である北条氏が幕府政治を実質的にリードする執権政治が確立した。

　13世紀の後半、日本は元のフビライ(チンギス汗の孫)に2回にわたって攻撃を受けたが、2回とも暴風雨のおかげで甚大な被害をまぬがれたのである。一回は1274年(文永(ぶんえい)11年)の役、もう1回は1281年(弘安(こうあん)4年)の弘安の役である。蒙古襲来絵詞(もうこしゅうらいえことば)13世紀中期頃から、貨幣経済の浸透と商品流通の活発化、村落の形成、地頭ら武士による荘園公領への侵出など、大きな社会変動が生じ始めた。この動きは13世紀後半の元寇によって加速し、幕府の対応策は徳政令発布や得宗専制という形で現れた。また在地社会では悪党(あくとう)・惣村(そうそん)などが出現し、荘園公領制の変質化が急速に進行した。

図4.9　蒙古襲来絵詞

◎ 新編日本社会文化 ◎

　文化面では新仏教を誕生した。(1) 興隆の背景―旧勢力の代表である貴族が衰え、旧仏教の天台宗と真言宗は密教化して貴族層と結び、民衆を救済することができなかった。(2) 新仏教の特色―教義・修行が容易で、形式的な戒律を排除し、強烈に自派を主張するということである。(3) 新仏教の影響―旧仏教が求めた厳しい戒律、学問を重視せず、ただ選びとられた一つの道によってのみ救われると説き、広く武士や庶民にも救済の道を開いたところにある。(4) 古代8宗という旧仏教諸宗は公家などの支配階級のなかに隠然たる勢力を持ち、同時にその大寺は多くの荘園を持つ荘園領主であったが、新仏教の興隆は旧仏教にも大きな刺激を与えた。

図4.10　中国南宋の朱熹(しゅき)

　文化学問の特色は(1) 朱子学の伝来―中国南宋の朱熹(しゅき)に始められた宋学が俊芿(しゅんじょう)によって日本にもたらされて以後、多くの禅僧によって広められていった。(2) 貴族の学問―懐古と自負によって、古典をはじめとする貴族本来の学問が重要視された。(3) 学問の

施設—金沢文庫が有名で、和漢の書の文庫を集め、武士の勉学の便を図ったものである。

南北朝時代

14世紀頃(1336〜1392)は南北朝時代と呼ばれ、大覚寺統の南朝と足利氏が支援する持明院統の北朝に朝廷が分かれた。大覚寺統の後醍醐天皇が鎌倉幕府を滅ぼし、建武の新政と呼ばれる天皇専制の政治を行うが、武士層の不満が増すと、足利尊氏はそれを背景に新政から離反し、持明院統を擁立して大覚寺統を南の吉野に追った。荘園公領制の変質が、社会各層における対立を顕在化させ、南北朝の争いを大義名分とする全国的な抗争が展開した。

文化の面では歴史書と軍記物語があった。(1)『神皇正統記』—神代から後村上天皇の即位まで、天皇の代ごとに記されている歴史書である。(2)『増鏡』—歴史物語で、典雅な仮名文で公家の生活を描いた文芸味豊かな作品である。(3)『梅松論』—『太平記』と双璧をなす南北朝時代の軍記物語で、歴史書である。(4)『太平記』—1318年から1368年頃までの約50年間のことを書いた軍記物語である。(5)『難太平記』—今川了俊が1402年に完成させた書物である。また、連歌と能楽が流行した。(1)『風姿花伝』—世阿弥が記した能の理論書である。(2)茶寄合と闘茶の流行—14世紀、茶は寺院から武家社会へ、さらに庶民の生活へと広がった。茶は嗜好飲料として飲まれるようになり、喫茶の文化が定着していった。(3)茶道と千利休—千利休などによって茶道は禅と茶の精神の統一を主張し、茶室で閑寂を旨とする侘び茶の創始が完成した。

2.2 室町時代

　14世紀頃から16世紀頃まで(1392〜1573)は室町時代(むろまちじだい)と呼ばれ、京都の室町に幕府が置かれた。足利尊氏(あしかがたかうじ)が南朝に対して北朝を擁立し室町幕府を開いた。京都に本拠を置いた幕府は、朝廷の権能を次第に侵食したため、朝廷(公家政権)は政治実権を失っていった。各国に置かれた守護も半済等の経済的特権の公認や守護請の拡大などを通じて、国内支配力を強め、国衙機能を取り込んでいき、守護大名へと成長して、守護領国制と呼ばれる支配体制を築いた。こうして幕府と守護大名が構築した相互補完的な支配体制を室町幕府—守護体制という。

　足利義満は南北朝合一を遂げ、また日明貿易を行い明皇帝から日本国王に冊封された。義満は守護大名の勢力抑制に努めたが、守護大名の拡大指向は根強く、幕府対守護の戦乱が多数発生した。幕府—守護体制は15世紀中葉まで存続したが、応仁の乱によって大きく動揺すると明応の政変を契機としてついに崩壊し、戦国時代へと移行した。

　この時代の社会は農業、商業が発達し、成長した。例えば、農業は、二毛作(にもうさく)がひろまり、稲の品種も改良され、肥料や灌漑(かんがい)の技術も進歩した。手工業の原料などとして、麻、桑、茶などの栽培がひろまった。商業は、定期市は月6回間かれるようになり、京都などでは常設の商店ができてきた。陸上では馬借が物資の輸送活動をし、港町の問丸は問屋に発展してきた。売買には宋銭や明銭(永楽通宝)(えいらくつうほう)などが使われ、土倉・酒屋などの高利貸が富み栄えた。

◎ 第4章　日本歴史・文化の歩み ◎

　農業生産を高めた農民たちは、惣をつくって、団結し、村の自治をおこなった。惣では寄合を聞いて指導者を選び、村の掟を定め、領主への抵抗を強めた。団結をかためた農民は、一揆をおこして幕府などに徳政を要求した。

　文化の面では、室町文化の特色は禅宗を媒体として伝えられた中国文化の影響が加わったもので、幽玄で、枯淡な趣を特色とした。

　新仏教の発展は(1)旧仏教との衝突—南禅寺などの禅宗と旧仏教勢力の延暦寺などの天台宗が対立した。(2)五山文学と朱子学の研究—五山の僧たちは宋学を研究するとともに、漢詩や漢文をよくし、その詩文は五山文学と言われた。(3)宗勢の拡大—曹洞宗は地方や庶民の間で影響力を持つようになった。

　北山文化はそれまで伝統的であった公家文化と、新興の武家文化との融合が特色で、明との勘合貿易、禅宗を通じて大陸文化の影響も受けている。この特色は足利義満政権の特色と合致する。

　東山文化の特色として、北山文化の後を受け、禅宗や中国文化の影響を受けた侘び・寂びを尊ぶ幽玄の趣があり、やや逃避的な傾向もあった。

　美術と建築の面では(1)詩文—代表的な詩文集に、義堂周信の『空華集』、絶海中津の『蕉堅稿』などがある。(2)絵画—大和絵や絵巻物は低調で、輸入された宋、元画の水墨画が珍重され、その名手も現れた。(3)書道—古筆を愛玩賞味する風潮が興り、三筆、三蹟を祖とする和様が現れた。(4)庭園—禅宗寺院では、石組を主とした

枯山水と呼ばれる枯淡な石庭が発達した。(5) 水墨画—日本水墨画の全盛期で、如拙、周文、雪舟をはじめとする画僧を輩出した。(6) 寺院建築—和様、唐様、和様を折衷した折衷様が発達した。

2.3 戦国時代

　15世紀後期から16世紀後期にかけての時期を戦国時代と呼ぶ。この時代は、守護大名や守護代、国人などを出自とする戦国大名が登場し、それら戦国大名勢力は中世的な支配体系を徐々に崩し、分国法を定めるなど各地で自立化を強めた。一円支配された領国は地域国家へと発展し、日本各地に地域国家が多数並立した。この地域国家内における一元的な支配体制を大名領国制という。地域国家間の政治的・経済的矛盾は、武力によって解決が図られた。そうした流れの中で16世紀半ばに登場した織田信長は、兵農分離などにより自領の武力を強力に組織化して急速に支配地域を拡大していった。

　戦国時代初期の文化は北山文化や東山文化と同様に、禅宗などの強い影響を受けている。下克上を旨とする戦国時代の気風は文化をも覆い、次第に豪壮を旨とする桃山文化の発露への布石となる。

　特に、千利休による茶の湯の大成は、禅の思想に基づく「わび・さび」の美意識と、豊臣秀吉の発案との言い伝えを持ち、美醜について大きく意見の分かれる「金の茶室」という極限的な豪壮さを一つに内包したものと言え、今も日本文化全体に強く影響している。

3. 近世

　日本の近世は、武家政権による統一支配として特徴付けられる。同じく武家による支配を特徴とする中世とは、強力な中央政権の存在によって区別される。そのため、織田政権と豊臣政権を中央政権と見なすか否かで、中世と近世の境界が若干変わることもある。

3.1　安土、桃山時代

　織田信長の居城であった安土城、豊臣秀吉の居城であった伏見桃山城から、このように呼ばれる。特に、豊臣家が全国支配を担った後半を桃山時代といい、この時代を中心に栄えた文化を桃山文化と呼ぶ。

1) キリスト教の伝来

　① ザビエルの日本到着—1549年、ザビエルが薩摩国の鹿児島に上陸したことによって、キリスト教は日本に伝わり、伝道の基礎が築かれた。② 宣教師の渡来—宣教師らの熱心な布教が、次第に信者を獲得していった。③ キリスト教の影響—キリスト教は神道、仏教、領主の権威と支配体制に対立しながらも普及した。④ 南蛮寺—16世紀から17世紀に日本で建てられたカトリックの教会堂の俗称である。

2) 南蛮文化

　① ヨーロッパ伝来の文化—キリスト教の色彩が強く、日本の文化とはまったく異質の文化である。② 文化の内容—天文学、医学、地

理学などが伝わり、地球儀、世界地図、太陽暦、望遠鏡、時計、そして航海術や造船技術ももたらされた。

3）桃山文化

① 文化の特色—新興商人が成長し、その富を背景にした豪華で大掛かりな文化傾向が見られた。② 町衆の生活—京都市上京区にある浄土宗の寺院石像寺に釘抜地蔵の伝説がある。③ 建築—桃山文化を代表するものは、建造物とくに城郭であった。④ 美術と絵画—『唐獅子図屏風(からじしずびょうぶ)』『洛中洛外図屏風(らくちゅうらくがいず)』『松鷹図(まつたかず)』などすぐれた作品を残した。⑤ 芸能—歌舞伎は室町時代以来の能や狂言の影響を受け、歌と踊りを中心とした新しい芸能で、出雲大社の巫女阿国が始めた。

図4.11 狩野永徳(かのうえいとく)
『唐獅子図屏風』

図4.12 雪村周継筆(せっそんしゅうけいひつ)
『松鷹図』

織田信長(おだのぶなが)　織田信長は、統一の根拠地として、京都に近い安土（滋賀県）に壮大な城（安土城）をつくった。その城下町(じょうかまち)には、市場の税を免除し、座の特権を廃止する楽市・楽座令を出した。また、

各地の関所を廃止し、物資の流通を便利にした。これらは、商工業の発展をはかり、その経済力を利用しようとした政策であった。

この時代は、農業生産力が向上するとともに、地域国家内の流通が発達し、各地に都市が急速に形成されていった。また、ヨーロッパとの交易（南蛮貿易）が開始し、火縄銃やキリスト教などが伝来し、それまでの戦術や日本の宗教観念に大きな影響を与えた。

図4.13　安土城

織田信長は室町将軍足利義昭を放逐し、室町時代に代わる畿内政権を樹立した。しかし、1582年、信長は家来の明智光秀にそむかれて京都の本能寺で自害し、天下統一事業の半ばでたおれた。天下統一の事業は豊臣秀吉が継承することとなった。

豊臣秀吉　豊臣秀吉は、信長の畿内政権を母体として東北から九州に至る地域を平定し、統一事業を完了した。秀吉もまた中世的支配体系・支配勢力の排除・抑制に努め、太閤検地の実施を通して荘園公領制・職の体系を消滅させ、これにより中世は終焉を迎えた。秀吉も、楽市・楽座をおこない、関所の廃止や道路の整備につとめるなど、商工業を発達させた。また京都・大阪・堺・長崎などの都

図4.14　天正大判

市を直轄とし、大商人の経済力を政治や軍事に利用した。

　秀吉は、全国の主な鉱山を直轄とし、その金・銀による利益をひとりじめにした。貨幣は、中国から輸入した銅銭が主に使われたが、秀吉は貨幣の統一をはかった。天正大判(きんか)(金貨)は、秀吉が最初に発行した貨幣である。

　日本国内を統一した秀吉は、武家のかしらとして威信を示すためもあって、明の征服をくわだて、朝鮮(李氏朝鮮)を侵略した。秀吉は、朝鮮に対して、日本への服従と明へ遠征する日本軍の道案内を申し入れたが、朝鮮によって拒否されたので。1592年(文禄元年)朝鮮に出兵した。1597年(慶長2年)秀吉は再び大軍を出兵させたが、苦戦中に秀吉が病死したので、全軍は引き上げた。この二度にわたる朝鮮侵略を、文禄・慶長の役という。

　秀吉による天下統一により、政治や経済の安定がもたらされると大名・武士を中心として豪壮な桃山文化が栄えた。

3.2　江戸時代

　慶長(けいちょう)8年(1603年)から慶応(けいおう)3年(1867年)までは江戸時代と呼ばれ、江戸(今日の東京)に江戸幕府が置かれた。18世紀、江戸(今の東京)の人口は100万人にいたり、ロンドンと同じぐらいであった。

徳川家康(とくがわいえやす)　秀吉の死後、徳川家康は関ヶ原の戦いに勝利して権力を掌握すると江戸に幕府(ばくふ)を開き、大坂の役で豊臣氏を滅ぼした。この後幕府は、17世紀中葉までに武家諸法度の発布、参勤交代の義務化、有力大名の改易などを通して、諸大名との主従制を確固たるものとし、また朝廷統制を強め、幕府官僚機構を整備した。並行して、キリスト教の制限と貿易の管理強化を進め、社会の安定化に努

めた。そうした中で勃発した島原・天草一揆は、キリスト教禁止の徹底と長崎の出島での管理貿易による鎖国の完成へとつながる。日本の境界領域である琉球王国と蝦夷地(和人地である渡島半島を除く北海道、樺太及び千島列島)の支配は大名を通じて行なわれた。

　一方で、社会の安定化に伴い、耕地開発の大事業が各地で実施され、倍増した耕地面積は食糧増産と人口増加をもたらし、村請を通じて幕府財政や藩財政を支えるとともに、全国的な流通経済を大きく発展させた。以上のように、江戸時代前期に確立した支配体制を**幕藩体制**という。

　社会の安定と経済の成長は、都市の発展を支え、17世紀後半の元禄文化に結実した。18世紀に入ると幕府財政が慢性的に悪化し、徳川吉宗は幕府権力の再強化と財政再建(享保の改革)を推し進めた。その後も体制維持および財政再建の努力(寛政の改革、天保の改革等)は行なわれたが成功はしなかった。この頃に都市町人を中心とする化政文化が花開いた。しかし、商品経済の発達による社会各層での貧富の拡大とそれに伴う身分制の流動化などを背景として、幕藩体制は次第に動揺していった。

図4.15　黒船来航

黒船来航(くろふねらいこう)　19世紀中頃までに、国内の社会矛盾と国外からの圧

力(ロシア、イギリス、アメリカ船の接近)により、幕藩体制は限界を迎えていた。同後半の黒船来航と日米和親条約締結による開国を契機として幕府の管理貿易(鎖国)は解かれた。結果として幕府の威信は低下し、朝廷の権威が増大することになり、幕府は大政奉還により権力の温存を図ったが、倒幕派の薩摩藩、長州藩らとの内戦(戊辰戦争)に敗北し、瓦解した。

1) 江戸時代の学問

まず儒学と教育の発達には① 武士と庶民の教育―経済活動が活発になったことにより、人々の言論活動も活発になり、多様な学問が開花した。② 昌平坂学問所―学問所では毎月の定日に経書の講義や会読、小試、大試などの試験が行われた。③ 私塾―中井甃庵らが創立した懐徳堂が有名で、多くの門人を育てた。④ 寺子屋―儒者、神官、牢人、村の中堅層などは庶民教育を行うようになった。⑤ 心学の創造―石田梅岩は神、儒、仏の諸説を分かりやすく組み合わせ、日常に心がけるべき町人道徳として、倹約、堪忍、正直を説いた。⑥ 儒学の発達―朱子学の形式主義に対抗して、中国の王陽明の流れを汲む陽明学、古典への復帰を説く古学派が現れた。または朱子学と陽明学には① 幕府と朱子学―徳川家康は儒仏の分離を求め、藤原惺窩の門人林羅山を登用した。② 朱子学派―日本には、京学と南学の2派がある。主流は京学で、創始したのは藤原惺窩である。③ 陽明学の根本思想―その思想は『伝習録』『朱子晩年定論』『大学問』に凝縮されている。④ 陽明学派―日本で最初に陽明学を信奉し確立したのは中江藤樹である。さらに古学派の台頭には① 古学の先駆―山鹿素行は朱子学を批判し、日本独自の儒学思想を唱え、古学の先駆とされた。② 古義学派―伊藤仁斎は朱子学に

◎ 第4章　日本歴史・文化の歩み ◎

仏教と道家の思想の混入を咎め、厳しい文献批判のうえ学問の根拠を示した。③ 古文辞学派—17世紀末に、隋唐文化荻生徂徠(おぎゅうそらい)は朱子学を離れて独自の古学の体系を作り上げた。

図 4.16　大阪大学豊中キャンパスにある、重建懐徳堂のジオラマ

2）江戸時代の宗教、国学

まず仏教と神道には① 仏教新宗派の成立—1654年に来日した明の僧隠元隆琦(いんげんりゅうき)は禅宗の一派、黄檗宗(おうばくしゅう)を開いた。② 江戸時代の神道—儒学の影響を受けて、吉川神道、垂加神道(すいか)などが発達したところに特色がある。また史学の発達には① 幕府の修史事業—幕府では、将軍家光が林家に命じ、羅山(らざん)、鵞峯(がほう)父子によって完成された『本朝通鑑』がある。② 水戸藩(みとはん)の『大日本史』—編纂事業(へんさんじぎょう)を通して水戸学と呼ばれる独特の学風が興り、幕末の尊皇攘夷(そんのうじょうい)思想に指導的な役割を果たすことになった。③ 新井白石(あらいはくせき)の史学—新井白石の合理的精神とは朱子学の枠内のもので、近世歴史学上に高い価値を持つものである。さらに国学の萌芽には① 国学の源流—中世歌学に反抗する和歌の刷新にあった。② 歌学から古道へ—儒教や仏教の影響を受けない清浄純正な古代の生活の中にあり、おおらかで自然

な心であるとした。国学の完成―本居宣長は真淵の古典古道研究を継承して、国学を大成した。

江戸時代は文化の担い手が庶民にまで拡がり、歌舞伎、俳諧、浮世絵、人形、浄瑠璃、お陰参りなどが盛んになったほか、寺子屋や藩校で広く教育が行われた。井原西鶴・松尾芭蕉および近松門左衛門の三大文豪が活躍した。井原西鶴の作品としては、『好色一代男』と『日本永代蔵』などが特に名高い。松尾芭蕉の作品は、『奥の細道』が有名である。近松門左衛門の作品は『国姓爺合戦』、『曽根崎心中』、『心中天の網島』などが有名である。

4. 近代、現代

4.1 明治時代

明治年間（1868年～1912年）は明治時代と呼ばれる。1868年7月、新政府は古い習慣のまつわる京都から江戸に首都を移すことを決め、江戸を東京と改めた。同年8月に明治天皇の即位式をおこない、九月には年号を明治と改元し、天皇一代の間は一つの年号とする一世一元の制を定め、翌年には東京遷都を実現した。

1867年幕府は大政奉還を行った。幕府倒壊後、1868年明治政府が成立して、同年の四月に明治天皇が次のような新政の宣言を行っていた。合わせて五個条御誓文である。

◎ 第4章　日本歴史・文化の歩み ◎

① 広く会議を興し万機公論に決すべし。

② 上下心を一にして、盛んに経綸を行うべし。

③ 官武一途庶民に至る迄各其志を遂げ人心をして倦増さらしめんことを要す。

④ 旧来の陋習（ろうしゅう）を破り、天地の公道に基くべし。

⑤ 知識を世界に求め大いに皇基を振起すべし。

以上は明治政府の基本的な政策である。これによって国を開いて世界各国と交渉を持ち、国を富まし軍事力を強化して国の独立を維持することであった。進取（しんしゅ）の精神に富む明治の指導者たちはこの政策を断行（だんこう）した。

第一は封建時代からの藩政を撤廃（てっぱい）し、近代国家における地方行政単位として、県をおき、中央集権体制を整備した。

第二は士農工商の階級制度を廃止し、全国民に機会均等の教育制度を設置した。国民の教育の普及に力を注ぎ就学率の向上に努力し、人材の育成を謀った。

第三は農民に土地を売買する自由を認め、産業の育成を謀り、国営による鉄道、電話、郵便制度を開設した。また、官営のモデル工場を設立して、民間企業が起こるのを誘導したり、貸付金（かしつけきん）などの援助を積極的に行った。

第四は各分野に積極的に外国人顧問を招き、外国の技術や制度の導入、吸収に努めた。

新政府は天皇大権のもと欧米の諸制度を積極的に導入し、廃藩（はいはん）置県（ちけん）、身分解放、法制整備、国家インフラの整備など明治維新と呼ば

れる一連の改革を遂行した。その過程で日本の境界領域であった琉球王国や、樺太を除く蝦夷地(北海道の大部分と千島列島)、小笠原諸島を完全に日本の領域内に置き、国境を画定した。不平等条約の改正をするため、帝国議会の設置や大日本帝国憲法の制定など国制整備に努める一方で、産業育成と軍事力強化(富国強兵)を国策として推し進め、近代国家の建設は急速に進展した。その後、日清戦争と日露戦争に勝利を収めた後、列強の一角を占めるようになり、国際的地位を確保していく中で台湾統治や韓国併合を行った。

　文化面では、欧米から新たな学問・芸術・文物が伝来し、その有様は文明開化と呼ばれ、江戸時代以前とは大きく異なった文化が展開した。言文一致や変体仮名の整理、標準語の普及が進められ、近代的な日本語が成立した。宗教面では従来の神仏混交が改められ(神仏分離)、寺請制度が廃止された。神社は行政組織に組み込まれ、皇室を中心とする国家神道に再編されていく。キリスト教の布教も許されたが、仏教の巻き返しもありキリスト教の勢力はそれほど大きなものにはならなかった。

4.2　大正時代

　大正年間(1912年～1926年)は大正時代と呼ばれる。日本は日英同盟に基づき第一次世界大戦に参戦して勝利し、列強の一つに数えられるようになった。米騒動(1918年)を契機とする大正デモクラシーと呼ばれる政治運動の結果、アジアで最初の普通選挙が実施され政党政治が成立したが、同時に治安維持法が制定され共産主義への弾圧が行われた。女性は社会に進出し、仕事をしている女性がだんだん多くなってきた。日本は大戦特需による未曾有の好景気に沸くが、大戦が終わるとその反動による深刻な不景気に苦しみ、そ

◎ 第4章　日本歴史・文化の歩み ◎

こに関東大震災(1923年)が混迷する状況に追い討ちをかけた。

1）関東大震災

　1923年には関東大震災が生じた。この未曾有の大災害に東京は大きな損害を受けるが、震災後、山本権兵衛内閣が成立した。新内閣の内務大臣(山本内閣の内務相)となった後藤新平が震災復興で大規模な都市計画を構想して辣腕を振るった。震災での壊滅を機会に江戸時代以来の東京の街を大幅に改良し、道路拡張や区画整理などを行いインフラストラクチャーが整備され、大変革を遂げた。この際、江戸の伝統を受け継ぐ町並みが一部を残して破壊され、東京は下水道整備やラジオ放送が本格的に始まるなど近代都市へと復興を遂げた。しかし、一部に計画されたパリやロンドンを参考にした環状道路や放射状道路等の理想的な近代都市への建設は行われず、東京は戦後の自動車社会になってそれを思い知らされることとなり、戦後の首都高速の建設につながる。一方、この震災に乗じて、警視庁官房主事の正力松太郎らが、首都に暴動が生じるというデマを振り撒き、混乱した民衆による朝鮮人などの殺害事件が多数起こったことや、震災直後の緊急対策であった筈の震災手形の処理を遅らせて不良債権化させた結果として金融恐慌を招いたことは歴史の負の側面であろう。

2）芸能文化

　日本初の歌謡曲として松井須磨子のカチューシャの唄をはじめとする数々の歌謡曲が誕生して、実はジャズもこの時代に日本に伝わり、それなりに発展する。能・文楽・歌舞伎・新派劇・新国劇などの日本的な伝統演劇に対して西洋劇を導入する新劇運動が盛んに

なり、昭和時代に発展する芸能界の基礎となる俳優・女優・歌手などの職業が新しく誕生して、その後の大衆文化の原型が生まれた。

3）都市文化

大正時代の洋風住宅（兵庫県芦屋市・旧山邑家住宅）日露戦争頃から、当時の経済文化の中心地であった大阪・神戸において都市を背景にした大衆文化が成立し（阪神間モダニズム）、全国へ波及した。今日に続く日本人の生活様式もこの時代にルーツが求められるものが多い。道路や交通機関が整備されて、路面電車や青バス（東京乗合自動車）や円太郎バスなどの乗合バスが市内を走行して、大正後期から〜昭和初期までの大大阪時代に大阪府では、東京府よりも先におびただしい私鉄網が完成し、なかんずく小林一三が主導した阪神急行電鉄の巧みな経営術により、阪神間に多くの住宅衛星都市群が出現した。一方、日清戦争（1894年〜1895年〔明治27年〜明治28年〕）を経て東洋一の貿易港となっていた神戸港に夥しく流入する最新の欧米文化を彼ら衛星都市の富裕層が受け入れて広まり、モダンな芸術・文化・生活様式が誕生した。大阪・神戸は関東大震災（1923年〔大正12年〕）後に東京から文化人の移住等もあって、文化的に更なる隆盛をみた。大正中期に都市部で洋風生活を取り入れた「文化住宅」が一般向け住宅として流行した。東京府（東京市）では、関東大震災で火災による被害が甚大だった影響で江戸期から下町が江戸時代の街並みを失う一方、震災の影響が総じて少なかった丸の内、大手町地区にエレベーターの付いたビルディングの建設が相次ぎ、一大オフィス街が成立した。下町で焼け出された人々が世田谷、杉並等それまで純然たる農村であった地域に移住

◎ 第4章 日本歴史・文化の歩み ◎

して、新宿、渋谷を単なる盛り場から「副都心」へと成長させた。1918年(大正7年)に専門学校から昇格する形で私立大学を中心に旧制大学を認可する大学令と高等学校令が公布されて高等教育機関が整備されて、東京帝大の卒業生の半数が民間企業に就職するようになり、「サラリーマン」が大衆の主人公となった。明治時代まで呉服屋(ごふくや)であった老舗が次々に「百貨店」に変身を遂げ、銀座はデパート街へと変貌(へんぼう)した。井戸やまきによるかまどの使用や明治時代の石油ランプが廃れて、上水道・ガス・電気が普及する。神前結婚や大本教や霊友会など新宗教が盛んになる。家庭電気器具では扇風機・電気ストーブ・電気アイロン・電気コンロが普及した。

マスコミの発達 東京に拠点を置いていた『時事新報』、『國民新聞』、『萬朝報』の主要紙が関東大震災の影響で被災して凋落(ちょうらく)し、取って代って大阪に本社を置いていた『大阪朝日新聞』、『大阪毎日新聞』が100万部を突破して東京に進出、それに対抗した『讀賣新聞』も成長を果たして、今日「三大紙」といわれるようになる新聞業界の基礎が築かれた。

1925年(大正14年)3月には、東京、大阪、名古屋でラジオ放送が始まり、新しいメディアが社会に刺激を与えるようになる。

大正前期、新聞について書かれた記事によると、『風俗書報』第四六七号(一九一六[大正五]年一月)の「新聞紙」にて柏拳生(かしわけんしょう)は「新聞紙は斯(か)く重宝(ちょうほう)なるものとして貴(とうと)ばれると共に、群衆心理(ぐんしゅうしんり)を左右する恐るべき魔力(まりょく)を有す。」と述べている。また、光本悦三郎『鞍上と机上:続東京馬米九里』(一九一四[大正三]年一二月無星神叢書)の「新聞の裏面」にて「群盲は新聞の裏面を知らないで、表面に

現れた文字だけよりかは何も知らない。」とあるように、大正期の新聞は人々に多大な影響を与えた。

自動車の登場　震災で鉄道が被害を受けたこともあって、「自動車」が都市交通の桧舞台(ひのきぶたい)にのし上がり、「円タク」などタクシーの登場もあって、旅客か貨物であるかを問わず陸運手段として大きな地位を占めるようになる。また、オースチンやフォード等の輸入車が中心ではあるものの、上流階級や富裕層を中心に自家用車の普及も始まった。

食文化　都市部では新たに登場した中産階級を中心に「洋食」が広まり「カフェ」「レストラン」が成長して、飲食店のあり方に変革をもたらした。カレーライス・とんかつ・コロッケは大正の三大洋食と呼ばれた。特にコロッケは益田太郎冠者作詞の楽曲のコロッケの唄（1917年［大正6年］にヒット曲となり、コロッケ以外にオムレツが大正の3大洋食と呼ばれた）の登場により、洋食とは縁のなかった庶民の食卓にまで影響が及ぶこととなった。米騒動による米価高騰対策として原敬内閣は積極的にパンの代用食運動を展開した。パンは昭和の戦後期になって普及するが、和製洋食に米の御飯と云う、戦後の日本人の食事の主流は大正時代に定着して、中華料理の中華そばの普及や和食の復権運動があった。子供たちに人気があったロシアパンが伝来して、1919年（大正8年）7月7日に日本で初めての乳酸菌飲料のカルピスが発売される。人造氷が発達してコロッケ・フライなど副食が洋風化した。アイスクリーム・パン・チキンライス・コーヒー・ラムネ・紅茶・サイダー・ビールなど洋食品が普及した。喫茶店やレストランが増加した。昭和一桁（昭和時代の初期）にかけて、中華料理（南京料理）の麺類や缶詰類など簡

易食品が発達した。

ファッション　女性の間で、洋髪が流行して、七三分け・髪の毛の耳隠しなどが行われて洋風が普及した。女学生に制服が使用された。男子はセルの袴が良く使用された。明治時代まで庶民には縁のなかった「欧米式美容室」、「ダンスホール」が都市では珍しい存在ではなくなり、男性の洋装が当たり前になったのもこの時代である。一方、地方(特に農漁村)の労働者階級ではそういった近代的な文化の恩恵を受けることはまれで、都市と地方の格差は縮まらなかった。

文学史　文学界には、新現実主義の芥川龍之介、耽美派の谷崎潤一郎、さらに武者小路実篤・志賀直哉ら人道主義(ヒューマニズム)を理想とした白樺派が台頭した。このころまでに近代日本語が多くの文筆家らの努力で形成された。詩・和歌では萩原朔太郎が新しい口語自由詩のリズムを完成させ、今日に続く文章日本語のスタイルが完成し、上記の他に、中里介山の『大菩薩峠』や『文藝春秋』の経営にも当った菊池寛などの文芸作品が登場した。

　1冊1円の円本が飛ぶように売れた、この時期の1921年には、小牧近江らによって雑誌『種蒔く人』が創刊され、昭和初期にかけてプロレタリア文学運動に発展した。また1924年には、演劇で小山内薫が築地小劇場を創立し、新劇を確立させた。新聞、同人誌等が次第に普及し、新しい絵画や音楽、写真や「活動写真」と呼ばれた映画などの娯楽も徐々に充実した。俳壇では『ホトトギス』が一大

勢力を築き、保守俳壇の最有力誌として隆盛を誇った。

社会事業 この当時、社会事業をめぐる議論が盛んとなり、米騒動後には政府・地方で社会局および方面委員制度の創設が相次いで行われ、それらの機関によって都市の貧民調査や公設市場の設置などが進められていった。

教化総動員運動 また1919年には、第一次世界大戦を契機とした国民の思想・生活の変動に対処するという目的で内務省の主導による民力涵養運動が開始されており、後の教化総動員運動の先駆けともなる、国家が国民の生活の隅々まで統制を行おうとする傾向がこの時期から見られるようになる。

労働・部落解放運動 こうして大正年間において社会事業が活発となった原因として、小作争議の頻発や労働運動の大規模化など、地方改良運動に見られるような従来の生産拡大方針では解決不可能な問題が深刻化したことが指摘されている。鈴木文治によって友愛会が設立されて、第一次世界大戦期間中にインフレが進行した事によって米騒動が発生した。成金が誕生する一方で貧富の差が拡大したことで急増した労働争議に友愛会などの労働組合が深く関係した。大正デモクラシーによって様々な社会運動が行われた。中世から近世(江戸時代)に形成された武士・百姓・町人(いわゆる士農工商)以外の穢多・非人と呼ばれた賤民が存在していた。しかし、日本が明治期に近代化された後も、賤民の子孫・部落民の家系や被差別部落出身者を差別する家柄差別が封建制度の負の遺産として残っていて、新平民の呼称で平民扱いされなかった国民がいた。明治政府の貧困対策の不備・身分解放政策の不備があった

事、また賤民専用の皮革産業などの貴重な生業を失い貧困層となった事や、村社会や家制度下の旧百姓身分の農民層からの偏見があったため、明治時代になっても被差別部落問題が存在した。明治維新によって四民平等となったが、近代化以後も被差別部落問題が解決されなかったために西光万吉や阪本清一郎らが中心となり1922年(大正11年)に全国水平社が結成された。

女性解放運動・朝鮮併合問題 女性の解放が叫ばれて、女性が勤務した職業として事務員・デパートの店員・バスガール・電話交換手・ウェートレス・和文や英文のタイピスト・保母・看護婦・劇場の案内人・美容師など社会に進出して働く職業婦人が増加した。女性運動家が出現して、普通選挙運動の要求が男性のみであった事から、日本にも婦人参政権獲得を目的とする女性解放運動を推進する新婦人協会が設立されて、女性が地位向上を求めるようになった。三・一独立運動(1919.3.1)によって日本統治時代の朝鮮で朝鮮総督府がこれまでの憲兵警察制度による武断統治を見直し、内鮮一体と朝鮮半島の近代化を目的とする文化政治に改めた。貧困から逃れるため朝鮮人の外地から内地への密航が多発して、在日朝鮮人の増加に伴う内地人との軋轢や社会不安が社会問題となった。

4.3 昭和時代

昭和年間(1926年～1989年)は昭和時代と呼ばれる。大正期から続いた不景気に世界恐慌が直撃し、社会不安が増大した。1926年裕仁天皇は即位した。日本は昭和時代に入って、日本軍国主義は最高峰に達して軍国主義教育もさらに普及して、挙句の果て侵略

戦争に突入した。政党政治に代わって軍部が力を持ち、関東軍は独断で満州を占領して満州国を樹立し、これがアメリカやイギリスの反発を招いて国際連盟を脱退した。その後、第二次上海事変等により中華民国との戦争状態（日中戦争・支那事変）に発展した。日本はドイツ国、イタリア王国と三国同盟を結び、真珠湾攻撃でアメリカ合衆国と開戦して第二次世界大戦（太平洋戦争・大東亜戦争）に突入した。

開戦当初は優勢だった日本軍はアメリカ軍の物量と通商破壊に圧倒され、各地で敗北を重ねた。戦争末期には主要都市を軒並み戦略爆撃で焼け野原にされ、1945年8月6日、アメリカは広島市に原子爆弾を投下し、3日後に、長崎市にも投下し、多数の死者を出した。1945年8月14日、ポツダム宣言受諾を決定し、15日、天皇がラジオを通して国民に戦争終結を知らせ、各地の日本軍に武装解除を命じた。

ポツダム宣言に沿って、日本は軍国主義から民主主義に変わり、1946年（昭和21年）11月3日、民主政治の基本となる日本国憲法が制定された。1947年、教育基本法が制定され、「個人の尊厳を重んじ、真理と平和を希求する人間の育成」が教育の目的とされた。同時に学校教育法が制定され、六三三四制の教育制度がはじまり、9年の義務教育と男女共学がおこなわれるようになった。また、教科書も民間の会社でつくり、国の検定をうける制度にかわった。

高度経済成長期には、新幹線等各種インフラが整備された。戦後、連合国軍最高司令官総司令部（GHQ）の占領政策に基づいた象徴天皇制、国民主権、平和主義を定めた日本国憲法を新たに制定した。朝鮮戦争時には占領軍の指令に基づき掃海部隊や港湾労働者を朝鮮半島に送り込むなど韓国支援活動を行った。朝鮮戦争の特

需によって日本の経済が復興し、国民生活が回復した。昭和27年(1952年)にサンフランシスコ平和条約により主権を回復した後、急速に戦後復興を進め・冷戦下の西側陣営として日米安全保障条約を締結した。独立後の日本は西側諸国の中でも特に米国寄りの立場をとったが、日本国憲法第九条を根拠に、軍事力の海外派遣を行わなかった。戦後の日本は、サンフランシスコ平和条約発効直前に発生した韓国による竹島軍事占領を除き諸外国からの軍事的実力行使にさらされることなく、自民党と社会党の保革55年体制のもと、平和の中の繁栄を謳歌した。1972年には日中国交正常化と沖縄返還が行われ、戦後処理問題は一区切りがついた。

この好景気によって日本経済は戦前の最高水準を上回るまでに回復し、1956年(昭和31年)の経済白書には「もはや戦後ではない」とまで記され、戦後復興の完了が宣言された。また、好景気の影響により、耐久消費財ブームが発生、三種の神器(冷蔵庫・洗濯機・白黒テレビ)が出現した。

日本のGNPは1966年にフランスを、1967年英国を、1968年にはドイツをそれぞれ追い抜き、米・ソ超大国に次ぐ世界第3位(資本主義国第2位)に躍進、先進国の仲間入りを果たした(高度経済成長)。オイルショック後の安定成長期には重化学工業から自動車・電機へと産業の主役が移る産業構造の転換が進み・日本企業の輸出攻勢は貿易摩擦をもたらした。昭和末期、日本はプラザ合意を発端とするバブル景気と呼ばれる好景気に沸いた。

4.4 平成時代

平成年間(1989年〜　)は平成時代と呼ばれる(平成(へいせい)は、日本の元号の一つであり、正確にいうと「時代」ではない)。国家

のシンボルは明仁（あきひと）天皇で彼は1989年1月即位した。年号は平成である。昭和末期から続いたバブル景気が崩壊し、その後の長期にわたる不況は失われた10年と呼ばれ、経済面での構造改革が進められた。政治面でも冷戦終結と同時に変革を求める声が高まり、自社両党による55年体制が崩壊。非自民連立内閣が成立したが早々に瓦解した。

1986年から1990年（平成2年）までの5年間、日本は、地価と株価が異常に高くなり、投機と消費熱にうかれたバブル経済になった。政府の金融引き締め政策によって、1990年10月、株価が暴落し、1991年からは地価の下落が始まった。その後、日本経済は厳しい長期不況に突入した。

1995年1月、阪神・淡路大震災がおこり、死者・行方不明6,436人、負傷者43,792人をもたらし、3月には、オウム真理教の関係者によって、東京の地下鉄でサリンがまかれて10人をこえる死者と約5,000人重軽傷者を出すという事件がおこった。

2001年4月、小泉内閣が発足し、構造改革が本格的に進められ、その結果、規制緩和や民営化により、社会の格差がひろがったと言われている。

2001年に情報公開法、2003年に個人情報保護法が制定された。

湾岸戦争以後、日本はアメリカとの連携を強めて国際貢献をすすめ、2003年に自衛隊をイラクに派遣した。

企業改革として1997年に独占禁止法が改正されて持株会社が解禁された。2005年に新会社法が成立した。2007年に新会社法の一部として三角合併制度が施行された。公社の民営化を推進して2003年に郵政事業庁が廃止されて日本郵政公社が成立した。2005年に日本道路公団が解散して分割民営化がされた。建物の構造を

変える都市改革として1998年に建築基準法が改正された。雇用改革として1999年に労働者派遣法が改正されて、人材派遣が自由化された。2004年に労働者派遣法が改正された(製造業への派遣を解禁する)。

　2011年3月11日午後2時46分、世界最大級の地震と津波が日本を襲(おそ)った。この東日本大震災は津波による被害が大きかったため、溺死(できし)による死者・行方不明が20,416人、負傷者26,992人、避難343,935人であった(2012年6月5日日本経済新聞より)。

　また、社会不安が高まる中で阪神淡路大震災や地下鉄サリン事件、東日本大震災及び福島第一原子力発電所事故などの大規模な災害が発生、危機管理に対する意識が高まるきっかけとなった。

　2012年(平成24年)に再び自公連立政権が誕生して、第2次安倍内閣時代に2014年クリミア危機や北方領土問題や北朝鮮による拉致問題など日露関係・日朝関係が変化した。アベノミクス政策の一環として、公共事業による減災・防災の推進、産業の空洞化対策としての法人税減税、女性の雇用促進、外国人労働者の受け入れ拡大などの政策へと方針転換された。

第5章　日本の経済と企業

1. 戦後の日本経済の概要

　第二次世界大戦により日本の産業は壊滅的な打撃を受けた。GHQ（General Headquarters of the Supreme Commander for the Allied Powers 連合国軍最高司令官総司令部）の命令による財閥の解体、被災した生産設備、物流の寸断、不足する物資、復員兵や引揚者の帰国による急激な人口増で経済は混迷を極めた。GHQの経済政策は戦前の財閥による資本集中を排斥し、自由競争を促進とする経済民主化政策として、軍需から民需へ、財閥の解体や独占禁止法の公布、労働組合設立の推奨を行い、経済民主化政策（戦後改革）を行った。日本経済は第二次世界大戦後、いくつかの段階を経て今日に至っている。大戦により混乱に陥った日本経済は、1947年頃から急速に復興をとげ、1955年頃からは約20年にわたり高度成長と呼ばれる持続的な経済成長を記録した。1970年代の2度の石油危

◎ 第5章　日本の経済と企業 ◎

機を経て、日本経済は安定成長の時代に入ったが、1980年代後半の地価、株価の高騰(こうとう)(バブル)とそれに続くバブルの崩壊、急速な円高の進行などによって、1990年代初めには長期不況に陥り、2001年から日本の構造改革の本格的開始期になった、本世紀に入って現在は低成長に直面している。

1.1 高度経済成長

1950年(昭和25年)～1953年(昭和28年)における朝鮮戦争中、朝鮮半島へと出兵したアメリカ軍への補給物資の支援、破損した戦車や戦闘機の修理などを日本が大々的に請け負ったこと(朝鮮特需(ちょうせんとくじゅ))によって、日本経済が大幅に拡大された。

1956年から1973年あたりまでを高度経済成長期(高度成長期)と呼び、実質GDPの増減率は平均で9.1％であった。この間、日本の生産は重化学工業の飛躍的な発展によって、生産規模、生産性などを大幅に向上させる基盤を固めた。さらにこの時期には国際競争力の強化を図るため大型合併が目立った。また、日本は輸入、為替の自由化を進め、国際経済への一層の適応をはかった。また資本の自由化も進んでいるため、1960年代後半には輸入が拡大し、国際収支も黒字基調に転じた。日本は50年代にはテレビ、洗濯機、冷蔵庫があって、60年代にはクーラー、自家乗用車があり、さらに教育水準の高まりによる質の改善があった。

朝鮮特需後も輸出で獲得した外貨を元手にした設備投資による生産の増大と、戦災からの復興でインフラが整備され始めたこと、労働組合の存在をバックにした労働者賃金の上昇による購買力の増大がかみあって、製造業を軸に高度成長を達成し、日本の経済は

拡大につぐ拡大を遂げた。このすさまじい好景気は、神武天皇（日本の初代天皇）が即位して以来の好景気だという意味を込め神武景気(1954年12月から1957年6月)、神武景気を超える好景気だという意味を込め岩戸(いわと)景気(1958年7月から1961年12月)と呼ばれるほどであった。さらには、1964年の東海道新幹線や東京オリンピックなどの特需(とくじゅ)によって、オリンピック景気が生じ、日本経済は好調を極めた。

　この成長により、証券市場も成長し、投資信託の残高は1兆円を突破するまでとなった。しかし、東京オリンピックの特需がなくなったことや、金融引き締めが重なり、経済は急速に縮小、多くの大手証券会社が赤字に陥り、1965年に証券不況が起きた。この不況の拡大を防止するため、戦後初の日銀特融が山一証券に実施され、また、当時の大蔵大臣であった福田赳夫の主導により、日銀引き受けによる戦後初の国債(建設国債)の発行を行い、この不況を乗り切った。

　以後も経済成長は続き、1960年に池田内閣が発表した、所得を10年間で2倍にするという所得倍増計画が7年間という短期間で達成された。さらに1968年には、西ドイツを抜きGDPベースで世界第2位となった。この1965年から1970年の間は好景気が続き、当時戦後最長を記録した。この好景気は神武景気や岩戸景気を超える好景気だという意味を込めいざなぎ景気と呼ばれた。

　1970年になると大阪万博による特需で、好調であったものの、1971年8月15日にリチャード・ニクソン大統領がブレトン・ウッズ協定により固定比率であったドル紙幣と金との兌換(だかん)停止を宣言(ニクソン・ショック)、その年の12月にスミソニアン協定が結ばれ、今まで、1ドル360円だった固定相場が1ドル308円の固定相場に

変更された。しかし、その後この協定による体制（スミソニアン体制）は長続きせず、日本は1973年2月から固定相場制から変動相場制へと移行することとなった。この為替レートの変更や変動相場制への変更による為替差損で輸出産業は大打撃を受け、高度経済成長に陰りが見え始めた。

1.2　日本経済成功の条件

　第二次世界大戦の混乱した状態から回復の道を模索した日本経済は、朝鮮戦争の特需を契機に経済が回復し。1950年代後半から1960年代を通して本格的な経済発展を遂げた。1955年から1970年までの16年間、実質国民総生産の成長率を平均9.8％も実現し、日本経済史上の伝説とさえ思われる高度経済成長の時代に突入したのである。

　高度経済成長を経た日本経済は、その後も着実な発展を見せ、世界の経済大国にまで変貌を見せた。日本型経済発展の成功は戦後自由世界の中で脚光を浴びるようになった。多くの発展途上国は日本の発展モデルにあこがれ、これを開発の道標とすべく自国の経済政策の策定に反映させた国も少なくなかったようである。

　しかし、日本の高度経済成長の実現はある一定の条件のもとで達成可能であったことを見落としてはならない。多くの途上国に見られるように、真似はしたけれど成功はしないというのは、おそらくこうした日本特有の前提条件が満たされなかったためであろう。

　そこで、日本の高度経済成長の条件とは何で、その秘訣は何だったのかを考える。実際にはいろんな好材料が同じ時空においてう

まく絡んでいたが、ここでは国民経済や企業の発展条件とよく見なされる「ヒト，モノ，カネ」に「ミチ」を新たに加えて4つの基準分析のベンチマークとして採用する。

1）成長の条件その一：ヒト

「ヒト」(人)というのはまず労働力のことである。戦後の日本は安価な労働力、しかも質のいい労働力が豊富であった、一定の生産技術のもとで安い賃金は安い生産コストを意味する、特に戦後のベビーブームで1960年代になると若い世代の労働力が溢れてきて、いい意味での経済戦争を促進するエネルギッシュな「団塊世代」が出現した。1975年まで地方から集団就職で東京など大都会にやってきた人の中で高卒の若者たちのことを「金の卵」と呼んだ。

また、労働者の生活と権力を守る労働3法（労働組合法、労働基準法、労働関係調整法）が制定され、会社内においても終身雇用制、年功序列賃金体系（いわゆる日本的経営の根幹部分）を採用することになり、労働者やサラリーマンなどは安心して仕事に励むことができた。

本来「ヒト」は二面性を持っている、先に述べた労働力の側面と今述べようとする消費力の側面を両方持ち合わせているのである、大量の就業人口は同時に大量消費を促進し、特に戦後日本の核家族化現象は家庭電気製品の普及に大きく寄与した、いわゆる「3種の神器」（当時の白黒テレビ、洗濯機、冷蔵庫）の現象である、大衆消費社会の浸透で内需は堅実なものになった。

2）成長の条件その二：モノ

「もの」(物)は生産と技術のことである。1950年代に入って主要産業において企業は欧米から新技術の導入や技術改善・新製品開

発などで互いに競争を繰り広げた結果、新技術を体現化した設備投資が盛んに行われた。こうした高い投資率を実現できたのは日本企業の寡占状態における過当競争のためである。新しい産業分野すなわち重化学工業、電子製品工業、耐久消費財工業（家庭電気製品・自動車など）がどんどん振興され、ついに日本の基幹産業になった。

こうしてモノの生産は有力企業間の過当(かとう)競争によって刺激され、設備投資・技術革新を通じて生産性が大幅に向上したのである。また、この時期において効率的な大量生産（規模の経済）が確立し、日本の製品はコストダウンと品質改良により、国内市場のほか海外市場にも急速に浸透していったのである。

3）成長の条件その三：カネ

「カネ」（金）は企業金融のことで、メインバンク・システムと安定株主化が挙げられる。メインバンク・システムとは、企業が特定の銀行と特別な長期間の取引関係を結んで、長期安定的な資金供給の確保と資金逼迫(ひっぱくき)期に融資が回収されないという恩典(おんてん)を引き換えに、その特定の銀行に決済口座を集中し、情報の開示をすることである。企業側の資金不足と銀行間の競争のもとで企業と銀行が癒着(ゆちゃく)して相互に依存しあうことになる。日本の代表的な企業、例えばソニーや本田技研は当初やはり資金に困っていたが、メインバンク（ソニーは三井銀行、本田技研は三菱銀行）から巨大な投資資金の半分以上の融資を受けることができ、急成長したケースは注目に値(あたい)する。メインバンク・システムは有望な技術力を持った企業の育成に効果を発揮し、日本の高度経済成長の金融特徴を窺(うかが)わせたものである。

また、メインバンクは企業間の株式相互保有（株式持ち合い）の内

核になり、安定株主の役割も果たしている。それは企業業績が著しく悪化しない限り干渉しないこと、現経営陣を支持しない第三者(例えば敵対的乗っ取り屋)に株式を売却しないこと、そして株式処分が必要になったとき発行企業に売却意思を伝達することが暗黙のうちに了解された。これで経営陣も安心して企業の成長に専念できる環境が整ったのである。

4) 成長の条件その四：ミチ

「ミチ」(道)は、すなわち時代の要請に適合した国家目標と戦略を合理的・効率的に実施・運営する方法や手段のことである。1949年にドッジ・ラインという安定化政策が実施され、これによって戦後問題となったインフレが収束し、為替レートも1ドル＝360円という単一固定為替レートを設定した。翌1950年には朝鮮戦争が勃発し、朝鮮戦争ブームによって特需と1ドル＝360円という円安による輸出拡大に支えられて日本経済はたちまち戦前のレベルを超える勢いで急回復した。やがて輸出志向工業化は国策となり、日本は比較的に他国よりも早い段階からこれを積極的に実施できたので成功した。輸出競争相手が少なかったことも幸運だった。

さらに、当時の日本の産業政策が的確に日本産業の将来進路と世界の需要動向を予測しえたことも大きく貢献した。「繊維産業 vs. 自働車産業」論争はその典型的な事例である。当時比較優位のあった繊維産業よりも、将来の世界マーケットと競争力を見据えた通商産業省(今経済産業省)はむしろ幼稚だった日本の自働車産業を育成し振興することを決めた。これは正道であった。また、国産旅客の製造計画もこの時期に始まった。飛行機設計者たちを再び集め

るだけの、ヒトという人材はちゃんといたのである。不可能と思われた一般常識を覆し、可能にしたのはやはり信念である。

こうして、ヒト、モノ、カネ、ミチの条件がタイミングよく出揃ったことで、はじめて日本の高度経済成長が可能になったのである。

1.3　日本経済成功の要因

第二次世界大戦後の混乱した状態から回復への道を模索した日本経済は、朝鮮戦争の特需を契機に経済が急回復し、奇跡とも言われる高度成長を実現した。戦後の日本経済の高度成長の要因については多くの議論があるが、それをまとめると、次のようになる。

教育水準が高くて勤勉な人的資源があった。古い設備が戦争で破壊されたため、世界最新の設備、技術で装備できた。自由貿易体制の下で、原燃料を世界中から自由に輸入でき、また、各国、特に米国が日本の商品をかなり自由に受け入れてくれるなど、輸出市場にも恵まれた。企業と労働組合がヨーロッパや米国に追いつくという共通の目的を持ち、まず、経済的なパイを大きくするために協力した。国民の貯蓄性向が高く、また銀行が積極的な融資を行ったため、投資のための資金が十分に供給された。平和国家の道を選んだため、資金や人材を経済活動に集中できた。

このように、日本の高度成長には国民の一致した努力と外的条件を加えたことで成功した。しかし、こうした急激的な成長は、様々なゆがみをもたらした。重化学工業の発展は公害問題を発生させ、政府による積極的な産業育成政策は、住宅、公園など国民生活に必要な社会資本の整備をおくらせた。また、工業の発達が都市部に集中したため、都市の過密や農山村の過疎が深刻になった。

◎ 新编日本社会文化 ◎

2. 日本の経済成長状況

（実質経済成長率（％）＝（今年の実質 GDP－去年の実質 GDP）÷去【の実質 GDP×100となる。）

下の図5.1より分かるように、1968年の日本の経済成長率は最高12.4％になった。1956年から1973年あたりまで実質経済成長率の増減率は平均で9.1％であった。1974年から1990年あたりまで実質経済成長率の増減率は平均で4.2％であった。1991年から2020年あたりまで実質経済成長率の増減率は平均で0.7％であった。2020年の経済成長率は新型コロナの影響で－4.5％と大きく落ち込み過去最低を記録した。

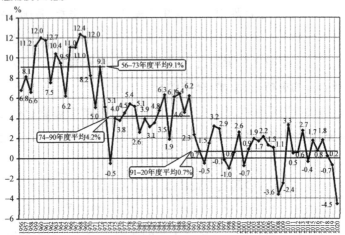

(注)年度ベース。複数年度平均は各年度数値の単純平均。1980年度以前は「平成12年版国民経済計算年報」（63SNAベース）、1981～94年度は年報（平成21年度確報、93SNA）による。それ以降は2008SNAに移行。2021年7-9月期2次速報値 〈2021年12月8日公表〉
(資料)内閣府SNAサイト

資料）社会実情データ図録（https：//honkawa2. sakura. ne. jp/4400. html）

図5.1　経済成長率の推移

公害の問題　1950～1960年代、四大公害病を始めとした大規模な公害の発生から、1967年（昭和42年）の公害対策基本法を始めに水質汚濁（おだく）や大気汚染などの規制法が相次いで成立した。これを受け、日本企業は、オイルショックのためにマイナス成長下にあった1973年（昭和48年）～1976年（昭和51年）の前後に集中して公害の防止への投資を行い、1976年代以降、大規模な公害の件数が急速に減少した。また、この投資は、オイルショック下の日本経済の下支えの役割を果たしたため、「日本は公害対策と経済成長を両立させた」と言われる。

　しかし、日本列島改造論が叫（さけ）ばれた1970年代以降、地域振興を名目に道路建設や圃場整備などの公共事業、リゾート開発などの大型開発が盛んに行われ、日本固有の風致や生態系は大きく損なわれてしまった。また、ゴミ問題のために富士山の世界遺産登録を断念したことに象徴されるように、環境管理においても多くの課題を抱える。人工林の荒廃やダム建設などによって河川や山林の生態系が衰退していることにより、ニホンザルやイノシシが市街地に出没するなど、人間の生活への影響も出ている。

　高度経済成長期以降、日本人の食卓の変化や、海外の農産品の輸入増加、東京一極集中、天然林の伐採、地域振興における公共事業偏重など様々な要因により、農山村や農林水産業が衰退した。これに伴い、耕作放棄地の増加、人工林の荒廃、水産資源の減少などの問題が発生している。

2.1 日本の貿易、国際収支

表 5.1 2004 年～2020 日本輸出と輸入状況

年	輸出額（億円）	輸入額（億円）
2004 年	611700	492166
2005 年	656565	569494
2006 年	752462	673443
2007 年	839314	731359
2008 年	810181	789547
2009 年	541706	514994
2010 年	673996	607650
2011 年	655465	681112
2012 年	637476	706886
2013 年	697742	812425
2014 年	730930	859091
2015 年	756139	784055
2016 年	700357	660419
2017 年	782864	753792
2018 年	814787	827033
2019 年	769316	785995
2020 年	683991	680108

データ出典：2020 年財務省貿易統計より．

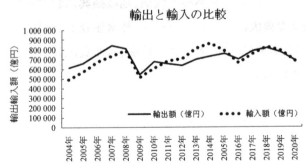

図 5.2 日本輸出と輸入の推移（2004 年～2020 年）

◎ 第5章　日本の経済と企業 ◎

　どのような商品を、どのような国、どれだけ輸出しているかという問題が輸出構造であり、同じ問題を輸入について考えるのが輸入構造であり、それらを合わせたものが貿易構造である。貿易構造は、国内の産業構造と深い関連を持っている。国内で産業できないものは輸入しなければならないし、生産できても輸入したほうが有利なものもある。また、外国から、求められるものを輸出できるだけの産業があるかどうか、外国製品と品質や価格で競争できるだけの産業があるかどうかが、輸出力を決める。産業構造の変化と、輸出構造や輸入構造の変化とが密接に結びついている。

　日本は輸出品の大部分が重化学工業製品であることがきわだっている。アメリカの場合、大豆、玉蜀黍（とうもろこし）、小麦などの食糧品や綿花、木材といった一次産品の割合が先進工業国の中では群を抜いて高いことが注目される。

　輸入にうち、現在特に難しい問題点を抱えているのは石油と食糧である。石油輸入の代金は日本の輸入代金全体の3分に1を上回るようになっている。石油の需給関係は、80年代に入って供給過剰型に変わってきたが、エネルギー源としての重要性は、短期間では基本的に変わりはない。また、日本の食糧自給率は低く、輸入に頼る食糧の割合が大きい。

　日本が原材料を輸入し、工業製品を輸出しているように、各国の間では、輸入と輸出の関係がある。日本が輸出できるのは、輸入してくれる相手がいるからである。もし、日本がその輸出額に等しいだけ、その相手国から輸入をするなら、お互いに貿易収支はバランスがとれる。しかし、日本から、その相手国へ輸出する額が、日本が輸入する額よりも大きくなりすぎると、その相手国を困らせることになる。日本の工業製品は、品質、価格の両面で国際競争力が強く、特に自動車やテレビやビデオなどの輸出では、長く続いた世界的な不況のもとで世界貿易の伸びが小さかったこともあって、欧米との

間で経済戦争と呼ばれるような対立を招いている。

　日本は貿易額では、1位中国、2位米国、3位ドイツ4位オランダに次いで第5位である。1994年には世界の輸出の9.6％、輸入の6.6％を占めた。日本の貿易が輸出超過基調に転換して20年以上たち、今や貿易黒字減らしが、国内的にも国際的にも重要課題となってきた。

　日本は原料やエネルギー資源のほとんどを輸入しなければならず、その調達のために、輸出による収益が必要だからである。

　日本のドル表示の面目輸出額は、1952年以降ほぼ一貫して増加してきた。1955年は貿易黒字額が1.068億ドルで、全輸出額は4.429億ドルに達している。日本の貿易黒字額は1997年以降、再び増加傾向がある。商品構成では、機械類が圧倒的に多く、輸出総額に占める比率は49.7％である。次いで多いのは自動車の12.0％で、そのほか精密機械の4.7％、鉄鋼の4.0％、船舶の2.5％などがある。1995年はアジアへの輸出の伸びが著しく、ヨーロッパは減少した。

　輸入も増加を続けているが、輸出よりは変動の振幅が大きい。その主な理由は輸入が輸出に比べて景気の影響を直接受けるためである。輸入品の構成は1980年代に大きく変化した。1995年の主なものは機械類18.6％、原燃料12.2％、食料品9.1％、衣類5.6％、木材3.0％などであり、輸入先はアジア、ヨーロッパ、中南米などである。しかし1997年後半からワインの輸入量が著増しており注目される。1998年上半期において前年同期比3倍増で、輸入先はフランス、イタリアが5割を占めている。

　日本の経常収支は、1960年代半ば頃まで赤字基調であった。そのため、経済成長は原燃料などの輸入品の支払いに必要な外貨保有高に左右されていた。しかし60年代半ば以降は、石油危機の後など例外的な時期を除いて、貿易収支？経常収支のいずれにおいても黒字基調が続いている。もはや日本の問題は、黒字基調の国際収支をど

第 5 章　日本の経済と企業

う削減するかになっている。

国際収支の内訳を細かく見ると、貿易外収支と移転収支はほぼ恒常的に赤字であるが、貿易収支の大幅な黒字がこの赤字を上回っている。また、貿易外収支の中では、運輸・旅行・特許権使用料などが赤字であり、投資収益は黒字でその幅が急速に拡大しつつある。また近年、対外投資の活発化などのため、国際収支に占める資本収支の重要性が著しく増大している。

日本の貿易収支は、相手国によって著しく状況が異なっている。例えば、主として製品輸出の市場である米国・EU・東南アジアに対してはほぼ恒常的に黒字であるが、主として原燃料の購入先である中東の産油国やオーストラリアに対しては赤字が続いている。

輸出 683991 億円（2020 年財務省貿易統計より）

主要輸出相手国中国 150820 億円（22.1％）、アメリカ合衆国 126108 億

億円（18.4％）、大韓民国 47665 億円（7.0％）、台湾 47391 億円（6.9％）、香港 34146 億円（5.0％）、タイ 27226 億円（4.0％）、シンガポール 18876 億円（2.8％）、ドイツ 18752 億円（2.7％）、ベトナム 18258 億円（2.7％）、マレーシア 13435 億円（2.0％）

輸入 680108 億円（2020 年財務省貿易統計より）

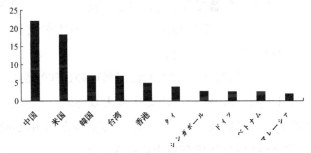

図 5.3　2020 年輸出相手上位 10 カ国の総額に占める割合（％）

主要輸入相手国中国175077億円(25.7%)、アメリカ合衆国74536億円(11.0%)、オーストラリア38313億円(5.6%)、台湾28629億円(4.2%)、韓国28416億円(4.2%)、タイ25401億円(3.7%)、ベトナム23551億円(3.5%)、ドイツ22763億円(3.3%)、サウジアラビア19696億円(2.9%)、アラブ首長国連邦17502億円(2.6%)

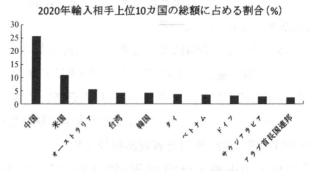

図5.4　2020年輸入相手上位10カ国の総額に占める割合(%)

2.2　日中貿易の新しい動向

　JETRO(日本貿易振興機構)地域・分析レポートより、ジェトロが日本の財務省貿易統計と中国の海関(税関)統計を基に、2020年の日中貿易を双方輸入ベースでみたところ、総額は前年比0.2%減の3,401億9,478万ドルとなった。前年に続き減少したが、新型コロナウイルス感染拡大の影響で日本と世界との貿易総額が1割減となった中、対中貿易額の減少幅は相対的に小さく、日本の貿易に占める中国の比率は過去最高となった。

　輸出(中国の対日輸入、以下同じ)は2.7%増の1,760億8,888万ドル、輸入は3.1%減の1,641億591万ドルとなった。その結果、日本の中国に対する貿易収支は119億8,297万ドルと、4年連続の黒字を維持し、黒字幅は前年の5倍以上に拡大した。

◎ 第5章　日本の経済と企業 ◎

　輸出は前年比2.7％増の1,760億8,888万ドルと、2019年の減少から増加に転じた。新型コロナウイルス感染拡大の影響を受け、2020年1、4、5月は前年同月比マイナスとなった。しかし、中国国内で感染拡大が落ち着き、経済活動が回復してきたことに伴い、6月以降は増加に転じ、微減となった8月を除き、一貫してプラスの伸びとなった。品目別にみると、車両などで前年比マイナスとなったものもあったが、構成比最大品目の電気機器のほか、機械類、精密機器、化粧品などが牽引し、全体では増加した。

　輸入は前年比3.1％減の1,641億591万ドルと2年連続でマイナスとなった。新型コロナウイルス感染拡大の影響を受け、電気機器では、モニターやプロジェクターなどの受像機器やマイクロホン、ヘッドホンおよびイヤホンなどテレワークに関連した品目が増加したほか、紡織用繊維では不織布マスクが急増した。一方で、衣類？同付属品、車両は1割以上の減少となった。

　財務省の貿易統計によると、日本の貿易における中国の構成比は、輸出が22.1％で前年比3.0ポイント上昇した。輸入は25.8％で2.3ポイント上昇した。その結果、貿易総額に占める中国の構成比は23.9％と、前年比2.6ポイント拡大した。中国の構成比は、貿易総額、輸出額でいずれも過去最高、輸入額では過去最高の2016年（25.8％）と並んだ。

　日本の対世界貿易において、中国は輸出額で2019年に米国を下回り、第2位だったが、2020年は再び第1位となった。新型コロナウイルス感染拡大などの影響を受け、日本の対世界輸出が9.1％減、対米国輸出が15.4％減となる中でも、中国の寄与度はプラス（1.0ポイント）だった。また、貿易総額は2007年以降14年連続、輸入額は2002年以降19年連続で第1位となっている。

● 3. 日本の産業

　国内市場が大きいため第三次産業が発達している。製造業も強く、加工貿易が盛んで、特に工業技術は世界最高水準であり、多くの分野において、他の先進諸国や発展途上国にとって規範となり、また脅威ともなっている。中でも自動車、エレクトロニクス、造船、鉄鋼、素材関連の産業は大戦後大きく成長し、世界的企業を多数擁する。

　就業者の割合と就業時間　日本は、1945年頃までは農業が産業の中心の国であった。しかし、戦後の高度成長期は、第二次産業が大きく成長したのが特色であった。やがて、経済の発展とともに第三次産業が急速に拡大し、産業3部門別就業者数は、第1次産業就業者が3,172,509人（就業者数の5.0％）、第2次産業就業者が18,571,057人（同29.5％）、第3次産業就業者が40,484,679人（同64.3％）となっており、第3次産業の割合が一貫して拡大を続けている。

　産業大分類別就業者数はサービス業が17,263,876人（就業者数の27.4％）と最も多く、次いで卸売・小売業、飲食店が14,318,544人（同22.7％）、製造業が12,227,685人（同19.4％）となっている。平成7年と比べると、サービス業が1,331,386人（8.4％）増と最も大きく増加し、次いで不動産業が40,054人（5.7％）増、運輸・通信業が12,170人（0.3％）増となっている。一方、製造業が1,328,568人（9.8％）減と最も大きく減少し、次いで農業が574,238人（16.8％）減、建設業が340,813人（5.1％）減となっている。

◎ 第5章 日本の経済と企業 ◎

　産業大分類別就業者の男女別割合をみると、女性の割合が高いのはサービス業(52.3%)、金融・保険業(51.8%)、卸売・小売業、飲食店(50.9%)である。

　産業大分類別就業者の割合を都道府県別にみると、サービス業の割合が最も高いのは沖縄県(33.4%)、卸売・小売業、飲食店の割合が最も高いのは大阪府(26.2%)、製造業の割合が最も高いのは滋賀県(30.3%)である。

　農業や林業、水産業などを第一次産業と言い、鉱業、工業、建設業、製造業などを第二次産業と言い、商業、運輸通信業、サービス業(洗濯・理容・浴場・旅館・修理・宗教・娯楽・放送・広告・医療・教育・国家機関)などを第三次産業と言う。

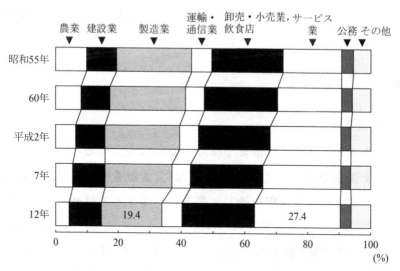

図5.5　産業別15歳以上就業者の割合の推移(昭和55年～平成12年)

　経済成長に伴って、産業構造が変化するといわれる。日本の場合も、産業別の就業者を見ると、第一次産業就業者が減って、第二次・

第三次産業就業者が増大しており、近年では第三次産業就業者の伸びが著しい。それを各産業の実態でみると、構造変化の原動力として、コンピュータの発達による情報処理、伝達技術の進歩が大きく影響していることがわかる。

就業者の平均週間就業時間は42.4時間で、男女別にみると、男性は46.7時間、女性は36.3時間となっている。従業上の地位別にみると、雇用者のうち常雇と臨時雇は、それぞれ44.5時間、28.6時間、役員は45.7時間、雇人のある業主は49.0時間、雇人のない業主は41.2時間、家族従業者は39.4時間、家庭内職者は24.8時間となっている。

平均週間就業時間を産業大分類別にみると、運輸・通信業が46.4時間と最も長く、次いで建設業が45.8時間、鉱業が45.4時間などとなっている。

3.1　第1次産業

1）農業

日本の農業は戦後直後までは最も盛んな産業であった。1950年の国勢調査では第一次産業の就業者が全就業者の約5割を占めていた。高度経済成長期を通じて農業に従事する者は減少の一途をたどり、現在では全就業者の5％程度に過ぎない。2007年2月現在、1,813千戸の販売農家がいるが、主業農家は387千戸（21.2％）にすぎず、高度成長期以降、後継者不足が問題となり、現在農業は高齢者が主な担い手となっている。

江戸時代以前からの飢饉、大正時代の米騒動など米の不足が社会不安に直結することから、第二次世界大戦中に食糧管理制度が採用

され、1994年に新食糧法が制定されるまで、米価・生産は国家の管理下にあった。国策として米の生産に力が入れられてきた。自給率も米だけはほぼ100％である。

　戦後の生産技術向上や食生活の多様化により米が余るようになり、高度成長期以降は減反政策に転じている。また、農産物輸入自由化の流れを受け、1980年代後半には、ウルグアイ・ラウンドの流れを受け、牛肉・オレンジの輸入が自由化、次いで1990年代から米も輸入されるようになった。

　日本の狭小な土地で付加価値を上げるために都市近郊では野菜や花卉（かき）、鶏卵（けいらん）といった近郊農業が行われている。農業分野においても、ブランド化により高付加価値の商品へ転化させる動きが見られる。このブランド化の努力の結果、日本の食料品は世界的なブランドとして輸出されるまでになった。

　最近では農業への株式会社参入も認める議論が進んでおり、将来的には労働集約型から資本集約型農業への脱皮が見込まれている。すでに建設業や食品加工業が農業に乗り出しており、一部ではプラント化も進んでいる。

　近年は産業界からの強い圧力で、自由貿易協定を外国と結ぶ動きが盛んだが、関税が撤廃され安い農作物が輸入されるようになるとして農業界には反発が起きている。ちなみに日本のカロリーベースでの食料自給率は45％（2007年ベースでは39％）であり、長期的に低下する傾向にある。地産地消や安全保障を重視する立場の人は農業界の擁護に回っている。事態打開のために日本政府は、農業界に助成金投入や株式会社参入と言う形で競争力を得ようと考えている。一方、産地直送で消費者と生産者の直接的なつながりも模索

されている。

　① 農産物　日本の主要農産物は米と小麦である。米の2007年の生産量は8,714千トンであり、新潟県、北海道、秋田県、福島県、山形県、宮城県と続く。北海道・東北地方の生産量の合計は3,034千トンとなり、日本における生産量の34.8％を占める。長年にわたる品種改良によりコシヒカリ、あきたこまち、ササニシキ、きらら397、はえぬき、ひとめぼれといった品種が開発され、食味の良いブランド米の多くは本州の内陸部や北海道などの寒冷地で生産される。

　麦の2007年の生産量は、小麦、二条大麦(にじょうおおむぎ)、六条大麦(ろくじょうおおむぎ)、はだか麦の4麦合計で1,105千トンである。小麦の生産は北海道が全体の63.9％の582千トンを生産し、以下、福岡県、佐賀県と続く。また、大麦の生産は佐賀県、栃木県、福岡県と続く。食生活の洋風化に伴い小麦の需要量は国内の生産量を大幅に超過しており、小麦の自給率は13％程度に過ぎず、多くをアメリカ・カナダ・オーストラリアからの輸入に依存している。

　大豆は古くから、味噌、豆腐、納豆、醤油といった加工食品や大豆油の原料として使用されているが、国内の生産量は229.4千トンにすぎず、国内の自給率は5％にすぎない。トウモロコシは主に飼料用として利用されるが、飼料用トウモロコシのほぼ100％を海外からの輸入に依存している。

　野菜は鮮度が重要なこともあり、79％の比較的高水準にある。都市近郊の愛知県や茨城県、千葉県、群馬県などでは近郊農業がおこなわれているほか、レタス、キャベツ、白菜などは長野県などで高原野菜として夏に収穫され、宮崎県や高知県など温暖な地方は、ビニールハウスを利用し冬にピーマンやきゅうりを生産している。

◎ 第5章　日本の経済と企業 ◎

　果実の自給率は1960年の100％から2006年の39％にまで大きく低下しているが、みかんの生産量が減少していることと連動している。果実は土地の気候、土壌などが左右されることもあり、各地域により生産されるものが大きく異なる。みかんの2006年の生産量は841.9千トンであり和歌山県、愛媛県、静岡県、九州地方といった温暖な地方で生産されている。リンゴの2006年の生産量は831.8千トンであり、寒冷な土地での栽培が向いていることもあり、青森県や長野県で全体の4分の3を占める生産量を誇る。蜜柑は中部地方以南の太平洋に面した日当たりのよい山の斜面で、林檎は青森県や長野県の寒い地方で作られている。葡萄は雨の少ない中部地方の甲府盆地で沢山とれる。このほかにも、柿、梨、桃などが各地で栽培されている。

　日本で畜産が一番盛んなのは北海道で、牧場が多く、特に乳牛、馬、綿羊の飼育が盛んである。肉用の牛は九州の鹿児島、宮崎、熊本などの諸県で多く飼われている。

　農業の機械化は1960年代に入って急速に進み、今、ほとんどの農家は機械で農業をしている。日本の農業技術の発展と農業の機械化は日本の農業の一つの特徴である。経済成長と生活様式の急速な変化に対応できない日本各地の村落では、都市へ移住する人々が多く、いわゆる過疎現象を起こしている。医療や教育、消防や祭りなど基礎的な人口の減少によって、社会生活の維持に様々な問題を生じることである。農山村の場合には、大雪や大雨の被害をきっかけにして挙家離村が増加して、ついに廃村になった例もある。

②畜産業　乳牛の代表品種、ホルスタイン畜産業では、飼料となる穀物の価格が2007年頃から上昇している一方、製品の単価を

上げにくいことがあり、畜産農家の経営を圧迫している。乳用牛の飼養頭数合計は1998年の1,860千頭から2007年の1,592千頭にまで減少し、飼養戸数は1998年の37,400戸から2007年の25,400戸にまで減少している。また、肉用牛の飼養頭数合計は1998年の2,848千頭から2007年の2,806千頭とほぼ横ばいで推移しているものの、飼養戸数は1998年の133,400戸から82,300戸にまで減少している。豚の飼養頭数合計は1998年の9,904千頭から2007年の9,759千頭に若干減少し、飼養戸数は13,400戸から7,550戸にまで減少している。採卵鶏(さいらんけい)の飼養羽数は1998年の182,664千羽から2007年の183,224千羽と増えているのに対し、飼養戸数は1998年の5,390戸から2007年の3,460戸にまで減少している。飼養頭数(羽数)がほぼ横這いである一方、飼養戸数が減少していることから畜産農家は1戸当たりの生産量を増やし、コストダウンを図ることにより生き残りをかけている。

　牛肉は北海道、鹿児島県、宮崎県などで生産されているが、国内の自給率は1990年代の輸入自由化により、食肉生産量は2000年の約1,000千トンをピークに減少している。また、BSE(bovine spongiform encephalopathy. 狂牛病)問題が発覚したことがあり、アメリカからの牛肉輸入量は輸入禁止前の220千トン(2002年)から再開後の34千トンにまで減少している。乳用牛のほぼ半分が北海道で飼養されている。生乳生産高は2000年の8,497千トンから2007年の8,007千トンにまで減少し、牛乳・乳製品の自給率は66％である。豚肉は鹿児島県、宮崎県といったシラス台地、茨城県、群馬県、千葉県といった大消費地の近郊などで生産され、国内の自給率は52％である。鶏卵は製品の性質上割れやすいということもあり、自給率は95％と高

く、千葉県や茨城県、愛知県といった近郊で採卵鶏は飼養されている。肉用若鶏は鹿児島県や宮崎県、次いで岩手県で主に生産されているが、国内の自給率は69％であり、不足分は輸入している。

2）林業

日本は森林率が世界トップレベルの森林国で、森林資源が豊富である。日本は森林の生育に適した湿潤な気候であり、同時に人間の居住に適さない山地が多いため、山地や丘陵地帯はほぼ森林となっている。そのため国内の面積に占める森林の割合は約3分の2の2,510万ヘクタール（25.1万平方キロメートル）と極めて高い。林業は主力産業の一つであったが、第二次世界大戦後のエネルギー革命で薪炭利用が激減した。戦後復興により需要が拡大した住宅用建材向けの生産が活発になるが、1970年以降の外材の輸入自由化により競争力を喪失して、2000年代までの長期に渡り低迷していた。2000年頃には、木を植えてから伐採するまでの利回り計算がマイナスとなり、林道沿いなどの条件が良い場所や秋田杉などのブランド産地の木材でない限り採算が取れることはなくなり、山村や山林は荒廃しつつある。

しかし2002年から2010年にかけロシアの森林伐採規制が強化され、ロシアからの木材輸入が激減。中国の木材消費量増加に伴う需給の逼迫に、重油価格高騰による輸送コストの増大が重なり、日本の木材輸入は急速に減少しつつある。輸入材高騰により相対的に競争力を強めた国産材の需要が増加し、日本の林業は復権しはじめた。2011年現在、国産材は国内需要に対する供給不足の状態にあり、将来的には中国・中国台湾への木材輸出も有望視されている。京都議定書（森林の循環利用は二酸化炭素削減要素の一つ）に代表

される地球温暖化問題からも、木材供給力の強化は喫緊(きっきん)の課題となりつつある。

3）水産業

　日本近海は暖流と寒流が交わり、魚の餌となるプランクトンが発生しやすい潮目が三陸海岸沖にあり、漁業資源に恵まれており、昔から漁業が盛んであった。しかし仕事の厳しさや、1970年代に各国が排他的経済水域を導入したことにより漁獲(ぎょかく)可能量が制限されたこと、オイルショックによる燃料代の高騰などにより、漁業経営は困難となり、海面漁業就業者が1953年の790千人から、2007年の204千人と減少の一途をたどった。結果として、漁獲生産量は1984年の12,816千トンをピークに2006年には5,652千トンと半減以下となった。漁業種類別では漁業生産量の大半を占める沖合漁業が1984年の6,956千トンをピークに2006年には2,500千トンにまで減少し、遠洋漁業が1973年の3,988千トンをピークに2006年には518千トンにまで減少、世界における漁獲量も1980年は10,048千トンで世界1位であったが2005年には4,179千トンで世界6位に後退している。こうした傾向を補うものとして養殖技術の開発が盛んであり、技術上不可能とされたウナギやマグロを卵から育てることに成功するなど、世界的にも注目されている。養殖業は1983年に初めて1,000千トン以上の生産量を超えたが、その後は1994年の1,344千トンをピークにおおむね横ばいの状態が続いている。2006年において100千トン以上、養殖されているものとして、海苔、ホタテ、カキ、ブリ類がある。

　1960年代から1970年代前半にかけて、日本人の貴重なタンパク源獲得の手段として遠洋捕鯨(えんようほげい)が大規模に行われ、1960年代から

◎ 第 5 章　日本の経済と企業 ◎

1970年代前半には年間平均20千頭以上の生産量をあげていたが、オイルショックにより燃料代が高騰したことにより生産量は1987年には2,790頭と激減した。また、1988年から日本も加盟している国際捕鯨委員会にて商業捕鯨の禁止が決議されたため、現在では沿岸小型捕鯨(イルカ漁)と調査捕鯨以外は行っておらず、1988年から2004年までの17年間の生産量合計は2,694頭にすぎない。

　水産資源を保護する考えが国際的に広まって、200海里水域内で外国の船が漁をしたければ、その国と漁業協定を結んで、多額の金を払わなければならない。日本では、以前から北洋でサケ、マスを沢山捕っていたが、この規制で、北洋で自由に漁のできる所は、米・ソの200海里の挟まれた狭い海域になってしまい、日本の北洋漁業は厳しい状態になった。従って、日本の漁業は、捕る漁業から育てる漁業に変わっている。魚の養殖は以前から行われていたが、最近注目されているのが栽培漁業である。栽培漁業というのは、稚魚(ちぎょ)を海に放して、海の中で大きくして捕るものである。現在、栽培漁業で栽培している魚や貝の種類も多くなった。

　水産業の衰退により、1984年に100％だった魚介類の自給率は2006年には51.6％にまで減少しており、不足分を海外から輸入しているが、中国などの新興国が経済成長するに伴い消費が拡大し、魚介類の価格が上昇していることから「買い負け」が発生している。日本が主に輸入している水産物は、2006年の魚介類(生鮮・冷凍)ではエビ、マグロ、サケ・マスが上位に、魚介類(調製品)ではウナギ、カニ、エビと続く。

3.2　第2次産業

　戦前は阪神工業地帯が「東洋のマンチェスター」と呼ばれ繊維産

業を牽引し、戦後になると京浜工業地帯が長らく工業製品出荷額の首位の座にあったが、1990年代以降、中京工業地帯の自動車産業が海外への自動車輸出を通して拡大し、中京工業地帯が2007年現在、工業製品出荷額の首位である。かつて、4大工業地帯と言われた北九州工業地帯は1901年の八幡製鉄所操業開始以降、近隣の筑豊炭田、福岡県・山口県の石灰石、満州の鉄鉱石を原料に栄えていたが、敗戦により、中国大陸からの原料供給が断たれると、大消費地である東京や京阪神からの距離が遠いこともあり衰退した。

　一時期は、輸出部門であるが故に低賃金の傾向があり、若年労働者の確保に困難をきたした。また、最近では生産拠点の海外進出により、国内の雇用は減少し空洞化の懸念がある。

1）鉱業

　元々日本は火山活動が活発な地域であり、埋蔵されている鉱物資源の種類は豊富である。このため第二次世界大戦以前は鉱業が活発であった。しかし、戦後、鉱害などへの環境対策、労働者の安全対策に多額の生産コストを要するようになり衰退した。現在では、コストの安い露天掘りによる石英、石灰石、品位が高く国際競争力がある金、銀などが産出される程度である。エネルギー資源としては若干の天然ガス、ごく少量の石油・石炭の採集が行なわれている。

2）建設業

　建設業は、戦後復興の中で建設ブームや各種プラントの建設、大規模インフラの整備などをうけて成長した。資本蓄積に大きな役割を果たした。財政政策、地方への所得移転として公共事業が盛んに行なわれたため、1970年代以降は次第に官業色を強めた。バブル

景気において、民間投資の興隆と保有不動産の含み益から規模拡大したが、1990年代においては再び公共事業への依存を強めると共に保有不動産の含み損に苦しみ、不動産・小売とともに構造不況と呼ばれた。この時点において、建設業が経済に占める割合は諸外国と比較して高く、過剰供給体制であった。2000年代に入ってから継続的な公共事業削減が続いたため業容は縮小し、民間建設が盛んな大都市、特に東京への一極集中が進んでいる。一方で民間建設が少ない地方では建設業者の倒産や農業・林業など他の事業への参入が進んでいる。

3) 食品

穀物価格高騰や少子化による国内市場の縮小の懸念から、2007年には日清食品が明星食品を買収し、2009年には明治製菓と明治乳業が統合するなど再編が進んでいる。また世界的なM&A（mergers and acquisitions（合併と買収）の略）も加速しており2007年にはキリンホールディングスがオーストラリアのナショナルフーズを、2009年にはアサヒビールがオーストラリアのシュウェップス・オーストラリアを買収している。

4) 製紙・パルプ

製紙産業は典型的な装置産業であり、戦後の業界再編の結果、王子製紙、日本製紙を軸に大王製紙、レンゴー、三菱製紙の5社体制となっている。

製紙産業は安い海外製品の流通増加や原油高騰の影響で再編の動きが強まっており、2006年の王子製紙による北越製紙買収の動き（ただし失敗）、大手製紙メーカーの提携などの動きが起きている。

5）化学・石油化学

製品の原料である原油の殆どを海外からの輸入に依存しているため、コンビナートは沿岸部（鹿島臨海工業地帯・京葉工業地域・京浜工業地帯・中京工業地帯・阪神工業地帯・瀬戸内工業地域）に集中する。また、海外からの原油依存のため、汎用製品の国際競争力で劣る。

二酸化炭素の削減の流れなどの影響で1999年をピークに石油需要が減少している。一方石油業界では国内需要の2倍以上の石油精製能力を持っており過剰な設備が問題となっており、大手メーカーを中心に製油所の生産能力縮小・閉鎖が進められている。また2010年に経済産業省が石油メーカーに付加価値の高い製品を精製する重質油分解装置の装備率の改善を義務付ける新基準を導入し、メーカーでは設備の削減か設備投資が求められている。この基準策定でアジア・欧米（約19％）と比べて低い日本（10.2％）の重質分解装置の装備率を13％に引き上げることで、安価な重質をより多く精製し国内の製油所の競争力向上を狙っている。

ガソリンスタンド（GS）は自動車の普及に伴うガソリン需要の増加によって増加が続いてきた。しかし、GS事業への新規参入やセルフ式GSの設置が国の規制緩和によって行われたことで価格競争が激化し、GSの数は1994年末の6万421店をピークに2009年度末には4万357店に激減している。また、エコカーの普及や車離れなどの影響でガソリン需要も頭打ちになっており、競争激化に拍車をかけている。GSの減少により過疎地域の自治体ではGSが消滅する地域も生まれてきている。

製薬　武田薬品工業が国内1位の売上高、次いでアステラス製

◎ 第5章　日本の経済と企業 ◎

薬、第一三共、エーザイと続く。「100億ドルクラブ」に入った国内首位の武田薬品工業でも2007年では世界17位であり、世界首位のファイザーと大差をつけられている。

　新薬が不足する一方、研究開発費が増大していることから、世界的な業界再編が進行中である。中外製薬がスイスのロシュの傘下に入り、また武田薬品工業やエーザイは海外のバイオベンチャーを買収する一方、国内では山之内製薬と藤沢薬品工業が合併しアステラス製薬が、第一製薬と三共が合併し第一三共が設立された。他にも協和醗酵工業がキリンホールディングス傘下に入り、田辺製薬と三菱ウェルファーマが合併し田辺三菱製薬が設立された。

　国内の製薬・医療機器メーカーは国保制度に保護されている側面があり、後発薬・大衆薬・医療器具や検査装置などを供給する中小メーカー・卸業者が無数にあり、国内での統合再編は進んでいない。保守的な経営により財務体質が良い企業が多い反面、国際的な競争力をもつ創薬メーカーは少ない。

　遺伝子・バイオ産業　欧米に比べてバイオ産業は未発達の状態である。しかし、食料関係のバイオ研究は進んでいる。特に稲に関しては世界で最も進んだ技術を持っている。

　6）繊維

　繊維産業（せんいさんぎょう）は、昭和前半までは製造業の中心であり、その陰には女工哀史（じょこうあいし）などの状況もあったが、輸出産業の主力として日本の経済を支えた。戦後は、高度経済成長による工業の重工業化や、中国等新興国の安い繊維製品の輸入増加で製造業での地位は低下している。こうした状況の中でも日本の繊維産業は技術的には世界トップにあり、工業用の合成繊維や炭素繊維に強みを持っている。

7) 鉄鋼・非鉄金属

① 鉄鋼業　日本の重化学工業のさきがけ、官営八幡製鉄所粗鋼(そこう)生産量は中国に次ぐ第2位の生産を誇る。2007年の粗鋼生産量は新日本製鐵(国内首位、世界第2位、35.7百万トン)、JFEホールディングス(国内2位、世界3位、34百万トン)、住友金属工業(国内3位、世界19位、13.8百万トン)が上位20位に入っている。

1990年代の平成不況、日産自動車のカルロス・ゴーンの資材調達見直しを契機に鉄鋼業界の再編が進み、新日本製鐵を軸に住友金属工業、神戸製鋼所が株式持合い関係に入る一方、川崎製鉄と日本鋼管が合併しJFE(日本(Japan)、鉄鋼(鉄の元素記号Fe)、エンジニアリング(Engineering)を組み合わせた)ホールディングスが設立され、寡占が進んでいる。

2006年になり、インドのミッタル・スチールがルクセンブルクのアルセロールをTOBで統合し、アルセロール・ミッタル(世界首位、116.4百万トン)が設立され、生産規模の面で大きく水をあけられるようになった。さらに近年は中国・韓国メーカーが台頭し国内メーカーには危機感が広がっており、新日本製鐵と住友金属工業が2012年をめどに経営統合すると発表した。

② ガラス　ガラス業界は寡占化が進む板ガラス業界とそれぞれのガラス製品の特性を生かした多数の中小企業に二極化される。

液晶テレビやプラズマテレビ、自動車や建物に使用される板ガラス業界は装置産業であり、また、世界最高水準の技術力を持つ。日本国内では旭硝子、日本板硝子、セントラル硝子の3社が国内の9割以上のシェアを持つ寡占状態にあり、日本国内でも7事業所しか存在しない。日本の3社に、コーニング社など含めた7社が中国を除

く世界市場の7～8割を占める。規模の経済が図れる装置産業であることから全世界的な業界再編が起きており、旭硝子は2002年にベルギーのグラバーベルを完全子会社化し、一方、2006年には日本板硝子はイギリスのピルキントンを買収、子会社化した。

　板ガラス製造以外の、板ガラス加工業、ガラス製加工素材製造業、ガラス繊維・同製品製造業はそれぞれ447、108、192の事業所があり、理学用・医学用ガラスやガラス製容器、台所・食卓用品といった製品を生産している。

　③ セメント　セメント業界もガラス業界と同様に装置産業であるため、太平洋セメント、宇部三菱セメント、住友大阪セメントの3社による市場の寡占化が進んでいる。1990年代からの公共事業削減の影響を受け、セメントの生産量は1996年の94,992千トンをピークに2007年では67,685千トンまで減少した。

　セメントの原料である石灰石は日本が自国内で供給できる資源であり、埼玉県の秩父地方や山口県の秋吉台などで生産されている。

8）印刷

　インターネットの普及に伴う書籍・雑誌等の販売不振や景気低迷による広告等の商業印刷の低迷により市場規模は年々縮小傾向にある。出荷額は1991年の8兆9,000億円をピークに縮小しており、2009年には6兆3,205億円にまで激減している。大日本印刷・凸版印刷の2強は液晶フィルターなどエレクトロニクス部材事業で収益を伸ばしている他、大日本印刷が丸善CHI（社名の「CHI」が「知」から採られたように、当グループは「知は社会の礎である」という経営理念の下、書籍という「知」の生成・流通に革新をもたらす企

業集団を目指している)ホールディングスを子会社化、凸版印刷が紀伊国屋書店と業務提携し出版・書店事業に関与を深めるなど多角化を進めている。一方、中小印刷メーカーは経営悪化に苦しんでおり、倒産するメーカーも出てきている。

9)　電気・電子産業

　電気・電子製品は、自動車と並んで日本の貿易の中で大きな割合を占め、2007年では主要輸出品の約19.0％を占める分野であり、その優れた品質から日本の代表的な工業製品となっている。1985年のプラザ合意による円高、人件費がアジアよりも割高であることも相俟って多くの電気・電子メーカーが海外に進出しており、日本の全産業の中でもっとも国際化が進んでいる分野である。

　従来はデザイン性や基礎技術の開発に難点があったが、近年ではものづくりにおける基盤技術やそれを支える人材の厚みが日本企業の強みとなっており、中国企業や韓国企業に対する人材流出や知的財産の保護が課題になっている。

　電気機械器具製造業(規模10億円以上)の営業利益率は1960年代の平均10％台から1990年代には平均3％台にまで低下、2001年度にはITバブル崩壊の煽りを受け−0.8％にまでマイナスを記録したこともあり、長期的に低下傾向にある。また、大手電器メーカー10社の合計営業利益率においても、1980年度から2005年度までの25年間で低下している。1980年前半及び円高不況後のバブル景気時代における合計営業利益率は6〜8％を計上していたが、その後はずるずる低下し、2001年度にはマイナスの営業利益率となった。その後、V字回復をしたが、2005年度でも合計営業利益率は3％台に過ぎず、ローム、キヤノン、日本IBM、サムスン電子、ノキアと大きく差

をつけられた。

コンピュータ スーパーコンピュータでは1980年代にはNEC、日立製作所、富士通の3社が高い技術力で販売を伸ばしアメリカとの貿易摩擦が問題となったが、分散処理技術への技術移行にともない採算が悪化し、世界シェアは低下した。技術面では2002年にNECが当時世界最速となる地球シミュレータを開発するなど依然高い技術力を持つ。スパコンにおいては各国の激しい開発競争により、日本のスパコンの計算速度が低下しており、独立行政法人理化学研究所とNEC、富士通、日立製作所が共同で最高の開発が国家プロジェクトとして進められていたが、巨額（きょがく）の開発費からNECと日立製作所が開発から撤退（てったい）した。パソコンでは、1970年代にコンピュータ輸入自由化による欧米メーカー進出への懸念から、当時の通商産業省（現：経済産業省）の指導のもと三大コンピューターグループ（東芝・NEC、富士通・日立製作所、三菱電機・沖電気工業）が形成され、日本政府の支援の下開発が進められた。1980年代には国内ではNECのPC-9800シリーズが国内シェアで全盛期に9割を占めた。また1993年から2000年には東芝がノートパソコンにおいてシェア1位を占めた。しかし、パソコンの普及などによる価格競争の激化から、2000年代から国内メーカーの再編が進み三菱電機や三洋電機など多くメーカーがパソコン事業から撤退した。近年再び、再編の流れが進んでおり、富士通によるシーメンス（西门子）との欧州PC合弁会社の買収、日立製作所・シャープなどのPC事業縮小・撤退、NECとレノボ（联想）との合弁会社設立などが行われている。

携帯電話 日本国内市場では12のメーカーが端末を販売しているが、国内市場における携帯電話端末の出荷台数は頭打ち状況にあ

り、国内メーカーでは三菱電機が撤退し、三洋電機が事業を京セラに売却するなど再編が進んでいる。日本市場では日本メーカーの端末が圧倒的シェアを占めるが、海外市場においてはノキアやサムスン電子(三星)など海外企業との競争で苦戦しており、日本企業の世界市場でのシェアは低い状態である。

カメラ キヤノン、ニコン、オリンパスなど世界的なメーカーが存在している。カメラの主力が電子機器的要素であるデジタルカメラに変化したことで、ソニーやパナソニックなど電機メーカーの参入が相次ぎ、コニカミノルタ(柯尼卡美能达)など、光学カメラに歴史を持ちデジタルカメラに参入したメーカーの撤退が起きた。

10）輸送用機器

① 自動車産業　自動車産業は、1980年代にアメリカを生産量で追い抜いた。その後一進一退が続いたが、近年ふたたびアメリカ市場を中心にシェアを拡大している。米国市場ではミニバン・ピックアップトラックの流行などに対して折々のマーケティング政策でかならずしも成功したとは言えず、とりわけ90年代に到って過剰な有利子負債と採算性の悪化により経営の危機に瀕(ひん)するメーカーが続出した。折しも世界的な自動車産業の再編の流れがあり、日産自動車・マツダ・スズキ・富士重工業などが海外メーカーの資本参加を受け入れた。デザインをアピールするブランド戦略を取り始めるなど、価格や環境性能以外での販売戦略の多様化が進んでいる。最近では、原油価格の上昇が燃費に優れる日本車の追い風となっている。日本国内の自動車販売は頭打ち状態であるが、世界市場では各社とも販売台数・シェアとも拡大傾向にあり、トヨタは創業以来最高の売り上げとなっているほか、多くの日本の自動車メーカーが

海外生産を増加させている。日本車は、優秀な燃費、故障率の低さで定評があり、さらに環境に良いというイメージと、デザインが加わった事でシェアを伸ばしつつある。

② オートバイ　オートバイは1960年代以降に世界市場で大幅にシェアを伸ばし、新興国のメーカーが台頭する現在でも世界トップシェアを維持している。オートバイメーカーの中でも、本田技研工業、ヤマハ発動機、スズキ、川崎重工業は4大メーカーとして知られている。東南アジアなどの発展途上国では市場が拡大しているが、日本国内では新車販売台数が減少し続けている。現在は各メーカーによって生産拠点の海外移転が進められており、日本向けの車両についても中国や中国台湾などで生産されるモデルが増加している。

11）機械工業

① 建設機械　建設機械では、小松製作所が日本国内トップで、世界でもキャタピラー社に次いで2位のシェアを持つ。また日本国内2位の日立建機が世界シェア3位に位置している。

② 造船　造船は韓国の設備増強などによりシェアを落としているが、依然として40％の世界シェアを有し世界第2位の造船大国である。造船のような労働集約的産業でほぼ100％の日本国内生産を維持しつつこのような高いシェアを維持していることは注目に値する。

3.3　第3次産業

慣例として、日本標準産業分類における下記の産業を第三次産業に含めることが多い。これは電気・ガス業を第二次産業ではなく第三次産業に分類している。

1) 金融業

　戦後の日本経済復興には、設備投資に巨額・長期にわたる融資が不可欠であったため、1952年に長期信用銀行法が制定され、日本興業銀行、日本長期信用銀行、日本債券信用銀行が資金需要に応えた。1960年代になると、都市銀行が、民間企業の資金需要にこたえるために融資を拡大し、また、民間企業へのモニタリングを強めていった。1990年代に入り、バブル崩壊や旧大蔵省の不祥事なども関係し、官民両方のセクターで整理統合と合併が進展していく。2005年、三菱UFJ・みずほ・三井住友の三大グループに業界は再編された。地方銀行・第二地方銀行は経営体力があるところとないところに二極化され、県境を越えた救済合併や提携が進みつつある。

　証券業界は、手数料自由化の競争の中で著しく手数料の低下が進行し、収益源が信用取引からの利子収入が主軸になりつつある。大手証券会社は、仲介業務から脱し投資銀行への転換を目指している。山一証券の廃業以降、銀行業界のあおりを受け、証券業界も業界再編が進んでいる。

　保険業界は、1990年の後半から2000年代の前半にかけて中堅の生命保険会社の破綻が相次ぎ、外資系保険会社による買収も相次ぎ、明治安田生命のように財閥の垣根(かきね)を越えて経営統合が起きた。また、損害保険業界は業界再編第1幕として、東京海上、三住海上、損保ジャパン、あいおい、日本興亜、ニッセイ同和の大手6社の寡占体制となった。保険金不払い事件を発端(ほったん)とするシステム対応費用の増加、若者の車離れによる自動車保険料収入の減少、国内市場において外資系の保険会社の競争、欧米やアジアの新興国を中心に海外市場への進出を図り収益基盤を確保するために、業界再編第2幕

が発生し、東京海上、MS&AD(三井住友海上、あいおい、ニッセイ同和)、NKSJ(損保ジャパン、日本興亜)の3陣営に集約されることとなった。

消費者金融会社が過剰に受け取った利息に対する過払い金返還請求が相次ぎ、2010年には武富士が会社更生法を申請するなど経営悪化に苦しむ事業者も出てきている。一方、銀行が消費者金融を傘下に収めたり、カードローン事業を展開しいる。

2) 不動産業

高度経済成長による住宅需要の増大や経済発展により不動産会社は盛んに住宅団地やビルなどを建設し収益を伸ばした。バブル景気には不動産の転売による含み益やリゾート施設等の開発をもとに収益を伸ばし、さらには三菱地所がアメリカのロックフェラーセンターを買収するなど海外での事業も拡大していった。しかし、バブル崩壊で地価の急落がおこると多額の融資をもとに含み益経営をしていた不動産会社は経営が悪化した。2000年代前半には、不動産証券化の手法を用いたディベロッパーを中心に売上を伸ばし市況は活性化したが、2007年にアメリカ合衆国のサブプライムローン問題を発端に世界の金融資本の流れに変化がおこり、2008年には資金繰りの行き詰まりにより経営破綻し民事再生法を申請する会社が出るようになり、また、不動産投資信託の破綻も出始めた。

3) 観光業

美しい自然に恵まれ、独特の日本文化をもち、法隆寺、東大寺などの古い建物にも恵まれているなどの要素に加え、近年の円安や日本ブームも加わって外国人の観光客が増加している。また、テーマパーク等の娯楽施設も充実しているため、こういった施設を目的に

やってくる外国人もいる。2003年より、政府は外国人観光客の増加を進める施策であるビジット・ジャパン・キャンペーンを実施している。外国人が滞在しやすい環境をつくるべく、ビザの要件の緩和などを進めている。景観を観光資源としてとらえ直し、よく批判される雑然とした景観を改善しようという動きもある。

　欧米の観光客は頭打ちになっていることから、東アジア地区からの観光客にターゲットが置かれている。欧米人が好む京都・奈良などの日本情緒は、同じような風土・文化をもつ東アジア人にはさほど受けず、逆に東京ディズニーランドやユニバーサルスタジオジャパンなどが、アメリカまで行かずに済むために格好の遊び場として人気がある。また温泉なども、旅館などの独特のサービスが好感をもたれている。北海道は、中国台湾、韓国、中国・オーストラリアからの観光客が多い。中国台湾や華南地方では降雪が乏しく、韓国は雪質(ゆきしつ)が悪く・またオーストラリアは季節が正反対で自国が暑い時期にスキーを楽しめるため、北海道や信越地方のスキーツアーも人気がある。北海道独特の風景や情緒も人気が高い・また、九州は地理的に近いため、中国台湾や韓国からの観光客が増加している。

4）卸売業

　総合商社は日本特有の業態であり、業界第一位の三菱商事をはじめ三井物産、住友商事、伊藤忠商事など商品取扱い高として世界トップクラスの売上を誇る企業が複数存在する。従来は仲介や輸出入に関わる手数料ビジネスが主体であったが、企業の垂直統合や「中抜き」に見られる商習慣の変化に直面し、現在では資源開発への直接投資や企業投資を経由したマーケットの開拓など世界中で多くの事業を行っている。大手専門商社には、製造会社や総合商社の

子会社・関連会社が多い。問屋(とんや)は、日用雑貨や食料品などの流通を製造業と小売業の間で支えている。1970年頃から小売量販店の広域・大規模化が起こり、また冷凍・チルド物流の広がりとともに設備投資に耐えられない中小卸問屋の廃業や統合が進んだ。1990年頃からは、コスト削減のため大手小売店が問屋を通さずに製造業者から商品を直接大量に仕入れる中抜きが一般化したため、一部の業界では合併や共同配送の動きが進んだ。

5）小売業

百貨店は高度経済成長期やバブル景気などに全国に進出した。しかし、バブル崩壊による消費の低迷や郊外への大型ショッピングセンターが進出し、全国各地で次々と閉店に追い込まれた。しかし最近では、大都市での進出・増床等も相次いでいる。また郊外の大型ショッピングセンターに出店したりして売上を伸ばしている百貨店もある。ただし少子化で市場規模が縮小していると予測されているため、大手百貨店の統合が進んでいる。

世界金融危機以降は高級品路線を進めてきた百貨店はアウトレットモールやユニクロなどの格安ファッション店などに苦戦を強いられており、リストラや不採算店舗閉店に加え価格安価な商品の開発・販売や百貨店への格安ファッション店の誘致など新たな客層の開拓などが行われている。

大型スーパーでは高度経済成長期からダイエーが「価格破壊」をスローガンに事業を拡大し、1972年には三越を抜き小売業で日本一を達成した。

イオンやセブン＆アイ・ホールディングスが郊外へのショッピングセンターやコンビニエンスストアなどへの進出で売上を伸ばし

た他、銀行業等への参入やファッション店など専門店等の買収を進めた。しかし、2006年にまちづくり3法が改正され大型ショッピングセンターの建設が難しくなっており、都市部での小型食品スーパーの展開や中国・東南アジアなどへの進出が進められている。また専門店との競争激化やデフレ不況の影響で大手スーパー主要店舗形態であった総合スーパーは経営に苦しんでおり、不採算店舗の閉鎖やスーパーセンター・ディスカウントストア・食品スーパーなどへの業態変更などが進められている。2011年には、イオンの子会社で総合スーパーなどを展開するイオンリテールがマイカル・イオンマルシェを吸収合併し、同時に総合スーパーブランド統一を行った。

　食品スーパーでは、メーカーなどによる販売協力金等を原資にした商品の特売で客を集めるのが主流となっている。また地域性やオーナー経営者が多いことなどから中小規模のスーパーも多く存在している。しかし、近年は店舗数の増加や人口減少などにより競争が激化している。そのため、近年ではネットスーパーや都市部での小型スーパーなど成長分野への進出が進んでいる。また、イオンによるマルナカ・山陽マルナカの買収やアークスとユニバースの経営統合など、従来難しいとされてきた業界再編も進んでいる。

　コンビニエンスストアは、1980～1990年代ごろから急速に売上を伸ばしたが、コンビニエンスストアの客の大きな割合を占める若者の数が減少しているため売上が伸び悩み、成長が鈍化している。そのため大手コンビニエンスストアは、野菜などの販売を行ったり、100円ショップを展開したりと客層の拡大に努めている。また大手コンビニチェーンでは新興国を中心に海外進出も進んでいる。

　ドラッグストアでは、政府による医薬分業の流れで調剤薬局が医

療機関の付近に立地するようになっている。そのため近年では、ドラッグストアで処方箋を扱う店が出てきている。また、2009年の薬事法改正を受けて登録販売者がいれば薬剤師がいなくてもコンビニエンスストアなどで大半の医薬品を扱えるようになり、ローソンとマツモトキヨシが共同店舗の開発を進めるなどコンビニエンスストアとドラッグストアの提携が進んでいる。

家電量販店では、近年激しい価格競争で、家電メーカーとの価格交渉力をつけるため規模の拡大が不可欠となっており、業界の再編が進んでいる。また、ヤマダ電機やビックカメラなどでは家電だけでなく日用雑貨やゲーム機、おもちゃなど多種の商品を扱うなどバリエーションの拡大を進めている。

100円ショップは、90年代のデフレ不況などの影響を受け急成長した。以前は品質が低く供給が不安定だったが、プライベートブランド商品の大量生産委託で品質の向上やコスト削減、供給の安定を図っている。また、海外への進出や、200円や300円など幅広い価格帯の商品を取り扱い始めた。

ホームセンターでは、同業態間の競争だけでなくスーパーや100円ショップなど他の業態との競争が激化している。

近年、国民一人当たりの可処分所得の減少に伴い、どの業態においても価格競争が激化している。そのため、プライベートブランドの開発や他の業態への進出、東南アジア・中国などを中心とした海外への進出などの動きが進んでいる。

6）運輸業

航空業界は国土交通（旧・運輸省）の規制下にあり、その中で自民党運輸族が主導して採算度外視で地方空港を乱立させていった。

航空運輸では国内線では全日本空輸、日本航空の寡占状態であるが、近年はスカイマーク、エア・ドゥなど新規参入や新幹線・高速道路の整備により大都市間の航空路線では航空会社が次々と料金を値下げ、サービス向上などを行った。その一方で航空会社は、石油高騰の影響や不況の影響をうけており各社は路線再編や機体の軽量化・小型化を進めて影響を抑えようとしている。

　鉄道運輸では国鉄民営化後に地方の不採算路線が次々と姿を消し、一部は第三セクター鉄道に転換した。大都市の私鉄は、百貨店などの商業施設を建設・改装し収益を拡大しようとしているが、道路交通の発達や少子高齢化の影響を受け将来的な利用客減少が懸念されており、阪神電鉄の阪急HDによる買収に代表されるように再編が進むと思われる。JRは本州の旅客会社3社(JR東日本・JR東海・JR西日本)が民営化を実現した。一方、三島会社(JR北海道・JR四国・JR九州)は人口減少による利用者減少や民営化の際に設けられた経営安定基金の運用低迷などで株式上場の見通しがついていない。路面電車は全国で運行されていたがモータリゼーションの進行とともに廃止が相次いだ。しかし過度のモータリゼーションによるスプロール化や交通弱者の問題から見直され、新たに設置を検討したり計画している地方自治体がある。

　バス運輸は全国各地に路線があり、通勤・通学、身近な用事などで利用されている。しかし、地方を中心に利用者が少なく赤字である路線も多く、そういった路線は地方公共団体の補助金・支援や都市間を結ぶ高速バスの黒字で路線バスの赤字を補填し運転をしているところが少なくない。しかし、近年の規制緩和による新規参入や低額なツアーバスの台頭などで収益が減少し路線の縮小・廃止、さらにはバス会社の倒産が起こっている。廃止されたバス路線を

地方自治体が継承し運行を続けるところもあるが、近年の地方自治体の財政難から運行を続けることが難しくなっているところが多い。また2009年から景気対策の一環で始まった高速道路の割引では、高速バス利用者の減少や高速バスの到着に遅れが生じるなどの影響が生じている。

フェリー運輸は昔、本州や北海道や四国、九州を結ぶ路線が多く存在した。しかし青函トンネル、関門トンネル・関門橋、本州四国連絡橋が整備されたことでこれらの航路は減少したが、トンネルや橋の通行料が高いために利用料の安いフェリー運輸を利用する人も多く今でも多くの航路が存在している。

タクシーは小泉内閣による規制緩和で新規参入やタクシー車両の増加が進み、初乗り「ワンコイン」(500円)タクシーが登場するなど価格値下げが進んだ。しかしその一方で不況が続き利用客の増加が難しい中で競争が激化したことで乗務員の収入が減少し労働環境の悪化が深刻になっている。そのため、国土交通省では車両数が増大して競争が激化した地域を「特定地域」に指定し、タクシー適正規模などを話し合う場を設けるなど対策を進めている。

運輸業の海運は、加工貿易を行う日本にとって重要であり、資源の輸入、自動車・鉄鋼など輸出にはほとんどの場合は海運が利用され、貿易において重要な役割を担っている。内航海運も沿岸に立地する工業地帯の多い日本では大きな存在である。主な会社として日本郵船、商船三井、川崎汽船などがある。

航空運輸は、費用が高い・重厚のものは運べないという短所があり貨物運輸で大きな地位があるとは言えないが、半導体など軽量・小型で商品価値が高い工業製品や魚介類など新鮮さが求められる商品の輸送には航空輸送が重宝（ちょうほう）されている。

トラック運輸は、高速道路の全国的な整備とともに成長した。日本の生産技術としてよく知られるジャストインタイム生産システムはトラック輸送の強みを生かしている。しかし、トラックに偏重した日本の運輸は、交通事故の増加や幹線道路周辺の大気汚染、二酸化炭素の排出量増加などを招いた。そのため、運送の一部をトラック輸送から鉄道・船舶による輸送に切り替える企業も現れている。

鉄道運輸は、かつては大きな割合を占めていたが、トラック輸送の発達とともに減少している。しかし、鉄道輸送がトラック輸送と比べエネルギー消費が少ないこと、環境に負担がかからないことから見直されており、JR貨物では、貨物輸送の高速化・効率化を進めている。

7）電力・ガス・水道業

電力業　電力業は、第二次世界大戦前に国家総動員の名のもとに日本政府が電力を統制下に置くなか、日本発送電株式会社が設立され独占して電気を供給していた。戦後「電力の鬼」と呼ばれた松永安左衛門主導のもと、1951年に地域独占を認めた9電力体制（北海道電力、東北電力、東京電力、中部電力、北陸電力、関西電力、中国電力、四国電力、九州電力の9社、沖縄電力が入り10社体制になるのは沖縄返還後）及び半官半民の電源開発が確立された。高度経済成長期の電力需要の増大に伴い、9電力会社は水力発電から火力発電を主体とした発電体制（水従火主）を敷くことになった。また、1955年には原子力基本法が制定され、原子力の平和利用を推進し、1966年には日本初の原発である東海発電所（茨城県東海村）が営業運転を開始した。オイルショック以降、原油価格の高騰に対抗すべく9電力会社も原発建

設に着手し各社とも発電における原発の構成比を高めていった。

1990年代に入ると、電力自由化の流れにより参入規制が緩和されたことで新規参入が増加したが、主力の火力発電が燃料費(原油)の高騰による撤退が相次ぎ、コジェネレーションシステムを利用した一部の大規模な工場やショッピングセンターなどへの電力供給にとどまっている。

2010年3月6日日本政府が、地球温暖化防止のために原発推進を主張し、原発への機運が高まる中、東北地方太平洋沖地震の津波とそれによる電源喪失などにより福島第一原子力発電所では炉心溶融を伴う放射性物質の流出事故が発生、東京電力管内では電力不足から輪番停電を3～4月に実施、菅直人首相が中部電力の浜岡原子力発電所の全原子炉停止を要請したことにより、運転停止という事態となっている。

ガス業 ガス業は、一部の都市や地域では都市ガス事業者によって都市ガスが供給されているが、それ以外の地域ではプロパンガス事業者によってプロパンガスが供給されている。都市ガス事業者のほとんどは私企業であるが、仙台市ガス局など一部は地方公営企業の形態をとっている。

水道業 水道業では、水道の供給はほぼ地方公共団体や地方公営企業(水道局)によって行われている。近年、日本全国の上下水道管の老朽化が進んでおり、総延長の6.2%に当たる約38000キロの水道管が法定耐用年数の40年を超えている。しかし、近年の地方自治体の財政難から更新は難しく近年では近隣自治体との水道事業の統合や民間企業への移管を行う自治体も出てきている。一方、日本の水道は漏水率が低いなど高い技術を持っており途上国での水需要が伸びる中、総合商社や水道関連メーカーなどと共に海外での水道ビジネスに乗り出す地方自治体の水道事業者も出てきている。

8）情報産業

2006年時点では、世界で最も安く性能の良い情報通信インフラが整備されている。特にDSL（Digital Subscriber Line／数字用户专线）技術やFTTH（Fiber To The Home／一根光纤直接到家庭）は日本が世界で最も進んでいる。また携帯電話網と情報通信網のネットワークが進んでいる。

コンピュータ、とくにパーソナルコンピュータが普及している。コンピュータでは、世界的に高速なスーパーコンピュータとして知られる地球シミュレータが建造されるなど、技術的に高い水準を持つ。また、元来、日本企業が家電製品を得意とするため、情報家電と呼ばれる付加機能の付いた家電製品の分野が開けた。

ソーシャル・ネットワーキング・サービスでは、mixi（日本最大的社交网站）のユーザー数が2010年4月に2000万人を突破するなど利用者数が増加しており、近年はSNS（Social Networking Services／即社会性网络服务，专指旨在帮助人们建立社会性网络的互联网应用服务）上でプレイするソーシャルゲーム市場が拡大しており、ソーシャルゲーム市場は2011年には2,000億〜3,000億円の市場規模に成長すると言われている。

9）メディア産業

新聞業界は、一般紙においては戸別宅配制度や新聞販売店による営業によって新聞普及率・発行部数において世界3位と世界的にも高い新聞購読率を誇っている。また全国紙を発行する5社（読売新聞グループ本社・朝日新聞社・毎日新聞社・日本経済新聞・産業経済新聞社）が大手民間のキー局などと資本関係を持っておりテレビ業界へも強い影響を持っている。

◎ 第5章　日本の経済と企業 ◎

　テレビ業界では近年、これまでの地上波放送だけでなくBS放送・CS放送などの衛星放送・ケーブルテレビの普及によってテレビの多チャンネル化が進んでいる。地上波ではNHKと民放のキー局5社(フジテレビジョン・日本テレビ放送網・TBSテレビ・テレビ朝日・テレビ東京)が大きな力を持っており、地方の系列局を通して全国にテレビ放送を行っている。

　ラジオ業界は1960年代のテレビの普及に伴いラジオ離れが加速したが、深夜放送など番組改編によって持ち直し、現在もメディアとして一定の存在感を持っている。1980年代になると規制緩和の影響を受けて放送範囲を市区町村など狭い範囲での放送を行うコミュニティ放送局の開局が増加した。テレビ業界と同様にネットとの融合が進められている。

　出版業界は1996年まで出版物の販売が増加し1989年には2兆円を突破するなど成長が続いてきた。しかし、近年は活字離れやメディアの多様化の影響などで出版不況が続いており、2010年の出版物販売額は1兆8,748億円と6年連続低下しピークの1996年から約3割減少している。特に雑誌は購読部数の減少で広告収入の減少にも繋がっており、近年雑誌の休刊・廃刊が進んでいる。

10) コンテンツ産業

　コンテンツ産業は、メディア産業とも呼ばれる。日本のコンテンツ産業の市場規模は12兆5,246億円である。規模の大きな領域として、テレビ番組、新聞、雑誌、カラオケなどがある。映画、ビデオなどの映像関連は比較的規模が小さく、今後の産業育成が期待される。

　日本映画(邦画)は、昭和30年代のテレビ普及とともに長期凋落傾向が続いたが、近年復活の傾向が見られる。テレビ番組は、高度

な技術、豊富な資金およびアイデアを背景にアジアを中心に受け入れられたが、近年は陳腐化が進んだとされる。

アニメ、漫画、映画などの輸出が増え、コンテンツ輸出総額だけで1兆円を超える産業に育っている。アニメのコンテンツ輸出が活発で、その流れで漫画の輸出額も増えている。アニメは、世界のアニメーション産業の6割のシェアを占めているほか、ストーリー、技術共に他国のそれを格段に凌いでいることから、世界から注目を浴びている。

11）レジャー・娯楽産業

パチンコ産業は、2011年現在19兆3,800億円と余暇市場においても大きな割合を占めている。しかし、パチンコへの規制強化や娯楽の多様化などの影響で近年低迷傾向にある。パチンコ店では、1円パチンコなど低価格で遊べるパチンコ台を導入するなど初心者客の獲得を進めている。

テーマパーク・遊園地は、バブル景気期に制定された総合保養地域整備法の後押しもあり全国各地で多くのテーマパーク・遊園地が開業した。しかし、バブル崩壊で入場者が減少し、東京ディズニーランドなど一部の施設を除き多くの施設が経営不振に苦しむことになった。2003年にハウステンボスが会社更生法を申請するなど全国各地でリゾート施設の倒産・閉鎖が相次いだ。

12）その他のサービス業

教育サービスは、小中学生ではゆとり教育による学力低下の懸念から学習塾に通ったり通信教育を受けたり、家庭教師を雇うなど学校以外で何か勉強をしている小中学生が増えている。大人では就職や転職に有利なことから資格や検定等を取得するための通信教育を受講する人も増えている。ただ今後の少子化の進行で学習塾や予備校な

どは競争が激化することが予想され、統合や提携が相次いでいる。

　郵便サービスは、特定信書便では郵便事業株式会社以外の企業がある程度参入しているが一般信書便は参入条件が厳しく一般信書便事業は郵便事業会社が独占状態である。

　宅配便サービスでは1980年代から急速に取り扱い量を増やし、それまであった郵便小包やチッキは急速に衰退している。取扱量増加と共にクール便や配達日指定など様々なサービスが生まれている。取扱量ではヤマト運輸・佐川急便の2社が大きく3位以下を引き離している。

　外食サービスは、今ではファミリーレストランやハンバーガーショップ、外国料理店などさまざまなタイプの店舗があり、核家族化や女性の社会進出などの影響もありおよそ25兆円の市場規模まで成長した。

　福祉サービスは、高齢化社会の進行から老人向けの介護・介助サービスが成長している。ただ重労働で時間シフトの厳しい職種でありながら非常に低賃金で人材確保に苦戦しており、施設を建てたのに職員が不足している福祉施設も多い。そのため、国では介護報酬の引き上げを行っているが運営に苦戦している事業所も多く、なかなか人件費アップにはつながっていない。また将来的な福祉従事者の不足に備え、外国人労働者を介護福祉士として養成する政策も行われているが、漢字や専門用語を大量に含む日本語による資格試験の壁や出題難度の高さ、実務経験の要求や1回の試験で合格しなければ本国に返されるなどの制約条件の高さから日本でのキャリアパスが期待できないと敬遠される傾向にあり、定着率も低い。

　人材派遣・業務請負サービスは、規制緩和の影響や企業がコスト削減のために非正規社員を積極的に採用したために成長した。しかし違法な偽装請負などの問題が発生している。また、景況悪化と法律の改正

◎ 新編日本社会文化 ◎

によって撤退・廃業が相次ぎ、業界自体の存在が危うくなりつつある。

3.4 主な工業地帯

日本は、関東地方から九州地方北部にかけて多くの人口や工場が帯のように立ち並んでいることから太平洋ベルトと呼ばれている。この太平洋ベルトで、日本の工業生産額の約3分の2を占める。

京浜、中京、阪神の3つの工業地帯を三大工業地帯といい、以前では北九州を含めて四大工業地帯とよばれていたが、他の工業地域の生産が北九州を上回るようになり、現在では北九州は除かれている。

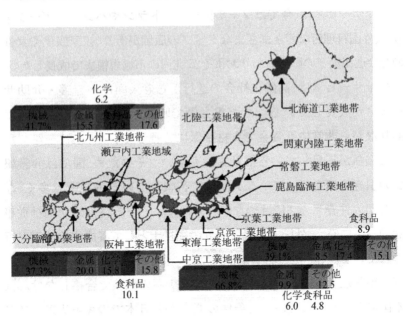

図5.6　No.20 日本の工業地帯・地域
出典：Hello School,社会科,地理(ハロ地理).

京浜工業地帯　生産額は日本一の工業地帯で、東京、川崎、横浜を中心に横須賀、藤沢、府中などの工業都市がある。東京の京と横

浜の浜でこの名前がある。首都である東京を中心に人口と資金が集まり、交通の便を利用して工業が発達し、東京湾を埋め立てて工業用地がつくられた。機械工業を中心に重化学工業が発達するとともに、出版社が多いことから印刷業の割合が高く、生産額は全国の4分の1以上になる。

図5.7　京浜工業地帯の主な都市

中京工業地帯　古くから交通や都市が発達しており、綿織物(めんおりもの)・陶磁器の生産がさかんであった。現在でも瀬戸(せと)・多治見(たじみ)の陶磁器、一宮の毛織物などの工業都市がある。戦後は自動車工業を中心に発達し、特に豊田の自動車工場が代表的である。また、四日市の石油化学工業もあり、重化学工業が発達している。生産高は日本で第二位の工業地帯である。

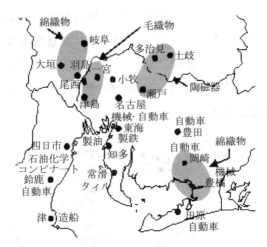

図5.8 中京工業地帯の主な都市

阪神工業地帯 大阪の阪と神戸の神でこの名前がある。あらゆる工業が発達し、総合工業地帯ともよばれている。第二次世界大戦頃までは日本最大の生産額をあげていた。大阪は綿工業が発達し、

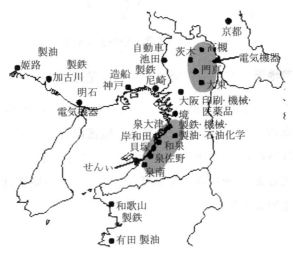

図5.9 阪神工業地帯の主な都市

◎ 第5章　日本の経済と企業 ◎

「東洋のマンチェスター」ともよばれるほどであった。大阪・堺・神戸は重化学工業、その南部に繊維、淀川流域は電気機器・医薬品の産業が発達し、大阪湾の埋立地に大工場、淀川流域と大阪南部に中小工場が多い。近年では、和歌山や琵琶湖沿岸まで工場の進出が見られるようになった。生産高は日本で第三位の工業地帯である。

北九州工業地帯　かつては京浜・中京・阪神工業地帯とともに日本第四位の工業地帯であったが、新しい工業地域よりも生産額が少なくなっているため、除かれるようになった。鉄鋼業が最も盛んで、そのほか、ゴム工業、化学工業、造船業なども発達して中間製品を多く生産している。80年代以降自動車工場の立地や生産増加が見られ、首都圏、中京圏に続く第三の自動車生産地域となった。九州の産業構造は、資源や資源加工型から自動車や電気などの機械工業、およびサービス産業中心に変化している。

瀬戸内工業地域　山陽地方と北四国地方、それに瀬戸内海の島々から工業地域を、瀬戸内工業地域という。古くから繊維工業がさかんであり、今も残っている。海上交通の便がよいことから、埋立地による用地確保が容易だった。現在は重化学工業が発達している。

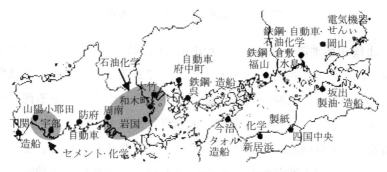

図5.10　瀬戸内工業地域の主な都市

倉敷の水島地区にある製鉄所・石油化学コンビナートがあり、周南の石油化学コンビナート、福山・呉の製鉄、坂出・呉の造船、広島の自動車などがある。

東海工業地域 中京と京浜の工業地帯の中間に位置し、愛知県の豊橋市あたりから富士山の麓の三島あたりにかけての東海道本線の沿線地域を含む。富士山のわき水の工業用水、水力発電の利用によって機械工業を中心に工業が発達した。浜松の楽器・オートバイ、富士・富士宮の紙・パルプ、富士宮のフィルム、蒲原のアルミニウム、静岡の製茶、焼津の水産加工業が代表的である。

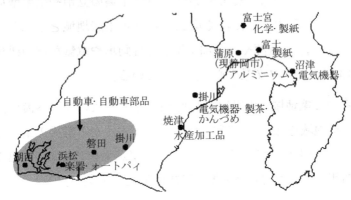

図5.11　東海工業地域の主な都市

北陸工業地域 北陸地方(新潟県、富山県、石川県、福井県)の日本海沿岸地域を中心に広がる工業地域である。北陸工業地帯は雪の降りつもる農閑期の余剰労働力と、中央高地から流れ下る河川から得られる豊富な電力と良質の水を背景として発達した。特に富山県と新潟県(新潟市、三条市等)で重工業が発達している。主に機械工業・金属工業が盛んであるが、これに加えて他の工業地域では比重の少ない繊維工業が多いこと、それらが昔からの伝統工芸品と

◎ 第5章 日本の経済と企業 ◎

もかかわりが深いことが特徴でもある。

図 5.12　北陸工業地域の主な都市

関東内陸工業地域　北関東の工業は茨城県日立市周辺や鹿島臨海工業地帯を除き内陸地に発達しており、また南関東の太平洋ベルトに重なる内陸部にも広く工業地が立地している。これら関東地方の内陸工業地に一貫する特徴として、主に輸送機器工業を中心とする多岐に亘る工業事業所が散在していることが挙げられ、その主な工業都市として栃木県宇都宮市、同上三川町、群馬県太田市、同伊勢崎市、埼玉県狭山市や同川越市などがあり、多くの工業団地が造成・分譲されている。

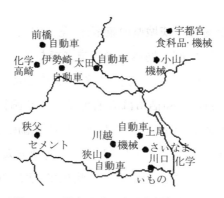

図 5.13　関東内陸工業地域の主な都市

京葉工業地域　京浜工業地帯の延長として、東京から千葉にかけて、東京湾を埋め立ててつくられた工業地域で、東京の京と千葉

の葉でこの名前がある。第二次世界大戦後、京浜工業地帯の延長部として発展した。臨海部の埋立地に鉄鋼業、石油化学工業などの大規模な工場が立地している。浦安市から、富津市まで連なっている。代表的な都市は市川市、船橋市、千葉市、市原市、木更津市、君津市など。全体的に火力発電所が多く、千葉市にJFEスチール東日本製鉄所、君津市に新日本製鐵所がある。

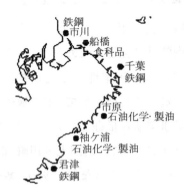

図 5.14　京葉工業地域の主な都市

鹿島臨海工業地域（かしまりんかいこうぎょうちいき）　茨城県の東南部（鹿行地域）、霞ヶ浦（かすみがうら）の東に位置する。鹿島灘に面し、掘込式の工業港である鹿島港を中心に広がる。鹿嶋市は住友金属工業鹿島製鉄所を中心に住友金属系列の企業が立地している。神栖市は石油化学工業や飼料を中心とした企業の工場が立地している。そのほか、火力発電所や風力発電所が多く立地している。2011年3月11日の東北地方太平洋沖地震（東日本大震災）では揺れに加え津波と液状化で、鹿島港の港湾設備が損壊したほか各社の工場設備にも大きな被害が発生、震災直後は操業停止状態に陥った。

◎ 第5章　日本の経済と企業 ◎

図5.15　鹿島臨海工業地域

北海道工業地域　主に石狩平野(北海道西部の平野)の辺りを指す。苫小牧市には掘り込み港がある。室蘭市は北日本唯一の重化学工業の都市として有名である。この地域には乳製品、ビール、鉄鋼、セメント、石油精製、製紙、パルプ工業、自動車部品製造などの工業が発達している。

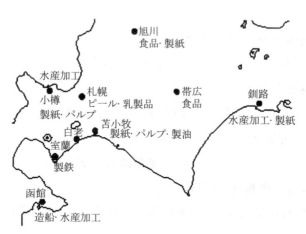

図5.16　北海道工業地域の主な都市

161

4. 日本の企業と企業経営

4.1 日本の企業

1）企業数

日本中小企業庁のサイトに統計資料（2012年）が掲載されていて、全企業を大・中・小の3つに分けて集計している。尚、分類の要件は下記の通りである。

① 企業数＝会社数＋個人事業所（単独事業所および本所・本社・本店事業所）とする。

② 中小企業基本法の定義に基づき、常用雇用者300人以下（卸売業、サービス業は100人以下、小売業、飲食店は50人以下）の企業を中小企業とする。

③ 常用雇用者20人以下（卸売業、小売業、飲食店、サービス業は5人以下）の企業を小規模企業とする。

④ 小規模企業の構成比は全企業数に占める割合とする。

非1次産業企業数：4,338,135。

大企業：11,793（0.3％）、中企業：549,479（12.7％）、小企業：3,776,863（87.1％）

2）大企業

企業にはいろいろな種類・規模のものがある。中小企業はその数は多く、重要な働きをしていることはまちがいない。だが、小売店はメーカー・運輸業の大企業があってのことだし、町工場などは

◎ 第5章　日本の経済と企業 ◎

メーカーの部品をつくっている所がほとんどだ。大企業は数ではわずかかもしれないが、その重要性はきわめて大きい。大企業がどれほど大きなウェイトを占めているか数字（表5.2、表5.3）でみてみよう。

① その大企業の総売上高をみてみると、全企業の総売上高の実に3分の1を占めている。

② また、大企業に雇用されている従業員数をみると、全企業に雇用されている従業員数の6分の1を占めている。

表5.2　売上高大きい日本企業トップ10（2015/9/10時点）

順位	企業名	業種	売上高（百万）
1位	トヨタ	自動車	27,234,521
2位	ホンダ	自動車	13,328,099
3位	日産自	自動車	11,375,207
4位	NTT	通信	11,095,317
5位	JX	石油	10,882,460
6位	日立	電気機器	9,774,930
7位	ソフトバンク	通信	8,670,221
8位	豊田通商	商社	8,663,460
9位	ソニー	電気機器	8,215,880
10位	丸紅	商社	7,834,295

出典：2016年1月6日（水）
日本経済新聞（http://www.nikkei.com/markets/ranking/keiei/uriage.aspx）

表5.3　従業員数の多い日本企業トップ10

順位	会社名	所在地	業界	平均年収	平均年齢	勤続年数	従業員数	設立年
1位	トヨタ自動車	愛知	自動車・輸送用機器	794万円	38.8歳	15.4年	68240人	1937年
2位	パナソニック	大阪	電気機器	691万円	44.9歳	22.9年	57761人	1935年
3位	JR東日本旅客鉄道	東京	陸運	702万円	41.5歳	17.3年	50675人	1987年
4位	デンソー	愛知	自動車・輸送用機器	805万円	42.2歳	21.6年	38581人	1949年
5位	東芝	東京	電気機器	811万円	42.7歳	17.7年	35943人	1904年
6位	東京電力	東京	電気ガス	684万円	42.5歳	22.6年	34689人	1951年
7位	日立製作所	東京	電気機器	827万円	40.7歳	18.3年	33500人	1920年
8位	日本通運	東京	陸運	587万円	41.6歳	17.5年	33153人	1937年
9位	三菱電機	東京	電気機器	746万円	40.4歳	17.1年	31797人	1921年
10位	JR西日本旅客鉄道	大阪	陸運	672万円	40.3歳	16.4年	27300人	1987年

データ出典:全業界従業員数が多い企業ランキング.
(http://www.ts-hikaku.com/clist/a0/v1s22t0p.html)2016年5月15日まで

3）中小企業

　中小企業の中には、大企業の「下請け」として大企業のもとで事業活動を行う企業が多い。近年低下しているとはいえ、中小企業の半数以上が下請け企業になっている。下請け企業は、発注元の「親企業」から受注の確保、技術・資金面での援助などにおいて便宜を受けることができる一方、「親企業」の業績の変化に影響を受けやす

く、コストダウンや製品の納期の面などで「親企業」からの要求が厳しい、自社製品の開発がしにくい、などの問題点もある。しかし、日本ではとくに高度成長期以降、大企業が中小下請け企業と密接な関係を持って生産活動を行い、効率的な生産システムを確立してきた。

中小企業は大企業に比べて、資金・販売力・技術などの面で弱いとされている。また、労働者の待遇についても、賃金や労働時間、福利厚生面を中心に大企業との格差があるという指摘もある。これらの問題に対して、政府は中小企業基本法や中小企業近代化促進法などを定め、中小企業の経営基盤の強化や近代化の促進などの政策を進めてきた。

4.2　日本企業の経営

日本資本主義の成長・繁栄を実現したもっとも主要な原因は「日本的経営」にある、という指摘がまず外国の研究者によってなされた。それに刺激・触発されて、日本の研究者もこの問題と取り組むようになり、いわゆる日本的経営についてのさまざまな議論が、国内外で戦(たたか)わされるようになった。

「日本的経営とは何か」という問題については、諸説が入り乱れており、まさに議論百出の感があるが、一般には労使関係・労務管理の側面が照射されている。この側面を重視すると、日本的経営と称されているものは次のように整理できるであろう。

　基本理念：親権的集団主義
　組織原理：身分的・年功的秩序
　雇用制度：終身雇用制

賃金制度：年功賃金制

福利厚生：恩恵的諸制度

上掲のそれぞれについても、さまざまな議論が行われてきている。また、「日本企業的経営」といわれているものの特色をより一般的に示すとすれば、表5.4のようになるであろう。

表5.4　日本企業的経営の一般的特色

事　項	特　色
対政府関係	協調的
労働関係	終身雇用制（少しずつ変化） 年功賃金制、ボーナス制度、定期昇給制 企業別組合（どちらかといえば協調的）（企業内の配転容易） 福利厚生施設にも力を入れる
経営者	所有と経営の分離（とくに大企業） 世襲制少なし（とくに大企業） 企業内出身（従業員からの出身）多し 従来は法文系出身者が多かったが近年技術系出身者ふえる
教育・訓練	年功的熟練を重んじてきた（近年変化） 企業内訓練多し（近年は外部での訓練もふえる） 海外留学盛ん、研究開発、情報開発に力
経営管理	りん儀制、提案制 経営参加は少ないが労働者の意思尊重（生産性向上運動など）
対社会・地域関係	企業城下町など緊密なところあり 「内なる国際化」がこれからの課題

出典：許建明『经营管理日语』中国农业出版社，2003.5.

1）日本企業の経営の特質

日本企業の経営の特質を構成する要素として、① 終身雇用（雇主と従業員との間の終身的関係）、② 年功賃金（基本給は年齢・学歴・勤続年数の函数である）、③ 年功昇進、④ 福利厚生、⑤ 身分制度（職員と工員との間の区別・差別）、⑥ 集団的意思決定などである。

2）日本企業の人事管理

　日本の経営は欧米の経営とどのような違いをもっているのであろうか。日本の経営は特殊なものではなく、欧米と特別な違いがあるわけではないと論じる者もいる。だが「終身雇用・年功制・企業別組合」の三本柱が、欧米にはみられない日本的経営の特質であり、三種の神器であると把握するのが一般的であり、常識化されている。

3）日本型人事システム

　第一に、若年優良労働力の吸収・定着である。第二に、吸収された若年労働者の教育・訓練である。これは退職時まで続く。第三に、教育・訓練した労働力の徹底的な有効利用である。第四に、不要労働力の排除である。日本の人事システムは上の4点について、独自の内容を備えており、欧米の契約型に対して、日本は所属型ということができる。

4）優良労働力の陶冶

　① 企業内教育・訓練とOJT：新入社員はその会社・職場で仕事をする上で必要な知識・技術・手続きを、上司・先輩により具体的に現場で教えられ、身につける。職場においてなされる特定職務の逐行能力の実地教育・訓練をOJTという。OJTにより職務に習熟し、一定期間が経過すると、社員は異種の職務または上級の職務に配置転換される。そこでまた彼らはOJTを受け、職務逐行能力を高めていく。OJTはTQC（総合的品質管理）やLRP（長期経営計画）とともに日本的経営の新三種の神器ともいわれる。② 教育・訓練の体系とアイデンティティ：従業員の教育・訓練は、OJTを中軸としながら、Off JTも併用され、専門職種別技能教育および階層別教育がな

される。下級・中級・上級の管理者教育・経営者教育が集中的・分散的に綿密なプログラム、スケジュールのもとに施され、さらには社外教育の機会も与えられる。また、技術的・技能的な教育訓練と並んで、社是(しゃぜ)・社訓(しゃくん)により会社の一員としてのアイデンティティを育む精神教育が施され、そこに社風が形成される。上司によるしつけ的な教育や生活指導も日常的に行われる。

4.3 日本の企業様式の特徴

1) 株式会社

日本の株式会社、とりわけ大企業においては、社長は取締役会において実質的に選出されるのではなく、事実上、前社長が取締役のなかから自分の後任を決めることが普通である。取締役会は、形式的には株主総会の下部機関と位置づけられ、株主の代理人として株主総会により選出されるが、実質的には社長によって従業員のなかから任命された取締役により構成される。欧米では主として会社の外部の人間が株主の代理人として取締役会を構成する(外部重役)のに対して、日本では内部重役中心である。彼らは株主総会に責任を負って社長の行動をチェックするというよりは、社長の部下であり、従業員の出世した者としての性格をもっている。すなわち、日本では社長や取締役は株主の代理や受託経営者ではなく、一面で従業員の代表という性格ももっているである。そこから日本では全員経営者的な意識が生まれ、OJT、TQC、JITなどの経営技術が自ら生み出される風土がつくり出される。

2) 日本型企業結合の独自性

日本企業は、企業結合のあり方についても独自の様式を持ってい

る。企業集団と企業系列がそれである。企業集団・企業系列は日本経済の閉鎖性・封建性の証拠として述べられることが多いが、これらに基づく独自の行動様式は、むしろ日本大企業の強さを支えるものであり、それゆえに貿易摩擦の一因ともなっている。

① 親子関係の企業系列

日本の企業は大企業を頂点とする企業系列を形成している。欧米においては組立工場の部品内製化率が高く、日本では低い。日本の企業は部品をそれぞれ下請け企業に発注しており、この関係が親会社・子会社の緊密な関係として、長期持続的に形成されているのである。親会社は多数の子会社・孫会社を階層的に従え、資金提供・役員派遣・技術の支援や共同開発、取引の継続など、企業存立のあらゆる側面で支援し、庇護・育成する。同時に、その見返りとして、子会社から納入される部品の品質の確保と向上、製品コストの引き下げ、納期・数量の厳守を求めるなどの専制的な支配がなされる。このような恩情と専制、庇護と絶対服従の関係を親子関係という。

② ワンセット主義の企業集団

大企業＝親会社を頂点とする企業系列をいくつか抱えながら、銀行・保険の金融機関と商社を中核とする企業集団（企業グループ）が形成されている。三井・三菱・住友・芙蓉・三和・一勧の六大企業集団がそれである。企業集団は、企業系列とともに、欧米にはみられない日本独自の企業の形態である。

六大企業集団のうち、三井・三菱・住友の各グループは、戦前の財閥が解体され、持ち株会社が禁止せられた戦後において、グループの諸企業が再結集し、形成されたものである。これに対して、後三

者は非財閥系の諸企業がそれぞれのメイン・バンクである富士・三和・第一勧銀の各銀行を中核として結合した企業集団である。六大企業集団はいずれも中核的な金融機関とグループ諸企業の株式相互持合いという自己資本と他人資本との結合を媒介とした結合形態である点において同じである。

　企業系列が大企業とその子会社・孫会社のタテの支配関係だったのに対して、企業集団は大企業同士の集団的な相互支援体制である。企業集団の結集は、金融的支援や融資ばかりでなく、株式の相互持合い、役員の相互派遣、社長会、各級レベルの相互研修会、情報交換、企業集団ごとのイメージ・アップ戦略など、各種の施策がなされている。さらに、新規事業の開発・発起が企業集団ごとに行われ、各集団はそれぞれ主要業種に有力企業を抱える戦略を展開している。これをワンセット主義という。

3）日本企業的経営のゆくえ

　日本的経営は日本の驚異的な経済成長の原動力であると同時に、欧米からは異質、アンフェアとみられるような特異な側面をもっている。そして長引く不況と雇用調整、過労死・単身赴任などが社会問題化するなかで、日本経済・日本企業の構造変革を求める諸外国からの対日要求がますます高まってきた。日本的経営はどこへいくのだろうか。

　日本的経営を、欧米のような契約型企業に変革しようとするなら、新規学卒一括採用の廃止と、企業別労働組合の産業別・職種別組合への制度的転換（企業規模別賃金から企業横断賃率への移行）が求められるであろう。すでにみてきたように、これらが日本企業に所属型の運命共同体的な性格を与えているからである。また、政

府各省庁による各企業への許認可・行政指導・補助金による保護と統制も見直されようとしている。近年提起されている地方分権、規制緩和はまさにこうした問題である。だが、その変革は困難であり、またその結果を展望することも容易ではない。

　日本的経営は、良かれ悪しかれ、日本における伝統的な組織原則・経営原則により形成されたものである。その功罪は何か、そのなかの何を守り、何を捨てるべきか。またそのとき、日本の企業や社会はいかなる状況を迎えるのか。さらに議論を重ねていかねばなるまい。

第6章　日本人の意識と生活文化

1. 信仰と意識

　日本人には、特定の宗教を熱心に信仰している人が少なく、宗教に無関心だと自らいう者が多い。しかし、一生涯を通じて不信仰というのではない。悩み多き青年期において、宗教への関心が示されることが多いが、これには人生哲学を求める気持ちも含まれている。壮年期には、忙しく働いて宗教からとおざかり、年を取ると再び宗教や信仰に近付くことが多い。

　「日本人の一般的な宗教意識には、キリスト教にいわれるような人格的な唯一絶対神はないのである。その代り、日常身近のあらゆる情象や自然現象の中に、神秘の生命を感じる。いわゆるもののあわれの意識である」と、磯部忠正氏は(1983年)で述べている。また、栄誉と恥を、生と死にひとしいほど重要視しているのも日本人の一つの信仰心である。

◎ 第6章　日本人の意識と生活文化 ◎

　日本人は価値観によって、周りと一致するのが価値と栄誉のあることだと認識している。いわゆる「栄誉」は、周りと合致することを最高の栄誉とする。「生きる」という価値が栄誉のためのものであれば、死の意義は恥を捨てることにある。日本の死亡者のうち自殺者の割合は3.3％で、世界の上位にある。これは、ここでいう栄誉と恥の制約、生と死の意義に対する意識である。

　日本人では、死を美しくする意識が強い。その原因は、日本では「死によって生かす」、自殺はそれ自体が潔い行為と見られ、罪悪視されることはないからである。これには仏教の厭世思想が果たした役割が大きく、武士道に対する信仰にも関わっている。

1.1　日本人の観念

　日本人の代表的な観念は、「和(わ)」を敬い「武(ぶ)」を尊ぶことである。「和」と「武」とは正反対のものであるが、日本人が「村」と「国」に対する理解の側面から見れば、そうでもない。

　「村」とは、生活、生産の群れとする範囲の小さい輪のたとえである。昔から、この「輪」の中では「和」が一番大切なことであり、親睦、一律のほか、他人と異なることを許さない。推古朝(593〜628)の聖徳太子は「憲法十七条」の第1条では、「和を以て貴しと為す」を道徳訓戒として定めた。

　周りと合致することは「和」を保つことができ、反対に「異なり」により「不和」が生じる恐れがある。その「異なり」はいくら美しいものだろうが、有能なものだろうが、真理だろうが、全く意味がなくなる。「不和」にならないうちに、周りと合致しないものに対しては、普通は「村八分」で対処する。これに基づく日本人のいわゆる中流

意識、団体主義、協調精神、絶対一致、内外区別などの意識が、いまだに強い。小中学校で頻繁に発生する「いじめ問題」はこの「村八分」からくる現代版であり、したがって学生の自殺事件にあたる当事者は「村八分」の被害者になったといっても過言ではない。

「国」とは、昔から征服と被征服の意味にあったろうか、すなわち「内」と「外」の関係である。日本では、昔からも強いものを尊び、勝ち取ったものを敬う。とくに中世に入ってから、武士の成長と武士団の勢力の拡大によって、もと奴隷だった武士は領地拡大のために政戦し、鎌倉幕府を成立させるまで成功した。そこで、「強武」と「勝利」に関する認識が補強され、「武」を尊ぶ風習が伝わってきて、今までも根強いと考えられる。

アメリカのR. F. ベネティクトは「菊と刀」という本の中で、恥の文化といわれる日本の国民性を論じている。その国民性の代表的な観念について、著者は書名に「菊」と「刀」という二文字で「和」と「武」の意味を表し、「和」を敬(うやま)い「武」を尊(とうと)ぶという日本人の観念を表している。

1.2 日本人の国民性

組織性 日本人は組織の中で泳ぐという言葉がある。自分がどこに所属しているかをつねに意識する。この組織の中で自分の位置づけや役割を明確しないと落ち着かない。それで自分の位置づけにしたがって行動する。集団主義といわれるように、集団では「異」を唱えたり、背を向けたりするものには「村八分」という処罰がされる。これは「内」と「外」という意識が強いという表現である。個々の人はこの「内」を離れると、うまくいかないと意識し、周りの

◎ 第6章　日本人の意識と生活文化 ◎

人々は、誰でもこの「内」を守らなければならないと意識している。

　序列性　日本人が何人か集まると、例えば年齢とか社会的地位など何らかの基準によりお互いの序列が意識され、それにより行動様式まで影響される。日本人は小さい頃から序列観念を形成する。今の学校でも、低学年の生徒が高学年の生徒を「先輩」と呼ぶのは一つの例である。会社に入ると、能力給より年功序列によって収入を決めるのが普通である。一つの団体に加わる新入者は、底辺からの努力を払わないと認められない。これは「家」制度や「村の政治」という根性からなるのであろう。

　同一性　日本人は一般に他人とかけはなれた行動を取ることを好まない。したがって自分の行動を決めるに当たっては他人がどう行動しているか、或いは他人からどう思われるかについて気にかけたり、それに影響されたりすることが多い。「出る釘は打たれる」ということわざがいうように、日本人の強い中流意識は代表的な処世術の表現を端的に表している。

　危機感　日本は、火山、地震、台風、豪雪、津波、雪崩、火砕流などの自然災害が多発する国である。自然からの恐れだけではなく、島国の閉鎖と開国の体験として、資源の欠乏などそれぞれの危機感を抱いて、とくに競争心の強い日本人はつねに危機感を感じるのは島国根性であるといわれる。

　芳賀矢一(1907)により日本人の国民性は、(1) 忠君愛国、(2) 祖先を崇び家名を重んず、(3) 現世的実際的、(4) 草木を愛し自然を喜ぶ、(5) 楽天洒落、(6) 淡白瀟洒、(7) 繊麗繊巧、(8) 清浄潔白、(9) 礼節作法、(10) 温和寛恕という10箇条が挙げられる。

● 2. 日本人の衣・食・住

　和服　日本女性の美しさを表現するものには、まず着物が挙げられる。その古典的な優雅と東洋的な気風が日本だけでなく、世界の人々にも魅了される。

　和服を総称して着物と言うが、一般的には長着(前でかき合わせて帯で締めるワンピーススタイルの現在の着物)を指すことが多い。長着は奈良時代に成立し、平安時代のころまでは下着として着用されたものであった。合わせて着用するものには、コートとする羽織もあれば、ズボン式のはかまもある。

　着物には、正装とする訪問着・晴れ着・花嫁が着る打掛け、自宅で着る室内着、着物の形をとって今でも愛好される浴衣・寝間着など、それぞれの種類と用途がある。

　現在では、結婚式や成人式などお祝いの儀式、正月や七五三などの祝祭日、お花やお茶と言った伝統芸能の師匠習いの場合、又は少数の職業上必要とされることを除けば、町ではあまり和服の姿は見かけられない。洋服スタイルを着る物の快適さと、着物の着付けの心得の難しさ、現代人の動きにも相応しくないなどの原因である。ここ数年で、着物の着用状況についてのアンケートによると、着物を着るのは、20代の女性は成人式と卒業式のときが多く、40代の女性は友人・親族の披露宴のときが多い。

◎ 第6章　日本人の意識と生活文化 ◎

図 6.1

和食　食生活が多様化にしている日本では、西洋料理(フランス料理・スペイン料理・イタリア料理など)、中華料理(北京料理・広東料理・四川料理・上海料理など)韓国料理・ブラジル料理・インド料理、またアジア諸国のエスニック(民族)料理などが人々に歓迎される。

　日本人が昔から食べている日本特有の料理も多い。伝統的な日本料理は和食という。寿司・刺身・てんぷら・すき焼き・おでん・納豆などが代表的である。

　和食生活には、伝統的に主食と副食があると考えられる。米を主食として、野菜や魚、肉などを副食とする。副食の調理には、生物(なまもの)・煮物・揚げ物・焼き物・蒸し物・酢の物・和え物・吸い物・干し物・つげ物などがある。

赤飯と鯛の説　赤飯はもち米に小豆を入れて蒸したもので、小豆の色が米について赤くなる。赤は火や太陽の色を表し、鯛は昔から

縁起のよい魚とされている、祝いの席には頭から尻尾まで完全な形のまま焼かれた鯛が出される。これには、形の完全さによって人を祝福すると言う意味がある。

住居 日本の住居が欧米と比べれば狭いと言われている。従来の低所得者対策としての公営住宅法による公営住宅の供給は、中堅所得者や高齢者向けのケースが増えてきている。近年、用地所得困難により、建設個数の半分以上が建て替えによるものである。

イギリスやドイツが全住宅の20％を越えるストックを持つのに比べ、日本の公営住宅はわずか4.9％である。低賃金で一定の質を確保したこのような住まいに誰もが住める状態ではなく、これを改善するため、建設省は、「第七期住宅建設5ヵ年計画」によって、1996年から2000までの5年間に42万5000戸の公営住宅を建設することとした。

要点：公営住宅 公営住宅は、月収11.5万円を越え19.8万円以下の階層を対象とする第一種公営住宅と、月収11.5万円以下の階層を対象とする第二種公営住宅とに分かれていたが、21世紀を間近に控え、大きく変化する経済情勢に対応し、高齢者や障害者などに対して、良好な居住環境を備えた公営住宅の供給を図るため、公営住宅法の改正・国の補助金の交付・家賃および入居条件の変更などを実施することとされている。従来の市営・県営などの自治体住宅には、環境共生住宅など新しいテーマに取り組み、福祉型公営住宅など長寿社会対応住宅設計指針似基づいて、福祉サービスまでも付帯している。

◎ 第6章　日本人の意識と生活文化 ◎

　日本人の住宅は、所有者の類型から言えば、持ち家や上記の自治体住宅のほか、公団・公社経営のものもある。形式から言えば、団地・賃貸マンション・分譲マンション・一戸建てなどがある。住宅内部の様式には和式と和洋折衷があるが、和洋折衷のほうが多い。

　伝統的な日本の住宅では、入り口は「玄関」といい、部屋と部屋の間のドアは「襖」と言う。和室の床には「畳」を敷き、部屋の仕切りや明かりとりにする建具は「障子」と言う。また布団類を置く「押入れ」を設け、床に座るときに「座布団」を使うのが普通である。

図 6.2

● 3. 衣・食・住の歩み

　和食を成立せしめた大きな要因は、米の生育に適したアジアモンスーン地帯のなかでも、とりわけ日本が米に特化した歴史を持ったことにある。しかし、このことは、日本人がいつも米を食べてきたことを意味しない。むしろ米食悲願民族といった方が適切で、米を

食べることを念頭に、歴史を動かしてきたのだといえよう。

　もちろん民族概念は、きわめて歴史的なものであって、はじめから米食を悲願してきたわけでもなく、米以外の肉や雑穀などで食生活を成り立たせてきた人々も、決して少なくはなかった。狩猟や雑穀の文化、飢餓の問題、下層民の食生活などを考慮するとき、一概に米中心の文化と、日本文化を規定してしまうことには無理がある。

　伝統料理の種類としては、本膳料理（冠婚葬祭などの儀礼的な料理）・会席料理（宴席料理）・懐石料理（茶の湯で茶を出す前に供する簡単な料理）・精進料理（魚介類や肉類を用いず植物性食品を使った料理）・御節料理（お正月に食べる、事前に用意していた料理）・郷土料理などがあり、日本人が、祝い事のときに食べる料理には赤飯と鯛の尾頭付がある。それらが日本の食文化を代表するものであったことを疑う余地はない。それぞれの時代に、海外との交流も含めて、文化的伝統を異にする人々あるいは集団のぶつかりあいの結果、さまざまな取捨選択を経て、日本文化の一部として独自の料理様式や食事のスタイルが確立した。

図 6.3

◎ 第6章 日本人の意識と生活文化 ◎

　それゆえ政治の実権の在り処、社会的生産や経済システムの在り方が、食文化を根底から規定し、それぞれの時代背景のもとで、いくつかの料理様式が生まれ、そして新たなスタイルへと変貌していったのである。和食とは、そうした歴史過程の所産として形成されたもので、その内容や概念は、時代によって異なる。

　しかも文化としてみた場合、必ずしも自国の伝統の単純なる発展ではありえなかった。海外からの文化要素が、想像以上に深く関与している。春日大社や平安神宮あるいは伏見稲荷など、朱もしくは赤と白壁の神社造りが、日本文化の伝統だと思い込んでいる人々も少なくない。しかし寺院には極彩色（ごくさいしき）の装飾が施されたため、神仏習合の結果、神社にも彩りが彩り込まれたのである。本来的に神社は素木造りで、伊勢神宮や出雲大社のような無地が基本であった。

　侘び・寂び　和辻哲郎（わつじてつろう）や亀井勝一郎（かめいかついちろう）（昭和期の文芸評論家、日本藝術院会員）たちは、大和の古寺を、侘び・寂び的な概念で評価し、極彩色の剝げ落ちた法隆寺（ほうりゅうじ）や唐招提寺（とうしょうだいじ）、薬師寺（やくしじ）などを絶賛した。もちろん彼らは、仏教が極彩色を好んだことや、外来の文化であったことを頭のなかでは理解しつつも、あえてそれらを直視せず、大和の古寺を日本的なものとして、日本文化の象徴であるかのように論じた。そうしたほとんどモノトーン的な古寺像は、古代の現実とはかけ離れたものでしかなく、近代的な美意識や観念の所産と見なすべきだろう。

　また侘び・寂びは、もともと中世的（ちゅうせいてき）な隠者風（いんじゃふう）の価値観に由来するが、戦国末期から元禄期にかけて、精神性に重きをおく一部の茶の湯や俳諧の世界で、観念的に昇華された美意識に過ぎない。むし

ろ当時の主流は、桃山文化・寛永文化の彩り鮮やかな豪華絢爛さにあり、そうした雰囲気は元禄文化の一部にも引き継がれている。

侘び・寂びの象徴でもある千利休(せんのりきゅう)や松尾芭蕉(まつおばしょう)が、広く評価されたのは同時代よりも後のことであった。日本の歴史においても、文化の評価をめぐって、しばしば逆転現象が起きているが、それ以上に海外から移入された文化要素が、日本文化のなかで大きな役割を果たしてきたことが重要だろう。

衣・住といった日本の生活文化についても、海外からの文化要素を抜きに語ることはできない。まず衣料については、織物技術のうちでも織機が縄文晩期には伝わったと考えられており、すでに「魏(ぎ)志倭人伝(しわじんでん)」の時代から絹織物(きぬおりもの)の存在が知られる。これらは中国大陸や朝鮮半島経由であっただろうが、それ以前の動物被服の問題を視野に入れれば、北方からの伝播を考えなければならない。

アイヌの人々による魚皮の利用を別としても、動物の皮を衣料とするための皮なめしは、文献的には五世紀末に、朝鮮半島から馬の脳を用いる技術が伝来し、国家レベルの工房でも採用されていた。しかしアイヌ民族には、これにツングース系の糞尿(ふんにょう)を用いる技巧が伝わる。北方由来の皮なめし技術が、五世紀以前あるいは以後においても、民間レベルでは盛んに用いられていた可能性も高いと考えられる。

さらに衣服にしても、古代律令国家では衣服令で、その詳細が定められており、中国的な衣服制度の影響が強かったことが窺える。さらに中世に一般化する袴は、西洋のズボンとは逆に、東回りで日本に伝わったもので、両者とも中央アジアの騎馬民族による二部形式の衣服スタイルに起源を持つ。衣料・衣服という生活文化にお

◎ 第6章　日本人の意識と生活文化 ◎

いても、中国・朝鮮といった西からの文化だけではなしに、北方経由の文化要素もまた日本文化の形成・発展に大きな役割を果たしたのだといえよう。

　次に住居にしても、全く同じような事情がある。もともと日本の住居には、半地下式（はんちかしき）と高床式（たかゆかしき）という二つの系譜があった。半地下式は北方文化の要素が強く、高床式は南方文化の影響を受けたものとされる。アイヌ民族の住居であるチセは南方的で、彼らの倉庫プーは、構造的には奄美（あまみ）・琉球のものに近似する。南方的な住居文化が、ヤマトを通過して、北海道に及んだと考えられる。

　また前近代の日本においても、一般庶民の住居は、多くが北方的な半地下式であった。すでに古代に、役所や寺院建築の場合に、礎石（そせき）立ての中国風建築が採り入れられた。しかし中世においても、寺院および貴族や一部の武士たちを除けば、ほとんどが堀っ立て柱の半地下式であった。

　現在に繋（つな）がるような礎石立ての高床式が、庶民に普及するのは、中世末から近世にかけてのことだった。住居文化においては、北方や南方からの影響が長く続き、そこに中国・朝鮮経由で、新たな建築技術が入って、日本家屋の構造が成立を見たのである。

　基本的に生活文化は、さまざまな国際交流の結果として生み出されたもので、海外からの刺激なしに、独自の発展を遂げることはなかなか難しい。とくに情報が国際的なレベルで飛び交うような現代社会においては、衣で言えば、ズボンやスカートといった西洋的衣服が一般化し、衣料には世界各地の素材が用いられている。

　また住居にしても、西洋化が進んで、畳の部屋が減少しイスとテ

ープルの生活が定着して、鉄筋コンクリートによるマンションやアパートが主流をなしつつある。もとより文化というものが一つの国で完結する、ということなどあり得ない。日本の内部における地域文化も同様で、さまざまな地域との交流の結果、取捨(しゅしゃ)選択されたものである。むしろ、そうした技術や文物などの交流と交易によって、地域文化の展開が保証されたというべきだろう。

もともと海外あるいはさまざまな周辺地域との交流が、日本文化を築いた大きな原動力であった。もちろん、日本人の先祖が、海外から入って来たものを、日本的に作り上げ、独創的な生活文化として築(きず)き上(あ)げた言って、そうした意味において、米を中心とした食文化の体系である和食も、間違いなく日本文化の結晶である。

しかし、その背景には、さまざまな国々の料理との、深い交流があったことを忘れてはならない、食は紛れもなく文化であるが、もっとも身近な生活文化は、国際的な文化交流の結果、選択され創造されて来たものばかりであった。

ここに日本文化、というものを考える重要な視点がある。日本文化というと、伝統という言葉にとらわれ、閉鎖的で排他的なイメージを持(も)ち勝(が)ちであるが、伝統自体が風土と歴史によって築(きず)かれたという点に留意する必要があろう。

和食という文化は、実に長い歴史の過程で、米という主軸を核としながら、さまざまな国々からの多様な産物や、調理の技術を摂取して、日本国で徐々に形成された料理の体系である。そしてそれは、とりもなおさず日本歴史の所産であり、生活文化に限らず、伝術や宗教、思想といった体系も含めて、日本文化そのものの本質を端的に物語る好例なのである。

◎ 第6章　日本人の意識と生活文化 ◎

　和食とは何か？　日本人は、さまざまな国の食材や料理を、日本に居ながらにして手に入れ味わうことができる。デパートやスーパーなどには、世界中の珍しい食材や調味料なども揃えられており、さまざまなエスニック料理を、各地のレストランで食することや、それらの調理済みの料理を購入することもできる。

　しかし、そうした食料事情のなかでも、やはり和食が最大の人気メニューであることに疑(うたが)いはない、この和食とはいったい何であろうか？　この問題は、極めて難しい。海外の日本食レストランには、ほとんど例外なくトンカツがあるが、トンカツが和食なら、カレーやラーメンも和食か、という疑問が浮かび上がってくる。

　これに関しては、トンカツやカレーあるいはオムライスなどを洋食と規定し、西洋料理のうち日本化した料理を洋食とする見方もある。しかし「洋食」の語は、幕末・明治期に登場するもので、明らかに西洋料理を指している。それらを和風洋食とするならわかるが、日本式西洋料理を洋食と呼ぶことには問題があり、同意できない。もちろん典型的な和定食を思い浮かべれば、あくまでも刺身か焼魚・煮魚に、冷奴あるいは煮物といった組み合わせとなるだろう。

　ところが、歴史的な味覚体系を考慮した場合には、味噌や醤油といった調味料が重視されるが、基本的なスタイルとしては、米の飯に味噌汁と漬物があれば、おかずは何であろうと和食となる。トンカツでも焼き肉でもハンバーグでも、たちまち和定食ができあがる。焼き肉やハンバーグでも、大根おろしを添えて醤油で食べれば、立派な和風料理となる。今、ここであえて和定食・和風料理という言葉を用いたが、これに日本食・日本料理という語を加えても、これらを和食と称することに違和感はないだろう。

じつは和食という概念は、極めて曖昧なのである。「和＝日本」という公式自体に問題はないが、厳密には和風料理と日本料理とは別物だ、という意見もあるかもしれない。たしかに「和」と「和風」の間には、言葉の上で大きな違いがある。しかし、これを「日本」「日本風」と置き換えた場合でも、それらが意味するものは曖昧なままだろう。ここで日本とはなにか、という大問題に直面することになる。

　日本とは何か、と聞かれて、その実体を即座に説明することは、極めて難しい。日本という言葉の中身や実体は、時代によって変化するからである。はじめは「日本風」であったものが、いつのまにか「日本」となる。あえて歴史的な見方をすれば、「日本」も「日本風」も同じことになる。はじめから日本という実体があったわけではない。歴史のある段階で、「日本」が登場したに過ぎない。

　ここで和食の問題に戻してみよう。和食をイメージするには、外国人を登場させれば良い。もし外国の客人に、和食をご馳走するなら、まず何を思い浮かべるだろうか？おそらく多くの人々の頭には、スキヤキ・テンプラ・スシといったところが浮かぶだろう。しかしよく考えてほしい。スキヤキは明治になって登場した料理であるし、テンプラも南蛮由来の料理で、江戸時代の初期に始まり、徳川家康は鯛のテンプラにあたって死んだという説がある。スシは確かに古いが、もともとは東南アジアの水田地帯で発達した調理法で、その延長戦上に、握り寿司が江戸後期になって生まれたのである。

　和食を代表する三大チャンピオンも、中世にまで遡ることは不可能である。しかし、これらを和食の範疇に含めない日本人はいな

いだろう。これらの料理の詳細については、それぞれの時代の本論とコラムで扱うことにするが、実は、和食という言葉は、明治以降に生まれたものである。明治の文明開化によって、西洋料理・中華料理などが入ってきたとき、それらと区別する意味で、和食という概念が成立したし、日本料理という意識も、このときに芽生えたと考えて良いだろう。

4. 礼儀作法

「**礼儀作法**」　日本人は握手が得意でない。挨拶をする時、先に「お辞儀」をするのが基本的である。立ったままの場合は、足を揃えて直立し上体をかがめて頭を下げる。軽い会釈から、体を90度に折るお辞儀まで、頭を下げる角度はさまざまであるが、普通は会釈、普通礼、敬礼などがよく使われる。

要点：お辞儀の仕方　お辞儀には普通は3種類がある。会釈：上半身を約15度傾ける（挨拶やお礼をするときに使う）。普通礼：上半身を約30度傾ける（一般にお客さんを迎えるなどのとき、または儀礼的な時に使う）。敬礼：上半身を約45度傾ける（一般的にお客さんのお見送り、お礼、お詫びなどのときに使う。)

日本人の家を訪ねる時に、玄関でお辞儀をしてあいさつするのが一般的であるが、日本人はきれい好きなので、日本人の家の部屋に入る時に絶対に靴を履いたままで入ってはいけない。畳の部屋では、挨拶の場合、必ず座って、「正座」の姿勢で身をかがめ、両手を前について頭を下げる。すなわち「正座」の姿勢であいさつをする。

「正(せい)座(ざ)」 畳の上での正しい座り方であり、その姿が両(りょう)膝(ひざ)を揃えて足を折り、かかとの上にしりをのせて座る姿勢である。その他、畳の上での楽(らく)なすわり方(がた)には「あぐら」や「よこずわり」がある。「あぐら」は、足を前で組んで尻を床に落とす。「あぐら」は男性の座り方であるのに対して、正座の足を少し横にくずした「横座り」は、主に女性に見られる。

5.「癒(いや)し」が関心事に

「癒し」という言葉が、最近あちこちで見かけられるようになった。マスコミにも取りあげられるし、セミナーやシンポジウムなどもあるようである。これはどうしてだろうか。「癒し」ということは、世界中で随分と古くからあったと言えるだろう。人間が生活している限り「癒し」の必要性は生じる。しかし、たとえば日本の中世のように、特にそのことに人々が高い関心を寄せる時期があるようだ。それが現代日本において―実は日本とのみ言えないと思うが―なぜ人々の注目を呼ぶようになったのであろうか。

「癒し」を『広辞苑』第四版で引いても出ていない。動詞の「癒(う)し」はあって、「病気や傷をなおす。飢えや心の悩みなどを解消する」と記載されている。病気、傷、飢餓などというと、現代は古い時代と比較すると極端にそれが減少しており、その対策も進んでいると言えないだろうか。日本のことに限定して言うと、長い間戦争もなかったわけだし、これほど人々の苦しみの少ない時代はなかったとさえ言えるだろう。それがどうして「癒し」にこだわるのか。それを求

◎ 第6章　日本人の意識と生活文化 ◎

める衝迫性(しょうはくせい)という点から見れば、仏の救(すく)いを求めて人々が喘(あえ)いだ中世と何か事情が似ているようにさえ思えてくる。何かが欠けている、何かが足りない、そこに生じる不安を解消して欲しいという願いが、現代の日本人のなかに相当に強くなっているのである。この「何かが足りない」という感じは「飽食(ほうしょく)の時代」などと言われる、物の豊かさと好対照をなしている。

　現代において「癒し」について多くの人が関心を寄せるのは、「心の癒し」ということではなかろうか。阪神大震災の場合も、被災者に対する「心のケア」のことが、マスコミによく取りあげられたし、一般の人々から思いがけない支援を受けたりした。関東大震災のときは、こんなことはまったくなかった。奥尻島(おくしりとう)のときでさえ、少数の専門家以外、このことに関心を示す人など居なかった。被災者の心の傷に対して、何とかしなくてはと感じたのは、一般の人々自身の心の傷や、その癒しということへの関心が共鳴したからではないだろうか。自分自身の心の傷の存在に関する認識が、それがたとい半意識的なものであるにせよ、他人の心の傷の癒しの問題に共感を生ぜしめると思われる。

　このような状態になってきたことには、多くの要因が考えられる。先に「飽食の時代」と述べたように、現在の日本では「もの」が豊富にある。かつてのように「もの」が不足しているときは、そのことが最重要なこととなって、心のことなどにわずらわされる暇がないのが実状である。もちろん、心も傷つくことが多い。しかし、それよりも今日食べること、明日生きることが切実な場合は、そちらの方に全エネルギーを取られてしまう。その点で、心の癒しがこれほど一般の関心を呼ぶようになったのは、日本の社会が豊かになった

証拠であるとも言うことができる。これは有難いことと言ってもいい。

　しかし、喜んでばかりも居られない。物が豊かになり便利になったのはいいが、その生活を維持するために、われわれは心の傷を深くしていないだろうか。たとえば、高い経済水準を保つことや、女性の地位の向上によって、夫婦共かせぎの家が増えている。しかし、このために夫婦、親子の間で無用の争いが増えていないだろうか。あるいは、争いもなく平和に生活しているように見えながら、それは家族のなかの誰かの犠牲によって支えられていて、長年の平和の後に、耐え切れなくなった犠牲者が爆発を起こし、大変な状況になっているところはないだろうか。あるいは、一見平和にすごしているように見えながら、それは家族の成員が心のつながりを切ることによって、争いを避けているだけであり、そこには冷たい関係があるだけで、心の休まるときがない、ということになっていないだろうか。

　いわゆる発展途上国と呼ばれている国に行き、子どもたちが蛙（かえる）をふりまわしてキャッキャッと笑い、老人が微笑してそれを眺めている光景などに接すると、これだけの明るい顔や、気高い顔を、日本で見ることができるかな、と思ってしまう。ともかく都会ではお目にかかれないだろう。

　こんなことを言っても時代を簡単に逆転させることはできないし、『昔はよかった』を連発していても何もはじまらない。人間の心というのは不思議な存在で、どんどんと「もの」を欲しがり、それを手に入れる方法をつぎつぎと考え出し、それによって自分自身を圧迫するようなことをやる。そして、それをやめるのもまた不満、と

いう存在である。したがって、われわれは現代という時代に生きながら、そのなかでの「心の癒し」を考えていかねばならない。

現代の日本に生きる人間として、物の豊かさや、生活の便利さを享受しつつ、かつ、心の癒しについても配慮する。このことが必要になる。しかし、これは大変困難である、という自覚がまずなければならない。後にも述べるように、現代はテクノロジーが発達して、何でも手軽にできるので、手軽な方法に頼ろうとする人が多すぎる。それは無い、とあきらめることが、まず第一歩である。では、どんな方法があるのか、それについてこれから考えていくのだが、そのために、体の癒しの方について考えてみよう。こちらの方が考えやすいと思うからである。

5.1　心と体をわけられるものか

人間というのは不思議な存在である。いくら「研究」してもわかるはずもないが、それを何とかしようと古来から人間はいろいろと工夫を重ねてきた。そして、人間にとっては不可解な存在を前提として、それと照らし合わせることによって人間を見る、ということを、すべての人類が考え出した、ということは注目すべきことである。神、仏、その他の名はいろいろとしても、人知を超える存在が、人間理解に必要とされた。しかし、これは「不可解なもの」を「不可解なもの」によって説明しているだけではなかろうか。

病気になった人が治るようにと神に祈ったとしても、治るときと治らぬときがある。前者の際は祈りが通じたのであり、後者の際は祈りが通じなかった、などという説明に満足できるだろうか。西洋の近代人は、このような説明に満足できず、人間の知によって理解

できることに頼ろうとした。そのためには人間を心と体に分離して考え、体の仕組みを研究することをはじめた。この試みは大成功し、これまでは神の手—宗教家の手—にゆだねられていたことを、専門家という人間の手にゆだねることができるようになってきた。

医学は種々の病気の原因を究明し、それによって原因を除去したり、予防したりできるようになった。近代医学の発達によって、伝染病は極端に少なくなったし、不治の病と思われていた病気も治療できるようになった。「癒し」が宗教家の手から医者の手に移ったのである。しかし、話は簡単ではない。身体の障害でありながら、身体をいくら調べても原因が見出せない「病気」があることがわかってきた。これは現在では一般にもよく知られるようになってきたが、心の傷が原因となって、身体に障害を起こすことが生じるのである。十九世紀末に、フロイトはそのような点を明らかにし、精神分析という方法によって、その原因を究明し、治療ができることを示した。

フロイトが初期に主として取り扱っていたのは、ヒステリーであり、心理的な外傷体験のために、身体の機能に障害が生じる、という病気であった。この際、手足が動かない、目が見えないなどの症状が生じるが、身体の器官そのものは障害を受けていず、そのはたらきだけがうまくいかないところに特徴がある。

このような病気に対して、精神分析は癒しの力を発揮することができた。これも画期的なことであり、心の問題を宗教家や哲学家の領分としてではなく、「科学的」な方法によって—当時はそう考えられていた—取り扱えることを示したのである。

精神分析、およびその他の考えに従って、今世紀には多くの心理療法が誕生した。これは、それまでは魔術や呪術などに頼って解決

◎ 第6章　日本人の意識と生活文化 ◎

しようとした心の癒しを、何とか「科学的」な方法によって行おうと苦労を重ねてきた。このときに支えになるのは、近代科学とそれに連携して発展してきたテクノロジーの発展と成功ぶりである。その方法論に従って心理療法の技術を発展させていけば、多くの体の病気に対する治療法が見出せるように、心の癒しの方法も見出せるのではないか、と考えた。

　この方法によると、神や仏、あるいは、きつねとか霊とか、ともかく不可解な存在を前提にする必要がない。それと、しっかりした方法が確立される限り、誰でもそれを修得すればよく、誰に対しても適用できるし、効果も保証される、とよいことずくめである。従って、このような考えに拠って心理療法の発展が考えられてきたが、近代のテクノロジーのようには、なかなかうまく事が運ばない。ある程度の成果はあげることができるが、もうひとつはかばかしい結果が得られない。

　ここで、これまでの近代科学の方法論に対する反省が必要になってくる。まず言えることは、心と体を分離して考える態度に対する疑問である。人間を全体として見るときは、これらを簡単に区別できないし、心と体が微妙に関連し合っている事実は、日常的にもよく経験することである。そして、現代は心身症という病気が増えてきているために、ますますこのことを痛感させられる。

　たとえば、アトピー性皮膚炎という病気が、この頃では非常に多くなっている。しかし、アトピー性皮膚炎の「原因」というのは、現代の医学では明確にされていないし、一般に通用する治療法は確立されていない。それにしては、「アトピー性皮膚炎の治し方」というような書物などがあるではないか、と言われるが、それは確かにある人に、ある場合に効果を発揮するかも知れないが、誰にでも通用するのではない。

近代科学の方法は、そこで得られた結果が「普遍的」で「客観的」であり、いつでもどこでも通用するところに魅力があったはずである。それができないのは、そもそも、人間の心と体を区別して原因を探究するという方法そのものに問題がある、と考えざるを得ないのではなかろうか。アトピー性皮膚炎は心身症と言われる。つまり、心と体を分離して、どちらかに原因があるという方法論では解明できないのである。

　一人の人間を全体存在として見るならば、どうしてもそこに「個別性」が存在することを考慮せざるを得ない。しかし、個別性を極端に強調すると、そこには科学はまったく成立しないことになる。ひとりひとり異なるとしか言いようがない。

　近代医学が成果をあげているのは、やはり、人間一般に通用する部分があるからである。このことも忘れてはならない。しかし、心の癒しについて考えるとなると、人間一般に通用する面と、個別に異なる面の両方を考えねばならないのではなかろうか。そして、人間の個別性を強調するならば、事物に対しても、ある石が、ある人にとっては単なる石コロであるのに、他の人にとっては何ものにも代え難い貴重品であるというように、その意味が変化し、極めて多義的になることも認めねばならぬのではなかろうか。

　このような反省をしてくると、近代科学の観点からは「迷信」とか、「ナンセンス」と思われていたことに対しても、もう一度真剣に取りあげる必要が感じられてくる。

5.2　インキュベーション

　古代の癒しのひとつとして、インキュベーションということがあった。心のことにしろ、体のことにしろ、癒しを望む者は、自分の信

◎ 第6章　日本人の意識と生活文化 ◎

仰する神仏の祀られているところに行き、心も体も清らかにして、参籠する。インキュベーションは鳥の卵の孵化の意味であるが、参籠してお告げを待つのが、卵が孵化するイメージと重なるために、このように名づけられることになった。

　ここに簡単に示したことは、実際に行うとなるとこまごまとした規則や作法などが関係してくるし、神仏のお告げを取り次ぐ司祭の有無や、お告げを夢に見るとしても、その夢判断をする人の有無など、いろいろなことが関係してくる。しかし、ここでは、そのような細部にこだわらず本質的なところについて論じる。

　日本でこのようなことは古くから行われていた。中世の物語や説話などにそのことが語られている。一般によく知られているものとしては、現代は「わらしべ長者」の話として昔話にも語られるが、『今昔物語』などの中世の説話に記載されている話では、親類もなく無一物になった男が長谷寺に参籠する話がある。これはインキュベーションの典型で、長谷寺という寺は、このようなインキュベーションの場として有名だったようである。結局、この男は仏のお告げで、寺を出るときに何であれ手につかんだものを大切にするようにと言われ、それに従って最後は長者になるのは、多くの人の知るとおりである。

　古代ギリシャでもよく行われ、ギリシャの医術の神アスクレピオスの神殿においては、インキュベーションが多く行われたことが、伝えられている。ギリシャにおけるインキュベーションで強調されるひとつの考えは、「傷つくことによって癒す」ということである。肩の痛みという症状をもって参籠していると、医神アスクレピオス自身がその痛みを引き受けてくれ、それによって癒される、という考

えである。つまり、神はそこに参籠する人たちの傷を、自ら傷つくことによって癒してくれる。神はその無限の力により、自分の引き受けた傷を自ら癒す、と考える。

インキュベーションの癒しは、先に述べた西洋近代の医学的治療法と著しい対照を示している。後者の場合は、人間の知によって原因を見出し、それに対処する方法を考えていくのに対して、前者はただ神仏の力に頼るのみである。それがたとい「藁(わら)しべ」を大切にせよというような、人間にとって不可解なことであっても従わねばならない。

前者は現象の因果関係の把握を基礎にして方法が考えられるのに対して、後者では非因果的な偶然の一致と思える現象によって癒しが行われる。このように両者はまったく異なっており、西洋近代の考えが優勢なときは、後者は—少なくともアカデミックな世界では—まったく無視されるようになった。

しかし、最近になって、インキュベーションそのままではないが、このような考えを修正した方法が心理療法においても用いられるようになった。それは、人間を対象に考えるとき、近代科学の方法が通じないところがあるのを、だんだんとわれわれが知ってきたからである。インキュベーションの方法を取り入れるにしても、もちろん、そこに神仏などの絶対者を導入するわけではない。しかし、人間の知によって治療者が操作を加えるというのではなく、むしろ、治療者は被治療者と共に、癒しが生じるのを「待つ」ことになる。それは神仏によってなされるものではないが、人間の内部の可能性の発見によって、あるいは、外的な思いがけない事象によって、生じるのである。

このような方法に頼ろうとするときは、治療者は忠告したり、助

◎ 第6章　日本人の意識と生活文化 ◎

言したりするのではなく、ひたすら患者の言うところに耳を傾けて聴くことになる。そうしていると、患者の方にその人も思いがけない考えや、方法が浮かんでくる。自分でもそれまで思いもかけなかったことが出てくるのは、神のお告げを聴くのに等しい。あるいは、意識的に思考するのをやめて、夢に手がかりを得ようとする。これは古代のインキュベーションで神のお告げが夢に示されると考えたのと、軌を一にしている。ただ、夢をそのまま字義どおりに受けとるのではなく、自分にとっての夢の意味を考え出そうとする点では、古代と異なっているとも言える。

　しかし、時には「夢によって癒された」と言っていいようなときもある。解釈とか何とか言わなくとも、夢の体験そのものが癒しになるのである。このような「癒しの夢」と言える夢を、阪神大震災の被災者で見た人もいる。大切なのは、癒す力が本人の内部に前もって存在していることである。

　ただ、各人の内部に潜在している癒しの力を活性化するためには、何らかの「道具立て」が必要なときがある。古代のインキュベーションには特定の場所や儀礼が必要だったのと同様である。現代の心理治療法においては、治療者と患者との深い人間関係を土台にして、それを行おうとする。きめられた時間に、きめられか場所で、二人の人間が会う。治療者は積極的に何かをするのではなく、ひたすら患者の内的な心の自然なはたらきを尊重する。

　このとき、そのような心のはたらきを夢によって知ることもあるが、絵画、箱庭、粘土細工などの非言語的な表現によって示してもらうこともある。後にも触れるが、あらゆる伝授的な表現が大きい意味をもつ。

古来は大きくひっくるめて宗教のこととして人間に体験されていたことが、特に西洋の近代においては、宗教、哲学、医学、心理学などに分化し、そのために著しい発展をしたが、そのために人間は分裂の危機に瀕し、それの「癒し」として意識されることが、もう一度、人間の全一性を取り戻そうとする動きを促進している。このような点が、現在において「癒し」に対する高い関心となって現れている。そして、インキュベーションなどの古い方法に新たな関心を寄与せることにもなるのである。

5.3 死とたましい

癒しというとき、普通は心のことであれ体のことであれ、何らかの欠損からの回復ということが考えられる。しかし、人間は死を免れることはできない。死からの回復はあるのか。

こう考えると、すべての癒しの問題は、人間にとって避け難い「死からの回復」ということと深いところでつながっていると感じられる。この連動の程度が強いときは、少しの欠損状態でも心は激しく揺れるし、回復は容易に生じない。

死からの回復について多くの宗教が古来、その解答を見出そうとして努力してきた。そこにおのずから生じてくるのは、「魂」という存在への思いである。人間の死によっても消えることなく、永久に存続する魂がある。その魂は死後どのようになるのか、魂のよき存続をはかるためには、生きている間にどのようなことをするべきかが説かれた。それを絶対的に信じ得た。そして、信じ得る人は「癒し」の根本を知っていることになる。

魂の存在を信じたからと言って、人間の死が避けられるわけではない。それが天国への生まれ変わりと知っているとしても、死が人

間にとっての大きい欠損であることには変わりはない。したがって、ここでの癒しは、欠損を元の状態に返すことではなく、それを受け容れることを意味する。一個の人間全体のなかに、死がいかに調和的に受け容れられるか。

多くの宗教が古来魂の説明のために用いてきた「事実」—たとえば、天国と地獄の存在とか—は、現在の自然科学の見地からは承服できないことが多い。祈りは通用するかどうかわからぬが、ある種の外科手術は完全に人の命を救う。自然科学の勝利にわれらも暫く酔いしれていたが、最近になって、人々はどんなに努力しても、人間にとって老いや死は避け難く、そこには自然科学的「癒し」がないことを、はっきりと意識しはじめた。これは当然のことである。

5.4　創ることと癒すこと

「癒し」について、心理療法との関連で論じたが、実のところ、アメリカのアカデミズムにおいては「科学的」方法論に対する固執が非常に強い。インキュベーションとの関連で述べたような考えは、むしろ、大学外の研究所、あるいは、少数の大学においてのみ認められている、と言っていいであろう。しかし、日本においては、もともと人間を操作の対象として見ることに抵抗があり、人間関係を個対個の関係として見るよりは、一体感を強調する傾向をもっているなどのことから、これまでに述べてきたインキュベーションをモデルにしつつ、それを近代化した方法が優勢である、と言っていいだろう。

ただ近代の心理療法と昔のインキュベーションと異なるところは、癒される者が何らかの創造的な仕事をしなくてはならぬことであろう。創造の契機はすぐにやって来るものではなく、それまで

は、癒す者と癒される者は共に、あらゆる意識的努力を放棄して「待つ」ことが必要である。このときに「神のお告げ」はないにしても、新しい可能性が動きはじめる。昔と異なり、われわれは人間の個別性を重んじるので、そのときどんなことが生まれてくるかはわからない。そして、それが個人によって異なるという意味で、何らかの新しさをもっている。つまり創造につながる。

　新しい可能性の発想と言っても、それが形をもつためには表現の場を必要とする。それは新しい人間関係、仕事として示されるかも知れない。あるいは、むしろ治療の場で、絵画とか箱庭の作品とか、時には詩や文学として表現されることもある。創ることが癒しになる。

　絵画や箱庭などというと「感情の発散をさせるのですが」と言われたり、これで「心のなかを分析されるのですか」と言われたりする。そんなことではなくて、創ることそれ自体に意味があるのだ。感情の発散をすると、少しは楽になるかも知れないが、癒されはしない。それまで抑えられていた感情が単に発散されるのではなく、自分のものとして「体験」され、自分の心に収まることがなければならない。そのためには、それは自分にも納得のいく「形」をもつ必要がある。

　癒しというと、苦しかったことが癒されて楽になることのみが意識される。しかし、実際は、簡単に楽になるのではなく、むしろ苦しみを深めることが先に求められることが多い。新しいものの創造には苦しみが伴うからである。苦しまずに癒されることはない、とさえ言えるだろう。

　阪神大震災の後で、被災した人に話をさせたり、絵を描かせたりするといいということが強調された。しかし、残念なことにこれは手軽なテクニックとして受けとめられ、ボランティアの人々が、被災体験について話を聞いたり、絵を描かせたりしようとした。これは

◎ 第6章　日本人の意識と生活文化 ◎

ナンセンスである。表現する人と表現を受けとめる人との間に人間関係があり、その表現を理解し、共感できてこそ、そのようなことに意味があるのだ。癒しが単純なテクニックでできるはずがない。癒す者と癒される者の協同作業が苦労を通して結実していくときにのみ、それが生じる。

　すでに述べたように、すべての癒しの根本に「死の癒し」ということが存在している。したがってそれは「欠損からの回復」などというイメージで単純には語れない。こう考えると、人間にとって「癒し」ということは、一生の間続くプロセスだとも言うことができる。創造が必要と言ったが、考えてみると、自分が生きる生涯は他にかけがえのない「作品」である。毎日毎日をいかに生きるかは、その作品の完成につながる。したがって、自分は伝術的才能がないから、などと考える必要はない。うまくいくときは、ちょうど適切なときに適切な人が現われ、その人間関係のなかで創造活動が行われていると感じる。「生き甲斐がない」とか「生きる意味がない」ので、生きていても仕方がないと言っていた人が、「生き甲斐を探し」、「生きる意味を見出す」ためにいま生きているのだと思うようになったことがあった。創造活動をするのに、他からの答えを期待するのはまちがいである。自分で発見しなくてはならない。

　日本人は、これまで心と体とか、精神と物質とかの区別を行わずに生きてきたので、「もの」についての些細なことや日常的なことについても、そこに心が付随していると感じられるような生き方をしてきた。お茶を飲んだり、掃除をしたりすることのなかに心のことが伴い、そんななかで癒しが行われた。俳句や短歌をつくる人を「詩人」と呼ぶとすると、日本は詩人の数が人口比にして世界一多いのではなかろうか。

そこへ物と心を区別する方法によって、豊かな物質文明を誇る西洋の生き方が導入され、日本人はそれを急速に取り入れた。しかし、そのような方法による「もの」の豊かさは「こころ」の貧困を意識させる結果につながる。

そんなわけで「癒し」ということが、多くの人の心を捉えるようになったと思われる。西洋の場合は、物と心を区別する考えを押しすすめながら、それはキリスト教によって支えられるはずだったが、最近ではそれも大分怪しくなってきたようである。そこで「科学的」に人間の心の問題を考える形での心理療法が盛んになるが、それにも限界があることは、すでに述べたとおりである。

日本人はしたがって、西洋の真似ばかりすることをこの辺でやめにして、このような豊かな物を享受しつつ、心の癒しをどうするのかについて、今後自ら考えていくことが必要であろう。インキュベーションを近代化した考えとか、箱庭療法を、創ることによる癒しの過程として捉えるような考えを、今後とも発展させて、それを欧米の国において発表していくことが必要であろう。他の考え方に触れて磨かれることが、大切であると思うからである。欧米のアカデミズムも変化しつつあるので、このようなことは今後さらに可能となるであろう。

5.5　いじめと「内的権威」

中学生のいじめの激化と、それによって引き起こされた自殺については日本人全体が関心をもち、多くの論議がなされ、それに対する対策案なども、つぎつぎと提示された。何と言っても、前途有為な少年少女が自殺したことには、多くの人が耐えられない痛みを感じたであろう。したがって、「いじめの根絶」とか「いじめをなくそ

◎ 第6章　日本人の意識と生活文化 ◎

う」などのスローガンも、あちこちによく聞かれる現状である。

　ひるがえって、いじめについて考えてみえると、その根の深さと広さに気づかされる。文化や時代の差を超えて、それは遍在すると言えるのではないか。いわゆる「シンデレラ」型の昔話は、世界に広く存在している。日本の神話でも、大国主は多くの兄弟たちからいじめられて命を危うくする。いじめの歴史は随分と古い。人間の心のなかには、怒り、憎しみ、他を傷つけることの快感、などの傾向があるが、これらは普通あまり表出することができない。それが、いじめの場合は自分を安全な場においてそれを行うことになるので、相当な誘惑（ゆうわく）を感じさせる。このことが時間、空間をこえて、思いの外に人間一般にいじめの行為が多いことを説明する要因のひとつである。対等の立場ではなく、多数の力や権力、圧倒的な腕力（わんりょく）などの一方的な優位さを利用して、相手に否定的感情を投げつ（な）けるのは、極めて卑劣（ひれつ）な行為であるが、つい誘惑に負けて、行なってしまうことになる。

　いじめはこのように極めて遍在的であるが、現在の日本において、特に問題とされるのは、それが頻度（ひんど）、残酷（ざんこく）さ、陰湿（いんしつ）さ、などにおいて従来と、あるいは他国と比較して程度がひどい点にある。それが中学生を死に追いやってしまったりしていることは周知のとおりであるし、中学生の女子の場合でも、その身体的ないじめの程度は、一般の想像をこえるものがある。

　しかし、かつての日本の軍隊内のいじめは、もっとひどかったと言えるかも知れない。それはいじめとは言われず、「精神を鍛える」という名目でなされていたが、内容は明確にいじめと見てもいいだろ

う。おそらく、これによって命を失った人も相当あるのではなかろうか。それらは隠蔽されたので明るみに出ることはなかった。

いじめは日本人にとって相当に深いところまで喰い込んでいる現象なので、単純にスローガンをかかげても、それほど簡単には解決しないと思われる。したがってこれを考えるには、少し根本的なことに関連して考え直してみることが必要であろう。

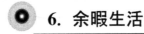 6. 余暇生活

池田内閣所得倍増計画約30年、その流れをくむ「経済の宮沢」とした宮沢喜一の主導の下に、1992年6月に「生活大国」という看板を掲げた新経済計画が発表された。それは「資産倍増計画」としアピールされてきた。

日本人は仕事しか知らない蜜蜂だといわれる。海外旅行や休暇日数などが欧米諸国より遅れているが、近年、生活大国を目指す意向が強くなった。それには時短、良質住宅の確保、通勤ラッシュ緩和などの内容が含まれている。

6.1 「レジャー」

レジャー生活では、まず旅行・キャンプまたは季節に合わせて夏には海水浴、冬にはスキーなどが盛んになっている。遊びと休みをあわせてレジャーという言葉で総括できる。

日本では、レジャーは一種の流行りになり、人々の仕事以外の追求になり、人生の生きがいの一つになった。余暇に求める楽しみや

目的として、最も多くの人があげたのは、「心の安らぎを得ること」と「友人や知人との交流を楽しむこと」であった。これらは日本人の代表的な余暇動機と言える。

日本人はスポーツを大事にする。スポーツはレジャー生活の一環として不可欠である。アジアの都市で最初に行われたオリンピックは、1964年の東京オリンピックである。続いて1972年の札幌冬季五輪と1998年の長野冬季五輪も日本で行われた。

日本ではスポーツ施設が発達している。各小・中学校までも温室プールや室外プールが普及され、住民たちは、各地域のスポーツ施設が安く利用できる。東京ドームは、日本一大きい室内全天候型の自動安全制御装置の付いた野球場で、5万6000名の観客を収められる。

6.2 娯楽とスポーツ

1) [パチンコ]

人をリラックスさせる遊びに、まずパチンコを挙げられる。パチンコはギャンブルとは言えないが、玉を景品に換えることができるので、ギャンブルの一種になる。バネで鋼の玉をはじき、当たり穴に入れると玉がたくさん出てくる日本独特のゲームで、大衆遊戯として定着している。

図 6.4

2）碁・将棋

　日本では最も普及されている室内の娯楽には、碁、将棋、麻雀などがある。

　碁　すなわち囲碁は8世紀に中国から伝わり、初めは当時の貴族の遊びであったが、13世紀ごろから次第に広まり今日に及んでいる。

　将棋　2名の対局者が、81個の区画を設けた将棋盤の上で交互に駒を動かし、相手の王将を早く追い詰めた方が勝ちとなるゲームである。駒は8種類があり、それぞれが合計20枚を持ち、ルールに基づいて対局が進む。将棋はインドに起こり、8世紀に中国から伝来してから、次第に改良が加えられて日本将棋として発展した。相手から取った駒を自分の持ち駒として再び使用できる独特のルールが生まれ、ゲームが変化に富んだものとなった。段位の差のあるものの対戦では、上位者が自陣の駒の一部を落として、戦力のバランスをとることになっている。

　碁、将棋の段位は、実力に応じて上位に向かって初段から九段までである。さらに名人、棋聖、十段位などのタイトルがある。初段の下は1級で、2級、3級となるほど下位になる。

　碁、将棋いずれの場合もプロにとっては厳しい勝負の世界であり、人間形成の場でもある。したがって昇段基準も厳しく、アマチュアとの対比では、同じ段位でも実力の差はかなりある。

3）麻雀（マージャン）

　136個の牌を用いて4人で得点を争うゲームである。4人がそれぞれ13個ずつの牌を持ってゲームを開始し、裏返しに並べられた残りの牌を順番に1個ずつ捨てながら、手持ちの牌の組み合わせを定められた形に整えていく。最も早くその形が出来上がったものを

勝ちとし、出来上がった種類によって得点が計算される。麻雀は中国起源で、明治末期に中国とアメリカからの帰国者によって日本に伝えられ、戦後は麻雀の人口が急速に増加した。

4）野球

日本では、野球ほど広範囲な人々に好かれる国民的スポーツはないと言える。競技としても観賞としても、プロ野球を別にしてアマチュア野球は本家のアメリカより普及程度と関心度が高い。

1873年、野球はアメリカから日本に伝えられた。1934年プロ野球ができるまで学生野球を中心として発展し普及した。第二次世界大戦後プロ野球は非常に人気を高め、今日に至っている。

現在のプロ野球は、セントラル・リーグとパシフィック・リーグの2リーグ制で、各6球団計12球団がある。シーズン末には両リーグの優勝チーム同士で日本シリーズが行われる。セ・パ両リーグの観客動員数は1,500万人台にのぼるという。

アマチュア野球には高校野球と大学野球などがある。毎年甲子園球場で行われる全国高等学校野球選手権大会は注目され、甲子園での熱戦と郷土意識・母校意識に燃えた応援が織り混ぜる雰囲気はこの時ばかりと全国をかけめぐる。そのほか、東京6大学をはじめ東都、関西大学などかくリーグ戦が春と秋に行われる。

5）柔道（じゅうどう）

講道館柔道の規定によれば、試合者は柔道着を着用しなければならない。試合場は14.55メートル四方とし、その中央に9.1メートル四方の場内を設け、互いに組み合って技を競う。柔道の技は投げ技、固め技、当て身技の3種類がある。力量は「段」と「級」で表され、最高は10段、最低は初段、それ以下が級となる。級は最高の1級か

ら5級までとする。段と級は帯の色で区別し、10〜9段は紅白、5〜初段は黒、1〜3級は茶、4〜初心者は白色とする。

　重量による階級のほか、無差別級があり、無差別級の制覇が真のチャンピオンと見なされている。つねに礼儀作法を重んじ「礼に始まり礼に終わる」という言葉が有名である。

6) 空手道(からてどう)

　文字通り徒手空拳の武技である。突き、受け、けりを基本とし、身体の各部位を有効に使って身を防ぎ、相手を制する技を極めるものである。試合には組手と型の2種類がある。

　型の試合は、基本動作と移動転身による正しい姿勢、正確な突き、けり、気合の充実、動作の緩急などにより勝負を決する。

　組手試合は、気合いの充実した正確な突き、けり、間合い、残心などを重要な要素として、相手を倒しえたと判断される技をもって優劣を決める。

　空手道(からてどう)の説　もと中国の唐時代に始まった中国拳法が沖縄に伝わり、「手」、「唐手」として発達したと言われている。武器の携帯を許されなかった庶民が、護身の術としてひそかに技を磨くというユニークな歴史によって発展したものである。

図 6.5

図 6.6

◎ 第6章　日本人の意識と生活文化 ◎

7）剣道

　空手道、弓道と同じ日本の伝統的な武道であるが、現在、スポーツとして親しまれ、中学・高校の教育課程にも取り入れられるほか、各地に道場も多い。剣道は、剣で身を守り、敵をたおす競技である。昔は木刀を多く用いたが、18世紀に竹刀と面、胴、小手、たれなどの防具が考案され、今日に至っている。

　面打ち、小手打ち、胴打ち、突きを技の基本とし、いろいろな連続技、応用技や構え方がある。競技は通常3本勝負で行われ、3人の審判員のうち2人以上が有効な打突を認めれば一本となる。

8）弓道

　古くから射芸として行われ、明治以後は剣道、柔道とともに武道として普及した。その伝来は中国説と南方説があり、8世紀には弓術が奨励された記録がある。弓は狩猟や武器に使われ発達したが、鉄砲の伝来以来、次第に武器としての効用を失った。その後、禅と儒教の思想を取り入れて心身修養のための武道の一つとして発展された。

　日本の弓は木と竹を接合したもので、長さ約2メートルあまりのものが用いられ、矢は身長の半分よりもやや長めの物を使用する。射法の基本は、足踏み、胴造り、弓構え、打起こし、引分け、会、離れ、残身の8節からなっている。

9）国技のスポーツ相撲

　日本の国技は相撲である。相撲は、奈良時代に興った競技であるが、昔は単にスポーツとしてだけではなく、宮中行事や農耕儀礼の神事として行われてきた。このスポーツは室町時代に興行化し、江

戸時代には職業力士が登場した。

相撲の競技説 現在の相撲は、直径4.55メートル円形の土俵の中で二人が技を競う。力士は回しを締めただけの姿で登場し、勝負に入るまでの制限時間内に古式にのっとり、競技に入る前に左右の足を交互に上げ下げして準備運動をし、水で口をすすぎ、紙で体を拭い、清めの塩を土俵(どひょう)にまく。二人は行司という審判の指図にしたがって、向かい合って相手の動作に合わせながら体を前屈(まえかが)みに低くし、両手をついて立ち上がる身構えをし、呼吸を整える。二人は呼吸のあったところで同時に立ち合い、押し合い、突き合い、組み合って闘う。土俵の中(なか)で足の裏側以外の部分が土につくか、体の一部が土俵の外に出た方が負けになる。

図6.7

プロの相撲団体が一つあり、1958年からは「年間6場所制」(1場所は15日)、1965年からは「部屋別相当当たり制」を採用して行われるようになった。競技は東京で3回、大阪・名古屋・福岡で一回ずつ行って、全部で6回行う。1回の競技は15日間がかかって、各回に勝率によって各力士の地位の入れ替えが行われる。力士の最高位は横綱(よこづな)で、その次のレベルには大関(おおぜき)、関脇(せきわけ)、小結(こむすび)がある。

過去300年間に数十人しか横綱の地位に上がっていない。優勝

すると天皇杯を賜るほか、いろいろの団体から賞をもらう。全国750名ぐらいの相撲選手はそれぞれ36部屋に属し、普通は30歳なかばぐらいまで競技ができる。

相撲は人気のあるスポーツとして、毎年、6場所ともテレビ中継やラジオ放送によって日本の国民が楽しんでいる。プロ相撲のほか、学生相撲もあり、また少年たちは相撲で遊ぶことも多い。

6.3 交際的なスポーツ

現在、日本ではゴルフ、テニス、スキーなどのスポーツは、プロやスポーツ団体が競技の目的で行うことを除いて、普及された意味で言えば、カップル同志の間で、或いはグループで行う特徴があって、一般的に競技というより、付合いのために触れ合うのが多かったが、レジャーとして一般人もプレーするようになった。

ゴルフ 1960年代ごろから生活水準の向上にともなって爆発的に普及された。全日本のゴルフ場の数はせまい国土に1,400カ所もあり、ほとんどが民間経営である。昔の貴族が行ったゴルフは、現在、一般庶民が気軽に行うスポーツになった。

テニス 若い人に人気のあるスポーツで、日本では70年代後半から急成長してきたスポーツである。現在、テニスクラブは全国で1,000を超えた。若者やカップルに好かれ、一般の主婦も暇を見て簡単にやれるように普及してきた。

スキー 冬のスポーツで、冬になると、北海道はもちろん、積雪の多い日本海側・北アルプスの町々では、スキーが盛んに行われ、小・中学校の体育の一科目にも入る。1972年の札幌冬季オリンピックと1998年の長野冬季オリンピックは、日本のスキーとスケートの盛んなことを証明している。

6.4 旅行・観光

日本の自然景観には、山岳・渓流・湖沼・河川が四季の変化に恵まれて、美しい自然景観を楽しませる観光地が多い。一番北の北海道には、大自然の魅力に富んだ摩周湖・洞爺湖などがあって、その雄大さ、夏の涼しさは全く風物詩を物語っているような存在である。一番南の沖縄では、冬でも海水浴ができるため、寒い季節には絶好の旅行の行き先となる。

このほか、関東地域にある富士山は日本一の高い山、日本を代表するイメージで世界にも知られる。また、富士五湖や箱根十三湯、太平洋岸の松島(宮城県)、日本海側の天橋立(京都)、瀬戸内海の厳島(広島県)は日本三景などの自然景観、火山や温泉など自然に恵まれる景観は数え切れない。日本の人文景観・文化遺産も多い。

図6.8 天橋立

図6.9 厳島

日本人は、温泉と旅行が好きであるから、両者を合わせて温泉旅行を好む。とくに家族や会社、各部門を一つの単位とした温泉旅行がリラックスや休養の主な行き先として行われている。日本には火山が多いため温泉が全国各地に見られる。野外のきれいな空気

◎ 第6章　日本人の意識と生活文化 ◎

を吸ってリラックスする温泉旅行は、人間と自然との融合、とくに騒がしい大都会を離れて休みを取るには一番いい選択になる。

　日本人は団体旅行もすきである。日本では、小学校から修学旅行を行う習慣がある。小学校は近郊や県内、中学校は国内、高校は海外等への修学旅行が各最終学年に行われている。

　海外の観光旅行は70年代に入ってから、毎年数百万人にも達する。近年、新婚旅行はただ新婚夫婦だけではなく、親族の人や婚礼に参加する人達も新婚夫婦について海外へ行って、旅行先で結婚式や披露宴を行うというのも盛んになってきた。

第7章 日本人の伝統・芸能・「道」文化

1. 民間の祝日

　伝統と現実、自然と創造を巧みに結び付ける日本は、伝統行事は続けながら、それぞれ記念すべき日の意味合いをいかして祝う活動が行われる。近年、ほとんどの祝日では、何を祝うかを問わず、その休日を利用してレジャーやスポーツを楽しむことが実際的である。生活大国の目標を目指して、労働時間が短縮され、休日が増えた。土曜、日曜日を目指して、今では、14の祝日があって、国民の休日を合わせて15日間の定休日がある。ほかに、正月には一週間、またお盆には一週間の休暇があるのが一般的である。

　元旦（1月1日）　1月1日は新年の到来を祝賀する日で、普通1日から3日までは「正月」と呼び、全然仕事をしない。正月に、人々は神社に初詣でに出かけたり、友達の家へ行って、お酒を飲んだり、新年のおせち料理を食べたりする。子供たちは和式カルタで遊び、凧上げをし、羽根突きをする。

◎ 第7章　日本人の伝統・芸能・「道」文化 ◎

成人の日（1月15日）　各地方はこの日に成人（満20歳）になった若者を集めて、お祝い活動を行い、彼らに自分のちからで前に進めるよう励ます。明治時代までは元服は15〜17歳で祝ったが、現在では20歳になれば、晴れ気で成人式を行って、社会の一員となったことを祝う。それ以降は法律上飲酒が許され、選挙権が与えられる。

建国記念の日（2月11日）　建国を記念し、紀元前660年の一番目の天皇の即位を記念して祝日としたものである。

春分の日（3月21日ごろ）　自然をたたえ、生物をいつくしむ日である。

昭和の日（4月29日）　昭和天皇の誕生日（1901年4月29日）を祝日としたが、死後も休日を祝日とした、「激動の日々を経て、復興を遂げた昭和の時代を顧み、国の将来に思いをいたす」日。みどりの日と改称した。2007年以降、昭和の日と名称変更した。

憲法記念日（5月3日）　日本国憲法の施行（1947年5月3日、施行する）を記念し、憲法施行の日を祝日とした。

みどりの日（5月4日）　憲法記念日と子供の日の間に挟んで、三連休のため休日に決められた。2006年までは4月29日であったが、2007年より5月4日に決められた。

子供の日（5月5日）（端午の節句、男の子の日ともいう）　男の子が健(すこ)やかに成長することを祈る日で、この日、人々は武者(むしゃ)人形を飾り、邪気(じゃき)を払うために菖蒲(あやめ)や蓬(よもぎ)を軒(のき)に挿(さ)し、こいのぼりを立て、柏(かしわ)餅(もち)を食べる。

子どもの人格を重んじ、子どもの幸福を祈るために定められた日で、同時に母親に感謝する日である。

海の日（7月20日）　海の恩恵に感謝すると共に、海洋国日本の繁

栄を願う。

敬老の日(9月第15日)　各地方は老人を集めて、演芸を行い、記念品を配り、彼らの長寿を祝う日である。

秋分の日(9月23日ごろ)　二十四節気の一つ。彼岸の中日で、また、春分の日とともに昼夜の長さがほぼ等しくなる。古来、仏教のお祭りの日で、今は国民の祝日の一つとして、祖先を敬い、亡くなった人をしのぶ日である。

体育の日(10月10日)　1964年10月10日に開かれた東京オリンピック大会を記念するため、1966年から祝日としてスタートした。この日を東京オリンピックの開会の日に選んだのは、天文資料に基づくと、日本晴れが多いからであったようである。以来、各地では毎年もこの日にスポーツに親しみ、健康な心身を培う体育振興の行事が開かれることが多い。

文化の日(11月3日)　1946年11月3日、日本国憲法が公布され、2年後に、「自由と平等を愛し、文化をすすめる」国民の祝日として制定された。この日は旧制の明治節で1927年から1948年までは明治天皇誕生日として祝っていた。

勤労感謝の日(11月23日)　勤労をたっとび、生産を祝い、国民がお互いに感謝し合う日とするもので、国民の祝日として定められた。もとは、天皇が新しく収穫した米を天神と地祇に捧げ、親しくこれを食する祭儀、新嘗祭として記念する日であった。

天皇誕生日(12月23日)　1933年12月23日、今上天皇である明仁天皇の誕生日を祝う日である。この日には、天皇は皇居で国民の参賀を受ける。

2. 正月と年中行事

2.1 お正月

　新しい年のはじめのころ、または1月を「正月」という。元旦から三日までの三日間を「三が日」という。正月では、人々は新しい年が希望に満ち、幸せが訪ねることを願う。

　正月には、神の降臨を迎えるため、鏡餅を供え、門には松飾をつけ、または門松を立て、注連飾りを張る。元日の朝に雑煮を食べる習慣がある。

図7.1　門松

図7.2　鏡餅

　正月の行事は、大晦日の夜の初詣から始まる。それは宗教的な儀式であるが、人々は宗教や信仰の旨を持つ意味ではなく、祈る場として神道の神社でも仏教の寺でも同じようである。すなわち、これ

までの煩悩をなくし、これからは新しい出発点としてというような念願を表して、新しい年は良い年になるよう、祈念するものである。

1）年越しそば

除夜の夜は「年越し」ともいう新年を迎えるため、夜中には古くから「年越しそば」を食べる習慣がある。

2）除夜の鐘

日本の寺院では、新年の夜に108回鐘をついて新年を迎える。仏教の教えでは、人間には108の煩悩があり、除夜に108回鐘を鳴らすことによって人々の煩悩を除くという。余韻が静まってから次の鐘を突くので、108回の鐘の音がなり終わるまでに約1時間かかる。

3）初詣

人々が大晦日の夜中から元日の明け方にかけて神社や寺などへ行って、新しい年が良い年になるように神様や仏様に祈って、一年の幸福と健康を願う。大晦日の夜に出かけて除夜の鐘が鳴り終ると同時に参る人も多い。新しい年に入って初めて参詣することを初詣という。

4）御節料理

正月に食べる独特の料理である。御節料理は、祝日の前に用いる副食物の煮しめた類のもので、ゆでかちぐり、昆布巻き、てりごまめ、ごぼう、レンコン、くわいなどを甘く煮たものである。

5）雑煮

正月の間に食べるものの一つで、雑煮とは、スープの中に、焼いた

◎ 第7章　日本人の伝統・芸能・「道」文化 ◎

もちや野菜などを入れて食べるものである。作り方は、地方によっても家庭によってもそれぞれ違う。たとえば、関東地方では「すまし汁」であるが、関西地方では白味噌を入れて汁を作る。

6）お餅

餅は、もち米を蒸し、やわらかくしたものを「臼（うす）」と「杵（きね）」でついて作った食品である。最近では機械を用いて作ることが多くなってきた。お正月では、知人宅を訪問して新年の挨拶を交わし、酒をのんだり、お餅を食べたりして正月を楽しむ。

7）お年玉

正月の祝いとして親が子に、大人が親戚の子供に贈る金銭や品物のことを言う。もとは、家の主人が家族や使用人にもちなどを上げたようであるが、近ごろは、お金を上げることが多くなった。親たちにとっては、親戚の子供の数が多いと少々負担に感じることもある。

8）はねつき

はねつきは、古くから伝えられている遊びの一つである。正月などに女の子が遊ぶことが多い。遊び方はバドミントンに似ている。「はごいた」と呼ばれる絵のついた板で、小さくて硬いボールのついた「羽根」を打ち上げ、お互いに地面に落ちないようにして打ち合わせ遊びである。12月になると、各地で羽子板（はごいた）を売る店が立ち並ぶ。とくに東京浅草寺（せんそうじ）の17、18、19日の羽子板市は有名である。

9）凧揚げ

凧揚げは古くから中国より伝えられた遊びである。始めは鳥の形をしたものから始まり、江戸時代から人の形や各種の動物の形の

ものが現れた。現在では、伝統的なものは「たこ絵」として飾られるものが多い。

10) 鏡開き(かがみびらき)

正月には、神棚や床に間などに大小の丸い餅を二個重ねて飾る。餅の形が古い鏡に似ているので鏡餅と呼ぶようになった。正月が終わると、(11日に)この鏡餅をお雑煮やお汁粉に入れて食べる。鏡餅は包丁で切らないで槌(つち)などで叩(たた)き割るので鏡開きという。

11) どんど

15日に、浜辺(はまべ)や広場などで、新年の松飾や注連飾りなどを集めて焼く行事を指す。町全体で行われる火祭の行事で、「どんどやき」「左義長(さぎちょう)」ともいう。餅や団子を焼いて食べたりすることも多い。このとき、書はじめを燃やし、紙が高く燃えると書道が上達するという言い伝えがある。

2.2 年中行事

　日本は北東から南西に連なっている細長い島国なので、その四季は気候の変化に富む。一年中、北の北海道から南の沖縄まで、各地域の特色を表し、昔から伝わってきた習慣や信仰を尊敬しながら祭りを行う。

　日本人は祭りが好きだということが世界でも知られている。大きな祭りは全国的に行われるが、村や町で行う小さな祭りが数え切れないほどある。お御輿(みこし)を担いで、「わっしょい、わっしょい」の叫び声は祭りの代表的な雰囲気で、各地のそれぞれの踊りも印象的で祭りの欠かせないものである。

◎ 第7章　日本人の伝統・芸能・「道」文化 ◎

ひな祭り（3月3日）　桃の節句ともいう。女の子の幸せを願って将来の幸福を祈る祭りである。元来、ひな祭りはかならずしも女の子だけの祝い日ではなかったが、端午の節句に対して女の子の祝い日になった説がある。昔の宮庭の風俗を模したきれいな人形を桃の花と一緒に飾る。これはひな人形という。もちごめの粥（かゆ）に麹（こうじ）を混ぜて作った酒を飲んで楽しむ。ひなの調度に嫁入り道具一式の模型が入っているのも、娘が将来幸福な結婚をするようにとの親の願いが伺われる。

卒業式（3月上旬～下旬）　小、中、高、大学の生徒、学生が教育課程を終了し、卒業証書を授与される式。

緑の週間（4月1日から一週間）　国土の緑化と自然愛護を目的とした行事。

入学式（4月上旬）　新入生のために、小、中、高、大学などで行われる式。

花見（3月～5月）　花とは、一般的には桜の花をいう。花前線と言われるように、毎年3月南の九州から北上（ほくじょう）し、5月北の北海道に至る桜の開花に際して、ある地方の人々は新年度を迎える爽やかな雰囲気の中で、家族や会社の同僚たちは一つの単位として、公園の花見に繰り出すことを花見という。

春闘（しゅんとう）　労働組合の代表者が、労働者の賃金値上げについて会社の経営者と交渉する。これはいつも春に行われるので、「春闘」と呼ばれている。交渉がうまくいかず、労働組合と経営者の意見が一致しないときには、労働組合はストライキを行う。

母の日（5月の第2日曜日）　母親の愛に感謝を捧げる日。

衣替え（ころもがえ）（6月1日）　衣服を着替えることをさすが、学校の生徒、

学生など制服を着ている人たちが冬服から夏服に着替えることを言う。

　梅雨(6上旬から1ヶ月)　梅の実が熟するころに1か月間ぐらい、じめじめとした雨が降ることをいう。

　父の日(6月の第3日曜日)　父に感謝を捧げる日。

　中元(ちゅうげん)(7月15日)　日ごろお世話になっている人たちに感謝する気持ちを込めて贈物をする。中国では、陰暦7月15日を中元と言い、神様に供え物をして罪ほろぼしをする習慣があった。中元とは、これによって日本に伝わってきたことである。

　土用(7月20日)　暦法で立春、立夏、立秋、立冬の前の18日間を春の土用、秋の土用、夏の土用、冬の土用といい、その初めの日を土用の入りという。通常は立秋の前を「夏の土用」という。7月20日ごろは土用の入り、最も暑い時期なので、元気を付けるために脂(あぶら)ったうなぎを焼いた蒲焼(かばやき)を食べる習慣がある。

　彼岸(ひがん)(春分と秋分の日を中日とし、その前後の各三日をあわせた七日間)　春分前後は春の彼岸といい、秋分前後は秋の彼岸という。祖先の霊を呼び、仏事を行い、墓参りをする。彼岸とは、向こう岸の意味で、仏教ではさとりの世界のことである。

　七夕祭(陰暦7月7日)　中国伝来の風習と日本固有の信仰を結びつけたものと言われている。この夜は、天の川の両岸にある牽牛星(けんぎゅうせい)と織女星(しょくじょほし)が年に一度だけ会うという伝説にちなんだ行事が各地で行われるが、特に8月6～8日に仙台のものが有名である。

　七夕に当たって、各戸は庭前に供物をし、歌や字を五色の短冊を竹につけて飾り、織女星にあやかって女児の手芸の上達を祈る。種

◎ 第7章　日本人の伝統・芸能・「道」文化 ◎

々意匠をこらした短冊や吹流しを飾りつけた竹をたてて、七夕が終わると川や海に流す。

盆（8月15日前後）　旧暦7月15日を中心とする祖先の魂を祭る一連の仏教行事である。種々の食物を祖先の霊に供えてその冥福（めいふく）を祈る。都会に働きに行っている者は郷里に帰る。なお東京などの大都会では、7月に行うところもある。名地の町や村で盆踊りが行われ、ゆかた姿で多くの人が参加する。これは日本の夏の風物詩の一つである。

仏教でいう盆は孟蘭盆（うらぼん）（梵語（ぼんご）「倒懸（とうけん）」の意味）で、釈迦（しゃか）の弟子である目連（もくれん）が餓鬼（がき）の中に落ちた亡母（ぼうぼ）の倒懸の苦しみを救（すく）うため釈迦に教えを乞（こ）い、陰歴7月15日に供養して祀（まつ）ったことに由来するものである。

十五夜[陰歴8月15日（9月13日前後）の夜]　月見（つきみ）ともいう。芒（すすき）の穂を飾り、お酒とだんご及び里芋、枝豆、柿、栗など季節の食べ物を月に供えて、月を見ながら秋の夜を楽しむ。各地では歌会（うたかい）、句会（くかい）を楽しむ行事が行われる。

七五三（11月15日）　男の子は3歳と5歳、女の子は3歳と7歳にあたる年の11月15日に子供の成長を祝う。晴着（はれぎ）を着せて神社に参拝する。奇数をめでたい数とし、そのうちから三つを取ったものである。当日、神社の境内には長寿（ちょうじゅ）にちなんで、鶴などの美しい絵が描かれた長い紙袋に棒飴（ぼうあめ）を入れた「千歳飴（ちとせあめ）」を売る店が立ち並ぶ。

お歳暮(年末頃)　日頃親しく交際している人やお世話になった人に感謝のしるしの品物を贈ることをいう。11月下旬から12月にかけて、デパートや商店街では「お歳暮コーナー」が設けられて売り出しで賑わう。

クリスマス(12月25日)　キリストの誕生を祝う日である。もとは、太陽の新生を祝う冬至の祭りから変わったものと言われている。日本では、宗教行事とは関係なく、楽しい祭日のようになっている。子供たちは、親などからのクリスマスプレゼントを楽しみに、クリスマス・イブを迎える。

大晦日(12月31日)　一年の最後の日を「大晦日」という。人々は夜9時から12時近くまで、NHKテレビから放送される「紅白歌合戦」という番組を見る。これは、その年に活躍した男女の歌手を25人ぐらいずつ招き、赤組(女性)と白組(男性)に分けて歌を競わせる番組である。

節分(2月3日または4日)　豆撒きともいう。季節の変わり目が節分というが、太陰太陽暦の立春の前日をいい、春を迎えるために悪魔を追い払う行事が広く行われている。この日、神社やお寺、さらに各家庭では、「鬼は外、福は内」ととなえながら家の内外に炒った大豆をまき、災厄を鬼に見立てて豆でこれを追い払って戸口を開ざす行事が行われる。

2.3　郷土伝統的な活動

日本の各地では祝日や年中行事のほか、規模の大きな祭りがそれ

◎ 第7章 日本人の伝統・芸能・「道」文化 ◎

それある。中には、日本の有名な三大祭りと言われる「東京の山王祭」、「京都の祇園祭」、「大阪天満祭」があって、「青森のねぶた祭」、「秋田の竿灯祭」、「仙台の七夕祭」と言う東北三大祭りのようなものも人々に知られる。

札幌の雪祭（2月6日〜12日）　雪祭を行なう間は、動物、神話などをオブジェとして、雪で大きな像を作って競う。普通札幌市内の公園で行われる。

秋田県横手地区の「かまくら」（2月15日〜16日）　横と縦それぞれ2メートルぐらいの雪の室を作って、中にひとつの水神様を立てて水神に礼拝する。夜になったら、何人かの子が雪の室に集まって、甘酒を飲み、餅を焼いて食べる。

流氷祭（3月）　北海道のオホーツク海沿岸において、大自然に恵まれる流氷の壮観景色を鑑賞することをいかして観光客誘致の一環として作った祭りである。

博多の「どんたく」（5月3日〜5日）　人々は神話の神様のようにお化粧をして馬に乗り、派手な服装をしている子を山車に乗せ、列を作ってにぎやかに町を通る。このほかいろいろな芸能活動を行う。

東京の山王祭（6月15日）　日枝神社の祭礼で、神田祭とともに江戸の二大祭りとされた。徳川家康とのつながりで、日枝神社の祭として、江戸時代からも歴代の将軍に重視される。第二次世界大戦中、日枝神社は戦火に焼かれ、現在の建物は1958年に建てられたものである。

京都の祇園祭（7月1日〜29日）　八坂神社の祭典で、9世紀の末

ごろ起源とする、急性伝染病を駆逐(くちく)することを祈る祭りである。16日の夜に、都市の旧家では軒下に神灯をかけ、筵(むしろ)を敷き、生花(せいか)を飾(かざ)り、屏風(びょうぶ)を立て、祝日にいっそう彩りを添える。鉾(ほこ)で飾られた山車は灯火で明るく、祇園の楽曲を演奏する。17日にカラフルな山鉾(やまぼこ)の巡行によって、祝日の雰囲気は最高潮に達する。

大阪の天満祭(てんまさい)(7月25日) 天満宮の祭である。天満祭は天神祭とも言う。天満宮は、学者と政治家であった菅原道真(すがわらのみちざね)を供(そな)えるために949年に建てられたものである。遣唐使として中国から帰った菅原道真は、学問の神様と言われ、現在でも学生達に崇拝される人物である。みこしが堂島川を下り、たくさんの船が川いっぱいに華麗な行進を繰り広げる。

青森の「ねぶた」(8月3日～7日) 人々は大型の紙を貼った人形、張子(はりこ)の鳥獣(ちょうじゅう)を屋台や車に乗せ、笛や太鼓の演奏と合わせて、大きな声を出しながら賑やかに町の中を通る。晩になると中から灯火がつけられ、幻想的な雰囲気の中に包まれる。6日の晩から7日にかけて、これらの品を船に載せて、海を行き渡るその風景は実に見ごたえがある。

秋田の竿灯(8月4日～7日) これは秋田市で行なわれる七夕の活動で、1年間の睡魔(すいま)を取り除いて、仕事をするのを妨害しないようにする。1本の長くて細い竹の上に、46個か48個の灯をかけて、頭の上や、肩の上、掌の上で釣り合いを取って、繰り返して立つ。若者たちは太鼓の伴奏に合わせて技を披露して、竹が倒れないようにし、その腕前を競う。

◎ 第7章　日本人の伝統・芸能・「道」文化 ◎

仙台の七夕祭（8月6日〜8日）　これは七夕の伝説から由来した祭りの日で、全国各地で七夕祭を行い、そのなかでも仙台の七夕祭が一番有名である。どの家も竹竿を立て、上に掛かった創意の五色短冊や幟は、お互いにその美しさを競う。特に商店街には、豪華なものがたくさん飾られて、祭りの雰囲気はいっそう深まっていく。

徳島の阿波踊（8月12日〜15日）　伝え聞くところによれば、起源は16世紀末で、当時庶民は踊りで諸候の入城を祝った。三弦、太鼓、笛の伴奏に合わせて、老若男女を問わずみんなゆかた姿で踊りを踊る。踊りは簡単で、活発である。手で拍子をとり、ダンスのステップは身軽でおもしろく、全市民は思いきり喜び合い、夜更かしをする。

長崎のおくんち祭（10月7日〜9日）　諏訪神社（すわじんじゃ）の祭、おくんちとは、おくにち、すなわち太陽暦9月9日のことで、中国の重陽節句（ちょうようせっく）（9は陽の数とされ、これを二つ重ねた月日に当たる）にちなんでいる。

京都の時代祭（10月22日）　これは平安神宮の祭典である。京都が首都になってからの1000年の間の風俗習慣を時代順序に並べて展開するもので、見ている人はまるで日本歴史の絵巻を目の前でみているように感じる。

埼玉の秩父（ちちぶ）の夜祭（よまつり）（12月2日〜3日）　埼玉県秩父市の秩父神社の祭である。冬の夜祭として有名である。3日の夜は、御輿（みこし）に続いてぼんぼりをたくさんつけた屋台と山車が夜の町を練り歩く。激しいリズムをもつ祭り囃子（はやし）は、秩父屋台ばやしとして知られている。

男鹿半島「なまはげ」(12月31日)　古くから秋田県男鹿半島に伝わる変わった行事である。面をかぶり、わらや海草でつくった腰みのをつけて、鬼に仮装した青年たちが、張子の出刃包丁、棒、かますなどを持って各家を訪れ、怠け者を戒めて歩く。

能・歌舞伎・文楽　日本で長い歴史をもつ伝統的な芸能は、ほとんどそのままの形で今日に伝わり、他方、次々に新しいものが加わって、現在多重多様な演劇と共存している。

邦楽としては箏曲・長唄・小唄・謡曲、大衆芸能としては落語・講談・浪花節・漫才などがあり、また日本舞踊と日本民謡などが挙げられるが、14世紀からの能（能楽）、17世紀からの歌舞伎文楽（人形浄瑠璃）が日本の三大古典演劇で知られている。

能　能という語は、元々特定の芸能をさすものではなく、物真似や滑稽芸でない芸能でストーリーのあるもののことを全般に指す語であり、猿楽以外にもこれが用いられていたが、猿楽が盛んになるとともにほとんど猿楽の能の略称となった。1881年（明治14年）能楽社の設立を機に猿楽を能楽と改称したため能楽の能を指す語となったものであり、能楽のうち超自然的なものを題材とした歌舞劇のことである。往々にして「能楽」と「能」を同義に用いたりする向きもあるが、誤りである。

能は、日本の伝統芸能である能楽の一分野である。武士階級のものとされ、日本最古の演劇である。江戸時代までは猿楽と呼ばれ、狂言とともに能楽と総称されるようになったのは明治維新後のこ

◎ 第7章　日本人の伝統・芸能・「道」文化 ◎

とである。能の題材は約250あるが、それらを分類すると、神・男・女・狂・鬼の5種類に分けられ、仏教の影響をうけているものが多い。

　主役のかぶる能面の役は特定のものに決まっておらず、一つの能面をいろいろのテーマのいろいろの役に使い分けている。能面は、個性的な表情に乏しいが、現実から昇華(しょうか)した形相の中に表される奥深さがその真髄(しんずい)とされる。能面は、極度に抽象化された役者の動作、単調な音楽とあいまって独自の芸術美を発揮する。能面とともに能の衣装は、能の味わいの深さを構成する主要な要素となっている。

歌舞伎(かぶき)　歌舞伎は、日本固有の演劇で、伝統芸能の一つで、重要無形文化財(1965年4月20日指定)である。歌舞伎(伝統的な演技演出様式によって上演される歌舞伎)は2005年にユネスコにおいて傑作宣言され、2009年9月に無形文化遺産の代表一覧表に記載された。

　歌舞伎という名称の由来は、「傾(かたむ)く」の古語にあたる「傾(かぶ)く」の連用形を名詞化した「かぶき」だといわれている。戦国時代の終わり頃から江戸時代の初頭にかけて京や江戸で流行した、派手な衣装や一風(いっぷう)変わった異形を好んだり、常軌(じょうき)を逸脱(いつだつ)した行動に走ることを指した語で、特にそうした者たちのことを「かぶき者」とも言った。

　そうした「かぶき者」の斬新な動きや派手な装いを取り入れた独特な「かぶき踊り」が慶長(けいちょう)年間(ねんかん)(1596年～1615年)に京で一世(いっせい)を風靡(ふうび)し、これが今日に連なる伝統芸能「かぶき」の語源となって

229

いる。

「かぶき踊り」は主に女性が踊っていた事から、「歌舞する女」の意味で「歌舞姫」、「歌舞妃」、「歌舞妓」などの表記が用いられたが、江戸を通じて主に用いられたのは「歌舞妓」であった。現在用いられる「歌舞伎」の表記も江戸時代使われない事はなかったが、一般化したのは近代になってからである。

なお江戸時代「歌舞伎」という名称は俗称であり、公的には「狂言」もしくは「狂言芝居」と呼ばれていた。

1950年代、人々の生活に余裕が生まれ、娯楽も多様化し始めた。プロ野球やレジャー産業の人気上昇、映画やテレビ放送の発達が見られるようになり、歌舞伎が従来のように娯楽の中心ではなくなってきた。そして歌舞伎役者の映画界入り、関西歌舞伎の不振、小芝居が姿を消すなど歌舞伎の社会にも変動の時代が始まった。

そのような社会の変動の中、昭和37年（1962年）の十一代目市川團十郎襲名から、歌舞伎は人気を回復する。役者も團十郎のほか、六代目中村歌右衛門、二代目尾上松緑、二代目中村鴈治郎、十七代目中村勘三郎、七代目尾上梅幸、八代目松本幸四郎、十三代目片岡仁左衛門、十七代目市村羽左衛門などの人材が活躍している。国内の興行も盛んとなり、欧米諸国での海外公演も行われた。

戦後の全盛期を迎えた1960年代～1970年代には次々と新しい動きが起こる。特に明治以降、軽視されがちだった歌舞伎本来の様式が重要だという認識が広がった。昭和40年（1965年）に芸能として

◎ 第7章　日本人の伝統・芸能・「道」文化 ◎

の歌舞伎が重要無形文化財に指定され(保持者として伝統歌舞伎保存会の構成員を総合認定)、国立劇場が開場し、復活狂言の通し上演などの興行が成功する。その後大阪には映画館を改装した大阪松竹座、福岡には博多座が開場し、歌舞伎の興行はさらに充実さを増す。さらに、三代目市川猿之助(いちかわえんのすけ)は復活狂言を精力的に上演し、その中では一時は蔑(さげす)まれたケレンの要素が復活された。猿之助はさらに演劇形式としての歌舞伎を模索し、スーパー歌舞伎というより大胆な演出を強調した歌舞伎を創り出した。また2000年代では、十八代目中村勘三郎(なかむらかんざぶろう)によるコクーン歌舞伎、平成中村座の公演、四代目坂田藤十郎などによる関西歌舞伎の復興などが目を引くようになった。また歌舞伎の演出にも蜷川幸雄や野田秀樹といった現代劇の演出家が迎えられるなど、新しいかたちの歌舞伎を模索する動きが盛んになっている。現代の歌舞伎公演は、劇場設備などをとっても、江戸時代のそれと全く同じではない。その中で長い伝統を持つ歌舞伎の演劇様式を核に据えながら、現代的な演劇として上演していく試みが続いている。このような公演活動を通じて、歌舞伎は現代に生きる伝統芸能としての評価を得るに至っている。

文楽(ぶんらく)　文楽は、本来操り人形浄瑠璃(にんぎょうじょうるり)専門の劇場の名である。しかし、現在、文楽といえば一般に日本の伝統芸能である人形劇の人形浄瑠璃を指す代名詞である。文楽座の始まりは、淡路仮屋(あわじかりや)の初世植村文楽軒(しょせいうえむらぶんらくけん)が「西の浜(にしのはま)の高津新地(たかつしんち)の席(せき)」という演芸小屋を大坂高津橋南詰(大阪府大阪市中央区)に建てて、興行したのが始まりとされる。

　文楽は首・胴・手・足・衣装からなる1～1.5メートルの大きさ

の人形を使う。舞台の上で、人形遣いが人形一体につき3人で動かす。人形遣いは黒い衣で顔を隠しており、それぞれ首と右手左手足の動きを分担している。女の人形には足がなく、人形の衣装の裾そばきで巧みに表現する。人形は、三味線の伴奏と独特の節まわしで語る浄瑠璃に合わせて様々の仕草をする。このため、文楽のことを人形浄瑠璃とも言う。人形の首は約60種類があり、そのうち40種類は一つの首をいろいろの役に使う。そのほかに一首一役の特殊な首がある。目や口が開閉するもの。眉が上下するもの、指の動くものもある。

　1955年に（人形浄瑠璃文楽座の座員により演ぜられる）文楽が文化財保護法に基づく重要無形文化財に指定された。また、ユネスコ無形文化遺産保護条約の発効以前の2003年に「傑作の宣言」がなされ「人類の無形文化遺産の代表的な一覧表」に掲載され、無形文化遺産に登録されることが事実上確定していたが、2009年9月の第1回登録で正式に登録された。

　日本舞踊　日本舞踊は、日本の伝統的なダンスである舞と踊を合わせたもの。

　「舞踊」とは、明治のはじめに劇作家の坪内逍遥と福地桜痴が考案した翻訳造語の一つで、本来は英語のdanceの和訳にあたる。日本伝統の「舞踊」をダンスの翻訳語である「舞踊」と区別する必要性から、「日本の舞踊」という表現が用いられるようになり、これが定着して今日に至る。

　日本の伝統的な舞踊は、舞い・踊り・振りの三種類に大別される。

　舞い　荘重な歌や音楽に合わせて、摺り足や静かな動作で舞台

を廻るものである。貴族的で、舞台芸能として長い歴史をもつ。

踊り　軽快な歌や音楽に合わせて、足を踏み鳴らして拍子を取りながら、動きのある手振り身振りでうねり回るものである。庶民的で、江戸時代になってから発達した。

振り　歌や音楽に合わせて、日常的な動きやしぐさを舞踊として表現するものである。江戸時代に歌舞伎や人形浄瑠璃の発達にともなって派生した。

日本舞踊には、現在200を越える流派が存在する。その中でも特に、花柳流・藤間流・若柳流・西川流・坂東流を「五大流派」と呼んでいる。

浮世絵　浮世絵は、江戸時代に成立した絵画のジャンルである。現代において一般的には多色摺りの木版画錦絵のことを指すことが多い。「浮世」という言葉には「現代風」という意味もあり、当代の風俗を描く風俗画である。大和絵の流れを汲み、総合的絵画様式としての文化的背景を保つ一方で、人々の日常の生活や風物などを多く描いている。演劇、古典文学、和歌、風俗、地域の伝説と奇談、肖像、静物、風景、文明開化、皇室、宗教など多彩な題材がある。当然、木版画が量産されるようになる以前には肉筆画のみしか存在しなかったわけで、巻物などの肉筆浮世絵も含まれる。肉筆浮世絵は、形式上、屏風絵、絵巻、画帖、掛け物、扇絵、絵馬、画稿、版下絵の8種類に大別される。また、浮世絵師は和装本の挿絵、表紙の仕事も並行して行った。広義には引き札、鏝絵、泥絵、ガラス絵、凧絵ねぶた絵なども浮世絵の一種といえる。

図 7.3

　浮世絵には元来、木版画、絵画(肉筆画)のものがある。絵画つまり肉筆画は一点ものであり、名のある絵師によるものは高価であった。これに対して、木版画は版画であるために、同じ絵柄のものを多く摺り上げることができ安価で、江戸時代の一般大衆もたやすく求められた。

　浮世絵版画は大衆文化の一部であり、手に取って眺め愛玩された。現代の美術展等のように額に入れて遠目に眺めるものではなかった。しかし、現在は手にとって眺めるほかに、額に入れて美術館や家庭などに飾られることが多くなった。草双紙や絵巻物、また瓦版(新聞)の挿絵の役割も果たした。絵暦と呼ばれるカレンダーの制作も行われ、絵の中に数字を隠すなど様々な工夫を凝らしたものが作られた。江戸から国元への土産にも、その美しさと嵩の低さが喜ばれた。玩具絵のように切り抜いて遊ぶものもある。

　カラオケ　カラオケとは、歌唱またはメロディパート(主旋律)を

担う楽器を演奏する際に、生演奏ではなく事前に録音された伴奏を再生し合唱・合奏する行為をいう。1970年代以降、演奏装置そのものを「カラオケ」と呼ぶ機会も増えている。

　カラオケという言葉が普及する以前は「空演奏(からえんそう)」と表現することが多かった。通常、楽曲の伴奏部分だけを「事前に記録」している記録媒体(音楽テープやディスク等)で再生する。この言葉の生まれは、「生伴奏なし」と同義で、「カラオケね」は「伴奏なしでやろう」という意味だった。これは、放送業界で生放送において、伴奏へ多くの注意や経費を払わなくていい所から重宝(ちょうほう)した。ここまでは放送業界用語であり、この意味のカラオケは、今でも使っている。この形式は日本で生まれた物で、カラオケの仕掛け、つまり、歌を歌うための装置、さらにはその装置を使って歌うことだけでなく、歌うための場所を提供している店(カラオケボックス)のことなどを、カラオケと略して指すようにもなっている。これは、カラオケがそれだけ一般化していることの証でもある。カラオケは、歌ってストレスを発散させたりするため、娯楽に分類し、レジャー白書(はくしょ)で統計を取る一項目ともなった。

　カラオケ文化　現在のカラオケ形態の出現以前の1950～60年代には、一部の喫茶店において、店主や専属の生バンドが楽器を演奏して客が歌う「歌声喫茶(うたごえきっさ)」という業態が存在していた。ただ、当時の社会運動や風潮(ふうちょう)などとの連動が強く、現在のカラオケのように時節の流行歌を歌うものではなかった。飲食店などにカラオケ装置が設置され始め、社会運動などが退潮した70年代には、ほとんどの「歌声喫茶」が姿を消した。

酒場の余興　カラオケは、スナックなどの飲食業者の店舗や、ホテルの宴会場などに置かれることが多かった。カラオケは専ら酒席の余興という位置づけであったからだ。この時期の利用者は酒の飲める世代、つまり20代以上であるが、具体的にはより年齢層が高い層であった。その理由は、カラオケとして録音されていた曲の多くが演歌だったからである。

1980年代半ば、カラオケのみを専門的に提供する、カラオケボックスという事業形態が誕生した。酒のついでにカラオケを楽しむのではなく、純粋にカラオケで歌うために赴く場所であり、それ以前の概念を根底から覆す画期的な業態だった。

岡山県において、廃車になった貨物列車/トラックのコンテナを改造して設置したのが始まりとされる。1990年代以降は通常の建築物内にカラオケ専門ルームを設えるタイプが主流である。

カラオケボックス成功の一要因として、ある年代以上の日本人には「酒も入らない状態で人前で歌うこと」に対する拒絶反応が存在したが、それ以降の世代は（少なくとも気心の知れた仲間同士の前では）屈託なく歌って楽しむという意識が芽生えたことである。

通常の飲食店でカラオケを行う場合、知人以外の客もいる場所で歌うことになることが多い。しかしカラオケボックスの個室内は基本的に友人知人しかおらず、歌う楽しさを純粋に満喫できる。たとえ下手な歌や練習中の曲だとしても見知らぬ他人から揶揄される心配はない。

カラオケボックスは、学生のコンパやサラリーマンなどの懇親会の二次会の会場としてよく利用される、日本人の娯楽の代表の一つ

◎ 第7章 日本人の伝統・芸能・「道」文化 ◎

となった。

　2013年至る2014年のカラオケ業界の規模は1,331億円（第一興商（カラオケ・飲食店舗事業）、シダックス（レストランカラオケ事業）、コシダカHD（カラオケ事業）、AOKI HD（カラオケルーム運営事業）、鉄人化計画（カラオケルーム運営事業）の企業5社の売上高合計）となっている。

　カラオケ業界の過去の推移を見ると、2004年から2008年までは増加傾向にあったが、2008年から2010年には減少した。2011年にかけて再び増加したものの、2011年以降は横ばいとなっている。

　2008年秋に端を発した金融危機の影響で個人消費が低迷している。2010年に入っても国内景気、個人消費の低迷が続き、国内外の景気情勢は厳しいものとなっている。カラオケ業界においても、国内の景況感や個人消費の動向に左右される傾向にあり、引き続き厳しい状況が続いている。

　2013年のカラオケ参加人数は4,710万人（前年比＋0.6％増）、カラオケボックス数は131,900ルーム（＋1.1％増）。いずれもほぼ横ばいの推移となっている。

　一方で、2013年のカラオケボックス施設数は9,363施設（前年比＋0.8％増）、1施設あたりの平均ルーム数は14.1ルーム（前年比＋0.7％）を記録した。こちらもカラオケ人口同様、ほぼ横ばいの推移を見せている。

　書道　文字は実用として生まれたが、文化の進展につれ美的に表現する方法が生まれた。この美化された文字を書という。書道とは、この文字の美的表現法を規格あるしつけのもとに学習しながら、実用として生活を美化し、また趣味として心を豊かにし、個性美を表現していくことである。そして、その学習過程において、人格

を練磨(れんま)し、情操(じょうそう)を醇化(じゅんか)していく。書道は人間修養の一方法である。

　書道は主に毛筆と墨を使い、その特徴を生かして紙の上に文字を書く。その技法（書法）には、筆法、間架結構法、布置章法があり、それぞれに様々な方法が編み出され、書体や書風などによって使い分けられている。技法の習得には、色々な教育機関を通じて書家に師事し、古典を中心に学習し、書道展などに出品しながら技量を高めていくのが一般的である。

　日本の書道は漢字の伝来に始まる。それ以前に日本独自の文字の文化はなかったとされている。神代文字で記した文献が存在したとの説が江戸時代から示されたが、現在の学界では認められていない。

　日本に漢字が伝来したのは弥生時代に遡(さかのぼ)るが、その時代の日本ではまだ文字を本来の意味で使用することはなかった。日本で作られた銘文を有する最古の遺物は5世紀前半ごろのもので、日本人は早くから漢字と出会いながらも、その時期まで文字を必要としなかったのである。そして、その遺物にはすでに万葉仮名の用法が見られ、書体は隷書(れいしょ)から楷書(かいしょ)への過渡期のものが使われた。それらは朝鮮半島を経由した中国の文字文化が基本となっている。

　仏教が日本に伝来し、日本の書道は急速に発展する。飛鳥時代の聖徳太子(しょうとくたいし)、奈良時代の聖武天皇(しょうむてんのう)によって写経(しゃきょう)が盛行(せいこう)し、国家事業として写経所が設けられて分業で制作されたのである。また遣隋使や遣唐使により、中国文化が直接日本に招来するようになった。特に唐代は中国書道の黄金時代で、王羲之(おうぎし)書法が最も尊重され

ていたことから日本で晋唐の書風が流行した。

三筆（さんぴつ） とは、日本の書道史上の能書のうちで最も優れた3人の並称であり、平安時代初期の空海・嵯峨天皇・橘逸勢の3人を指す。

三蹟 平安時代中期の能書のうちで最もすぐれたのは、小野道風・藤原佐理・藤原行成の3人で、三賢といわれた。

日本の義務教育では、国語科の書写として小学3年生以上の授業では毛筆により指導されることが学習指導要領で定められている。高等学校では芸術科に音楽・美術などと並び、書道が選択科目として配置されている。

大学では、教育学部や文学部を置く大学では書道に関する講義を設けている。特に各県に設置されている教員養成系の教育学部では書写教育・書道教育の研究室が置かれ、専門教育が施されている。

岩手大学、新潟大学、筑波大学、東京学芸大学、静岡大学、福岡教育大学などの国公立大学では、書道に関する学科・専攻・学群・コース・領域が置かれ、大学院も併設し、有為な指導者の育成を目指している。筑波大学と、東京学芸大学、横浜国立大学、千葉大学、埼玉大学の4校からなる東京学芸大学大学院連合学校教育学研究科（連合大学院）には博士課程（芸術学博士：筑波、教育学博士：連合大学院）も設置されている。なお兵庫教育大学大学院連合学校教育学研究科にも同様な博士課程（教育学）があるが、書写教育のみを専門に扱っている。私立大学では、大東文化大学では書道学科、四国大学では書道文化学科を、安田女子大学でも書道学科を開設するなど、

書家や教育者の本格的養成に努めている。なお、両大学は大学院にも書道に関する専攻を設置している。

技量の判定　現在、唯一客観的な書道の技量判定基準を持つ資格として、日本文部科学省後援の毛筆書写検定がある。これは最下位の5級から最上位の1級まであり、段位の認定はない。1級を取得すると、指導者として公的に認められる資格を持つと認定される。これに対して一般に普及している段位・級位や師範の認定は、各書道教室や書道会が独自に判定しており、共通した基準に基づくものではない。

職業としての書道　日本では昔から「読み書きソロバン」として、寺子屋などで習字が指導されてきた。この伝統の下、多くの書道教室・習字教室が存在している。指導者は高齢化の傾向にあったが近年、若手の男性書家がテレビ番組や若者向け雑誌に登場するなど、やや様変わりしてきた。

また、コンピュータの発達とともに、コンピュータを使って書作品を加工したりするデザイン書道と呼ばれるジャンルが確立してきた。これは書作品を生活雑貨やインテリア、表札などの多様なものにコンピュータ処理などを経てデザインしていくもので、書にまつわる新しい職業として注目されている。

日本の書道団体　芸術系の書道団体と教育系の書道団体があり、芸術系では日展が全国的な公募展を行っている。このほか、地方・都道府県単位で組織する書作家協会や、書家が主宰する様々な会（社中とも呼ばれる）がある。教育系団体は独自の検定試験などを行い、書道の普及活動に努めている。

茶道　茶道（さどう、ちゃどう）とは、日本伝統の湯を沸かし、茶を

◎ 第7章　日本人の伝統・芸能・「道」文化 ◎

点(た)て、茶を振る舞う行為(茶の儀式)である。また、それを基本とした様式と芸道である。元来「茶湯」(ちゃとう)「茶の湯」といった。千利休は「数寄道」、小堀政一は「茶の道」という語も使っていたが、江戸時代初期には茶道と呼ばれた。

　初めて中国から体系的に茶の知識を持ち込んだ書物は唐の陸羽(733年〜804年)の書いた『茶経』と言われている。この本には、茶の木の育て方、収穫方法と道具、たてかた、飲み方、歴史などが詳しく書かれている。804年、空海と最澄は中国から茶を持ち帰った。

　現在一般に、茶道といえば抹茶を用いる茶道のことだが、江戸期に成立した煎茶を用いる煎茶道も含む。

　茶を飲む習慣と茶の製法は平安時代に遣唐使によってもたらされた。当時中国茶は現代の烏龍茶に似ただんご状の微発酵茶と考えられている。この茶の色こそが現代日本人のいうところの茶色である。当時の日本人は、茶を嗜好品としてよりも薬としてとらえており、必要量のみを煎じて飲んだと考えられている。

　室町時代に村田珠光が詫び茶を飲む作法として創出したものである。わび茶はその後、堺の町衆(大阪府にある)である武野紹鴎、その弟子の千利休によって安土桃山時代に完成されるに至った。

　明治時代になると、封建制度が崩壊し、諸藩に庇護されていた各流派が財政的に困難に陥るようになった。そうした中、裏千家十三代円能斎鉄中は一時東京に居を移して茶道再興に努めた。努力の甲斐あって有力財界人の関心を呼び、茶道が女子の教養科目として組み込まれた。このため茶道は、本来のわび茶とは別の「女子

の教養」としての要素も獲得し、今では美しい着物姿での華やかな茶会が当たり前になっている。また明治の同時期に鳥尾得庵、田中仙樵(後に大日本茶道学会を創設)は、利休が千家三流派など各流派へ茶道を分けたのではなく元々一つの流であったと唱え、多くの流儀の茶人達の旧幕時代からの伝承を一堂に集めて研究し、その成果を一般人へ発表することで日本の茶道を再び創り出そうとした。戦後は海外にも茶道は広まり、茶道の大衆化は世界的レベルとなっている。1980年代初め頃には、日本の茶道の所作は中国茶(茶芸〔ちゃげい〕)に用いられるようになった。

現在日本では、この一定の作法にしたがって、抹茶という粉末状の精製された茶の葉を茶碗に入れて湯を注ぎ、茶筅〔ちゃせん〕でかき回して泡を立てて飲む。主人と客が心の共感を持ってお茶を飲む伝統が、今でも盛んに伝わっている。茶道の礼法は、そのために作られた観賞価値のある独特の茶碗に香り高い茶を立てて客に勧める方法や、客がこれをいただく心得からなる。茶道の礼法には武士の礼法や能の影響が見られ、これは、日本の伝統的な礼儀作法に強い影響を与えた。形よりも心を重んじ、おのれをむなしゅうして客をもてなすのが茶道の心と言われている。茶を立てるために造られた専門の部屋、露地〔ろじ〕(茶室の庭)、懐石料理(茶室で出す簡単な料理)、茶道具の取合わせなど、これらにはすべで客を迎える主人の細心の注意が払われる。茶会の客が始めて招かれた場合、茶道の礼法を知っているのにこしたことはないが、客として最も大切なのは主人の心遣いに対する感謝の気持ちである。

華道〔かどう〕　華道とは植物のみや、植物を主にその他様々な材料を組み

◎ 第7章　日本人の伝統・芸能・「道」文化 ◎

合わせて構成し、鑑賞する芸術である。「花道」とも表記し、また生け花（活花、挿花）とも呼ばれる。ただし華道という呼称は「いけばな」よりも求道的意味合いが強調されている。華道にはさまざまな流派があり、様式・技法は各流派によって異なる。

　華道は日本発祥の芸術ではあるが、現代では国際的に拡がってきている。欧米のフラワーデザインは、3次元のどこから見ても統一したフォルムが感じられるように生けるとされる。華道の場合、鑑賞する方向を正面と定めている流派も多くあるが、3次元の空間を2次元で最大限に表す流派もある。また華道は色鮮やかな花だけでなく、枝ぶりや木の幹の形状、葉や苔となどすべてを花材とし鑑賞する点でも、海外のアレンジの概念とは一線を画している。

　華道の起源は古代からのアニミズムの流れとして、採取した植物を住居などである空間にて再構成する行為に基づくという研究もある。植物は動物と異なり、切り落としても適切な処置すればある程度生命を維持することができる。こうした植物の特性に神秘を見たとも考えられる。それは常緑樹信仰にも通じ、人間の手の及ばない神秘の力を花器の上で包括的に管理してしまおうとする試みであるとも考えられる。

　華道の発祥は仏教伝来に際し花を献じる供花に由来するという説が有力である。また、一輪挿しなどに挿した花を愛でる習慣は古くは平安時代あたりまで遡る。当初は既存の器を利用していたが、後に専用の花器が製作されるようになった。

　華道の確立は室町時代中期、京都六角堂の僧侶によるものとさ

れる。僧侶は代々池のほとりに居住していたことから「池坊(いけのぼう)」と呼ばれていた。そうした呼び名がのちに流派の名前となる。家元(いえもと)、宗家(そうけ)らによって江戸時代中期にかけて立花(たちばな)(「立華(たちばな)」とも書く)と呼ばれる型が大成(たいせい)されていった。その後江戸中期から後期になると、華道はそれまでの上流階級・武家階級のものから広く庶民の嗜(たしな)みへと変化し、生花(しょうか、せいか)を中心に広く愛さるようになった。

　今日の華道と言えば、江戸時代後期文化文政の時代に流行した生花、挿花のことを指すことが多い。とくに江戸後期に大流行した曲生けと呼ばれた遠州流系では技巧の達人・名手が多く登場し、意匠を凝らした銅の花器や厳選された木材と職人技の塗り花台などとともに数寄者がこぞって花を生け、今もその意匠・デザインは引き継がれていることも多い。また関西では未生流系(みしょうりゅうけい)、東日本では古流系などの流派から多くの流派に分かれていくきっかけとなる。

　花材取り合わせの考え方は花の色や質感、季節を考慮して組み合わせる事を「花材の取り合わせ」という。流派によって細やかに定めを規定しているが、基本的には主材、配材に区分し、主材には夏ハゼなど「木もの」、配材には菊やハランなど「花もの」に加えて「葉もの」を充てる。しかし、いけばなでは季節感が重要で、夏ハゼは春から秋の三期に使うため季節を特定するのは難しい。また、菊やハランも現在では四季に出回る。そのため、この組み合わせでは春の作品なのか秋なのか、季節を感じさせない懸念が残る。ところが、夏ハゼに新芽(しんめ)の初々しい姿があれば春らしさが強調されるであろう。また、葉が紅葉していればおのずと秋らしく感じる。また、菊も春

◎ 第7章　日本人の伝統・芸能・「道」文化 ◎

菊、夏菊、秋菊、寒菊というように四季感のある種類を使えば問題なく季節を思い起こさせる。このように季節を意識した視野で素材を捉えると、同じ花材でも訴える力は随分変わる。ただ、いけばなでは季節重視だけではなく、造型重視や色彩本位の構成があり、素材の組み合わせは作品のねらいや中心思想で異なる。このことから、自然調（和風趣向）と造型（現代花、洋風趣向）とに大分され、構成の仕方で取り合わせを考える。一方、流派の定める古典花（伝統花）は完成された伝承いけばなである。したがって素材の組み合わせだけでなく、いけ方、考え方には厳しく定めがあり、自由な解釈による創作は一般にはされない。

武士道（ぶしどう）は、日本の近世以降の封建社会における武士階級の倫理・道徳規範及び価値基準の根本をなす、体系化された思想一般をさし、広義には日本独自の常識的な考え方をさす。これといった厳密な定義は存在せず、時代は同じでも人により解釈は大きく異なる。また武士におけるルールブック的位置ではない思想である。

武士道は、江戸時代、徳川幕府による士農工商と呼ばれる日本独特の身分制度に由来する。この身分制度により、支配階級である武士には文武両道の鍛錬と徹底責任を取るべきことが定められ、被支配階級である庶民にはこの身分制度を守ること以外に対してはおおらかな許しが与えられた。庶民は何かと理由をつけられて切腹させられる武士の姿を見て、武士でないことに安堵し、武士は武士であることを誇りとするようになった。狭義の武士道は、この、「文武両道の鍛錬を欠かさず、自分の命を以って徹底責任をとる」と

245

いう武士の考え方を示し、広義の武士道は、この考え方を常識とする日本独自の思想を示す。明治維新後、四民平等(しみんびょうどう)となり、名目的な武士は消え、狭義の武士道はなくなったと言える。しかし、明治新政府の施策は広義の武士道を常識としその上に定められた。つまり、鍛錬を欠かさず命をかけて徹底責任を取る者こそが支配者・指導者であり、庶民はそのような支配者・指導者に従うのが当然と言う考え方が基本にあり、ここから八紘一宇(はっこういちう)という思想も生まれたと言える。

　今日の日本でも、広義の武士道を常識という形で継承(けいしょう)している。たとえば、すぐに・すみません・と謝罪するのは、自分を下位に置く意味であり、自分を上位に置くと徹底責任を義務として求められるからである。おもてなしも同様で、「自分は下位のものですので、徹底責任は負いかねます。」という意味となる。このように、日本人が上位者・支配者となることを避けようとするのは常識として根付(ねづ)いている武士道ゆえであろう。しかし、自分が上位者とならざるを得ない状況となると腹を決める。つまり、切腹を覚悟して冷静に物事に対処するのも武士道ゆえである。このように、今日では、武士となったり庶民となったりと状況により変化するが、日本人の常識の根本は武士道にあると考えられる。

　武士道の発展と深化　道徳大系としての武士道は主君に忠誠し、親孝行して、弱き者を助け、名誉を重んじよという思想、ひいては「家名の存続」という儒教的態度が底流に流れているものが多く、それは江戸期に思想的隆盛(りゅうせい)を迎え、武士道として体系付けられるに至る。しかし無論、儒教思想がそのまま取り入れられた訳ではな

く、儒学の中では『四書』の一つとして重要視されている『孟子』を、国体にそぐわないものであると評価する思想家は多い。この辺りに、山岡鉄舟が言うような武士道の武士道たる所以があるものと言える。また、思想が実際の行動に顕現させられていたのが、武士道としての大きな特徴である。

江戸時代の安定期に山鹿素行(やまがそこう)は「職分論」の思想へ傾いていく。武士がなぜ存在するのかを突き詰めて考えた山鹿の結論は武士は身分という制度ではなく自分が(封建(ほうけん))社会全体への責任を負う立場であると定義をすることで武士となり、(封建)社会全体への倫理を担うとするものであった。例えば朱子学は、人間は自分の所属する共同体へ義務を負うとした。この共同体で最上のものは国家である。国家を動かすシステムは幕藩体制であり、これはそのまま武士階級の倫理を意味している。山鹿はこれに対し人間は確かに国家に属しているが、武士に(封建)社会全体への義務を負わせることを選んだ存在も確かにいるとした。これは人間でもなく、社会でもない。人間は自ら倫理を担うものであり、社会は倫理に基づいて人間が実践をする場である。国家という制度のように目には見えないが武士を動かしたそれを山鹿は天とした。そのうえで自らが所属する共同体への倫理と天からあたえられた倫理が衝突した場合に武士は天倫を選択すると考えた。

幕府は山鹿を処罰した。山鹿は朱子学を批判したが、制度により共同体がつくられ所属する人間に倫理を担わせると考えるのは現実には学校や会社という制度で今日も生きており、逆に山鹿の考え方は少数派となっている。

近現代における武士道 武士道は日本の発展にも重要な精神と

なった。武士道の精神を基本とした士魂商才（しこんしょうさい）という言葉も生まれ、拝金主義に陥（おちい）りがちであった精神を戒（いまし）め、さらに商才を発揮することで理想像である経営者となることを表すものであった。このような経営哲学・倫理は欧米でも戦後に発達し、帝王学（人の上に立つものとしての精神）に類似した学問も登場した。今では企業の倫理が問われるようになっており、経営者や戦略における要素となっている。武士道などの精神は経営学系統の大学、高校において標語として採用している場合もある。現在では国際化の進展に合わせて日本の武士道などの日本経営精神に対する必要性を挙げるものもいる。『武士道』の著者である新渡戸稲造も祖父が商人としての成功があったが、商業倫理に関する言葉を残している。

第8章　日本の風俗習慣

1. 日本の贈答

　贈答とは単なるモノのやりとりではない。特定の機会に贈りものをやりとりする儀礼的行為である。毎年、中元や歳暮の季節が訪れると、贈答品が全国各地を頻繁に往き来する。子どもの誕生、結婚、葬式などの改まったハレの日、あるいは病気、地震や洪水などの自然災害、旅行、転居、新築などの折にも、見舞いやお祝いといってはモノが贈られ、お返しがされる。この国の人びとは、毎年こうした贈りもののやりとりを繰り返している。

　このような贈りもののやりとりは、いつごろからおこなわれるようになったのであろうか。いずれ史家によってあきらかにされるであろうが、贈りものをやりとりする習慣は、源 了圓の『義理と人情―日本的心情の一考察』によると、すでに中世後期の武家社会に成立していたようである。

図 8.1

　室町幕府の要人であった伊勢貞親の『伊勢貞親教訓』に、「他家より人の物くれたらんには、相当の贈るほどの返しをすべし」とあるというのである。贈りものをもらったら、それに見合うだけのお返しをしなければならないということであろう。これを交換論にひき寄せて解釈すると、そのころの武家社会では「均等交換」にあたる贈りもののやりとりがおこなわれていたことになる。

　こうした贈りもののやりとりは、中世後期以降、いろいろ変化を繰り返しながら、近世・近代を経て現代にいたったと想像されるが、現代日本ではさまざまな贈答がおこなわれている。

　ひとつは、近代以前から各地の都市や農村でおこなわれている贈りもののやりとりである。中元や歳暮、結婚式や葬式のときの贈りものとお返しがそれにあたる。

　いまひとつは、近代以降に欧米から受容され、この国の年中行事のシステムに組み込まれている贈りもののやりとりである。都市のライフスタイルとして定着しているクリスマス・ギフトなどがそれにあたる。

　もうひとつは、1970年代以降、大衆消費社会状況のなかで、特定企業によって創案され、都市の若者たちのあいだに普及している贈り

◎ 第8章 日本の風俗習慣 ◎

もののやりとりである。バレンタインデーとホワイトデーとよばれる贈りもののやりとりがそれにあたる。

　現代日本には、こうした新旧の贈りもののやりとりのほかに、グローバル化やボーダーレス化にともなって、不特定多数の「見知らぬ人びと」への公的贈与（寄付・寄与）も徐々に普及している。ボランティア活動（労働贈与）や臓器移植（器官贈与）、開発援助などがそれらの贈答の機会である。それに対して、家族の誕生日、クリスマス、結婚記念日は、近代以降に欧米から受容された贈与の機会である。このように欧米から文化要素を受容することによって、日本社会の伝統的な贈答の世界は変化をとげてきたが、1970年代以降、欧米から再び父の日（六月第三日曜日）、母の日（五月第二日曜日）、バレンタインデー（二月一四日）という、あたらしい贈与の日が導入されることになった。

　バレンタインデーとは、欧米で愛する人に贈りものをする「贈与の日」といわれる、その導入をめぐって注目したいことがある。洋菓子業界がバレンタインデーを導入する際に、販売戦略の一環として、その一ヶ月後にホワイトデー（三月一四日）という「お返しの日」を創案したことである。

　ホワイトデーとよばれるお返しの日は、近年のグローバル化とローカル化が相互に影響しあって生まれたグローカリズムを表象している。現代日本社会には、こうしたグローカリズムがいろいろ認められるが、ここではバレンタインデーとホワイトデーが、後述する返礼の期待と返礼の義務という、人間社会に普遍的にみられる互酬性の原理を巧みに操作して創案されていることを指摘しておこう。

　ホワイトデーの創出によって、現代日本社会には三つの型の贈答

が共存することになった。ひとつは、近代以前から伝承されてきた中元、歳暮などの連続型である。いまひとつは、近代以降に欧米から受容された家族の誕生日、クリスマス、結婚記念日などの受容型である。もうひとつは、1970年代以降、特定企業によって仕掛けられたバレンタインデーとホワイトデーという創出型である。

1.1　モノのやりとり

　贈りもののやりとりには、モノとモノのやりとりのほかに、モノと世話のやりとりがある。世話という概念には、「世話になる」「世話をする」「世話をかける」という慣用句が示すように、好意と信頼にもとづくサービスや情報の提供などが含まれている。しかも、世話という用語は、社会範囲としての恩や義理の観念と同じように贈答のキーワードになっている。このことを裏づけるように、日本社会では「世話になった人」あるいは「世話をかけた人」に贈りものをすることが実に多い。この点に着目して都市の日本人の贈りもののやりとりを取りあげたのは、アメリカの文化人類学者、別府春海である。

1.2　共時的交換と通時的交換

　現代日本社会におこなわれる贈りもののやりとりを、別府は広範囲にわたって取りあげているが、わたしも以前、中元や歳暮、祝儀や不祝儀などのモノのやりとりを視野に入れて、贈りもののやりとりをふたつの型にわけ、それを「共時的交換」と「通時的交換」とよんだことがある。

　共時交換とは、ハレの日の食物のやりとり、中元や歳暮などのよ

うに相対的に短期間でおこなわれる贈与と返礼のことである。これに対して、通時的交換とは、婚礼の祝儀とお返しや葬式の香典と香典返しなどのように、相対的に長期間にわたっておこなわれる贈与と返礼のことである。

　年中行事、通過儀礼、火事見舞い、家の新築・改築などの、特殊で一定の機会におこなわれる習慣的贈与にはいつもお返しをともなうが、そのお返しには即時的返済と対称的返済というふたつの型があるというのである。

　即時的返済とは、餞別に対する土産、病気見舞いに対する快気祝いの招宴などのように、短期間のあいだにおこなわれるお返しのことである。この型の返済は、贈りものをもらったらすぐに返すので、贈られた側はながいあいだ借り手としてとどまることがない。これに対して、対称的返済は同じような機会に同じような贈りものを返すことで、息子の入学祝いにもらった贈りもののお返しは、相手の息子の入学祝いのときにする。あるいは現金の贈りものには現金で返すことが指摘されている。

　日本の贈答文化の特徴として食物の交換をする。食物の『贈答交換』がたびたびおこなわれるのは、多くはハレの日である。彼岸のボタ餅などのように、先方にあるのがわかっていても贈る。また、一定の日に一定の親方に餅などを贈呈し、むこうからもやはり贈っているところがある。日本のように食物を贈りあう例は文明国ではめずらしい。他には見られぬところである。これはいわゆるカワリモノの作法で、変わった品物の交換を意味する。古風はこわれているが、機会があるたびにそれが願われるのである。これを一概に国民性といってしまうことには警戒を要するが、特殊なものは一

緒に食わねば―共同飲食をせねばならぬと思う特殊な気持ちからすることであって、それがいまも残っているのである。

　さらに、日本人の贈答文化の核心に迫っていくことは、日本社会には、近代以前から誕生祝い、結婚式、葬式などに、親戚、友人、知人からモノや金銭が贈られる慣習が制度化している。その際、贈り手の名前、贈られた品物とその数量、あるいは金銭の額が記録される。その記録は一般に祝儀帳、不祝儀帳とよばれ、贈与と返礼のメカニズムをあきらかにする有力な手がかりのひとつになっている。

　現在、日本の贈答文化、ひいては儀礼文化は大きな曲がり角に来てある。

　近世以降、ながいあいだ日本社会に定着していた香典と香典返しにも変化の兆しがみられるようになった。一部の人びとのあいだで、弔問者に直接、香典返しをおこなわずに、死者が生前世話になった病院その他の公共機関に、香典の全額もしくは一部を寄付するという慣習が生まれていることである。このことは、香典と香典返しが『私的交換』（贈答）から『公的贈与』（寄付）に転換しつつあることを示唆しているとみてよかろう。

　日本人は、伝統、習慣、しきたりに基づいた独特の贈答文化を築いてきました。日本の贈答は、感謝やお祝いの気持ち、弔意、励ましの気持ちなどを金品にして表します。特に慶弔時に贈答の気持ちを品物ではなく、お金で贈る祝儀や不祝儀は、日本独特の贈答の風習と言えるだろう。

　この様に、日本では、世界でも有数の贈答文化を持っている。日本人は何かにつけて、贈り物を贈る。そのため、生まれた文化が贈

り物へのお返しをする習慣である。多くの場合、「内祝い」と呼びます。贈り物をいただいたら、何らかの形で、お返しをすることにより、贈り物のやり取りが一方方向から、双方向になり、お互いに気持ちを分け合う意味合いを持つ。現代では、贈り物の形も簡素化されているが、日本人が大切にしてきたおもてなしの心とお互いの心を通わせる意味のあるお返しは、守っていきたい習慣である。

1.3 贈り物は渡す

元来(がんらい)、贈り物は、必ず持参(じさん)して、贈る気持ちを言葉で伝えて差し出すのが礼儀であった。現代では、デパートやインターネットから商品を注文して、贈答品を贈ることが主流になっている。その場合には、贈る気持ちを相手に伝えることが大切なのである。贈り物を贈る理由と気持ちを相手に確実に伝えることで、贈る品物の価値が生きてくるのである。贈り物の伝え方は、事前の手紙やメールでの挨拶や、贈り物に添える熨斗(のし)やメッセージカードなどで表す。

1.4 贈り物へのお返し

お返しの度合いや時期は、時と場合により異なる。また、お返しを必要とする場合と必要としない場合もある。一般的に「慶事は倍返し、弔事は半返し」と言われている。しかし、現代では、慶事の場合にはいただいた金額の半分くらい、弔事には三分の一くらいのお返しが適切と言われている。

また、お返しの方法やお返しの必要のない場合もある。入学や入園など身内(みうち)からのお祝いには、元気な姿を見せることでお返しできる。新築祝いへのお返しは、通常、新居への招待と家の披露とご馳

走でのおもてなしである。お見舞いの場合にも、病気のお見舞いには「快気祝い」としてお返しするが、天災などの不慮の事故にはお返しは必要ない。お中元やお歳暮は、お互いに品物を交換するか、利害や上下関係の場合には、今までと変わらないお付き合いをすることでお返しできる。

1.5　贈答文化の連続・可変・創出

　文化の連続性とは、文化は過去から現在につながっている。あるいは現在の文化には過去の文化がひきつがれているということである。近世以前から伝承されている中元や歳暮などの贈りもののやりとりは、こうした文化の連続性を表象している。

　文化の可変性とは、文化は決して固定したものではない、文化は絶えず変化をつづけているということである。その変化とは、既成の文化要素の変化にかぎらない。あたらしい文化要素の受容も含まれている。近代以降、欧米から受容されたクリスマス、バレンタインデー、父の日、母の日の贈与は、こうした文化の可変性を表象している。

　文化の創出性とは、文化要素は絶えず生成されるということである。このことは、文化というものには新旧の諸要素が並存していることを意味している。一九七〇年代に企業の販売戦略によって創案されたホワイトデーのお返しなどは、こうした創出性を表象しているとみてよかろう。

　近代以降、日本社会でおこなわれている贈りもののやりとりは、こうした連続性、可変性、創出性という、日本文化の三つの属性を見事に表象している。

2. 日本での婚礼

結婚式を行うことは婚礼と言う。神式・仏式・キリスト教式で結婚式を挙げるのはほとんどであるが、その中、神式は代表的なのである。

2.1 神前式

明治神宮における神前結婚式で、神主の先導で新郎新婦が境内を歩くのが一般的である。

前述の通り、日本の結婚式そのものや、行われてきたしきたりは日本独自の宗教である神道から大きな影響を受けているが、結婚式自体は自宅で行われるのが一般的であった。

明治11年12月9日に千家尊福（出雲大社宮司）が出雲大社で神前挙式を行い、その内容が「婚禮式」として出雲大社に残されている。

「神前結婚式」という形式が明確となり、一般に広まったのは、1900年（明治33年）5月10日に皇室御婚令が発布され、皇太子（後の大正天皇）の結婚式が初めて宮中賢所大前で行われ、同様の神前結婚式を挙げたいという気運の国民間での高まったことがきっかけである。

具体的な式順としては巫女の先導で新郎新婦、媒酌人、新郎両親、新婦両親、新郎親族、新婦親族の順に入場し、最後に斎主が入場する。典儀と呼ばれる司会進行役（巫女が行う場合もある）が式の始

まりを宣言、斎主の拝礼に合わせ一堂が起立して神前に礼をする。祓を行う為、斎主が幣を用いて穢れを祓う。一堂は起立したまま軽く頭を下げ、これを受ける。斎主が神前で二人の結婚をその神社に鎮座する神と氏神、そして祖先神に報告する祝詞を奏上し、神の加護を願う。一堂は起立して頭を下げる。

ただし、必ずしも神社のみで行われているというわけではなく、神前式の結婚式を行えるホテル、結婚式場も多い。

2.2　仏前式(ぶつぜんしき)

仏に結婚を誓う様式である。1892年(明治25年)に浄土真宗(じょうどしんしゅう)本願寺派(ほんがんじは)の藤井宣正が東京白蓮社会堂(びゃくれんしゃかいどう)に結婚式を挙げ、各宗派において仏前結婚式が普及される。

菩提寺(ぼだいじ)の本堂にて行なう場合が多いが、本尊を安置して公民館や、家庭でも挙式は可能である。

具体的な式順は宗派によって多少の違いがあるが、住職(司婚者)と参列者一同が、本尊に結婚を奉告し、住職から終生仏教徒として守るべき事柄について諭しを受け、記念の数珠を拝受、互いに敬愛を誓いあう誓紙に署名した後、三三九度の杯を交わすのが大筋(おおすじ)である。

2.3　キリスト教(教会)式

日本で行われるいわゆる「キリスト教式結婚式」は、キリスト教徒の結婚式を模した結婚式である。すなわち本物の教会堂や聖堂でなく、結婚式のためだけにつくられた教会堂風の施設(宗教施設でなく集会場として登録されるいわゆる「結婚式教会」)において、特

◎ 第8章　日本の風俗習慣 ◎

定の教会に所属しない者によって行われるケースが大多数である。また、様式としてもカトリックとプロテスタントを混同している場合も多い。ただし、正教会の様式が参考にされているケースはない。

　現在の日本では、キリスト教徒は人口の1％程度であるが、信仰とは無関係に、キリスト教徒を模した挙式を望む人が非常に多い。

2.4　人前式(ひとまえしき)

　教会や神前での結婚式のように神仏に結婚を誓うのではなく、両親やその他の親族、親しい友人などの前で結婚を誓うのが、現在の人前式(じんぜんしき)と呼ばれる挙式スタイルである。神前式(しんぜんしき)と混同しないよう、人前式と呼称する場合もある。ホテルや結婚式場などで対応している場所も多い。人前式の場合、特定宗教とは無関係であるため、出席者にあらゆる宗教的背景がある場合でも問題なく式を遂行できるというメリットがある。

　結婚式の後、新郎新婦両家の名義で、親族のほか友人や関係のある人々を招待して披露宴(ひろうえん)を開く。ここで媒酌人(ばいしゃくにん)は出席者に新郎新婦を紹介する（恋愛結婚の場合も、結婚式には媒酌人を立てる）。

　披露宴は都会では、洋式で行うことが多い。披露宴の途中、新婦は中座(ちゅうざ)して衣装を替え、いろいろの衣装を見せて美しさを強調する。

　近年日本では、宗教にかかわりなく、教会式、神前式、人前式、仏前式などの結婚式が自由に選択されている。通常儀式の後披露宴が行なわれるため、結婚式を行う場所も出席者の交通の利便性がよく大広間が利用できるホテルの利用者が多く、次に多いのが結婚式場

259

である。このホテルや結婚式場では、式場側で結婚式に関するほとんど全ての用意を行い華やかな演出まで行ってくれるので、式を主催する側には大変便利になっている。これらの式場には神社や寺院、キリスト教会の出張先として別室が設けられ、主に両家の親族が入って式が執り行われる。その後併設した宴会場で盛大な披露宴を行うことになる。宴会場を利用した場合、いずれにしても多額の費用が掛かる為、親類縁者だけの小規模な結婚式もある。また、近年ではハウスウェディングと称して一軒家を借り切って親族や友人など身近な者を招待し、パーティー形式の結婚式・披露宴を行うこともある。

● 3. 日本での葬儀

3.1 葬儀

日本での葬儀は通夜・告別式のことを言う。葬儀の形式は、故人の宗教やその遺志などによって神式・仏式・キリスト教式・無宗教式といろいろある。死者を葬る前に家族・親戚・友人など故人に所縁の深い人々が夜通し棺の前で守る。これは通夜という。

通夜は古代の殯に発している。葬儀の前夜祭の形態をとる。誰かが寝ずの番をして（交代でもよい）、夜明けまで灯明や線香の火を絶やさないようにしなければならない（魔除けの意味がある）。近

年では消防署などにより、式場では夜間の火は焚かないよう指導が入ることもあり、都市部の式場では夜通しではなく、半通夜と呼ばれる形態で夜は遺族が帰ってしまう場合もある。

　僧侶などによる葬儀が終わると出棺が行われ、多くの参列者とは別れるのが一般的である。出棺の際に、故人が使っていた属人器であるご飯茶碗を割ったり、座敷を掃き出したり、カゴや臼を転がしたりする風習が残っている地方がある。

　火葬場に向かう道と帰り道は同じ道を通らない。一本道で難しい場合であっても、可能な限り同じ道を通らないように努力しなければならない。埋葬した死霊が付いて来ない様にするためである。逆に同じ道を通らなければならないとする風習もある。

　葬儀終了後に「振り塩」と呼ばれる清めの塩を撒く（ただし、これは神道由来の慣習であって、死を穢れとみなさない仏教の教義に反すると考える意見もあり、元来これを行っていなかった浄土真宗を中心に、近年では行われないケースもある）。

　一般に告別式は友引の日を避けるが、これは俗に「友を（死に）引かない」よう配慮するためとされる。ただし、元来六曜は、仏教とは関係がない、賭け事、勝負事から入って来ており、友引とは「勝負事で友人と引き分ける」という意とされ、陰陽道との混淆に由来する。ゆえに友引の日に告別式を行わない風習は迷信と考えられる。火葬場は友引の日が休業日になっている所が多いが、友引でも休業日でない所も増えて来ている。

　墓地など埋葬する場所まで送ることを野辺送りということが

ある。

　三回まわしと言って、出棺する前に棺をその場で3回廻したり、建物を3回廻ったりして出棺する風習が一部地域で見ることがある。

　振り銭・振り餅、葬列時に花籠（竹の籠から割った竹を幾本も垂らし、紙の飾りをつけた物）に銭や餅を入れ落としながら葬列する風習もある。またざるから手で取って撒く場合は撒き銭・撒き餅などとも言う。

　なお、同じ日本でも、沖縄県では中国の文化の影響を強く受け、琉球の信仰に基づく葬儀の風習はかなり特異であり、告別式の前に火葬を行うのが普通である。また東北地方、中国地方、九州地方の一部でも告別式の前に火葬を行うことが多い（骨葬）。

3.2　法要

　仏式では、故人の死後、冥福を祈って読経する法要と言う行事がある。死後7日目の初七日、同様に四十九日などに行う年忌法要もある。盆や春秋の彼岸にも墓参りをして、死者をしのび・供養する。

3.3　祭祀

　祖先の祭祀には、地域によってそれぞれの祭りがあるが、祖先祭祀に当たる全国的な祭りは、盆や春秋の彼岸の日に墓参りを行うほか、各地も盆祭りの行事も行う。盆祭りに当たって、いくら忙しくても、日本人は帰省して祖先を祭祀することを大事に行う。お墓にお水をかけ、お花を供えるのが通常であるが、お酒や果物などを供えるのも少なくはない。

第9章 日本の社会保障

　日本国憲法において生存権が規定されて以降、日本の社会保障制度は大きく発展し、様々な仕組みが整備されてきた。日本の社会保障制度は、第二次世界大戦前より形成されてきたが、社会保障の意義について国民的に議論され、政策が本格的に発展されるようになったのは、第二次世界大戦後である。

　1947(昭和22)年に施行された日本国憲法第25条において、「すべて国民は、健康で文化的な最低限度の生活を営む権利を有する」、「国は、すべての生活部面について、社会福祉、社会保障及び公衆衛生の向上及び増進に努めなければならない」という、いわゆる「生存権」が規定され、戦後の日本が福祉国家の建設を目指すことを内外に宣言してからである。

　この憲法第25条を受けて、社会保障の政策のみならず、理論的な研究にまで影響を及ぼす形で社会保障の概念を明示したのが、内閣総理大臣の諮問機関として1949(昭和24)年に設置された社会保障制度審議会による1950(昭和25)年の「社会保障制度に関する勧告」であった。この勧告では、社会保障制度を次のように規定している。

「社会保障制度とは、疾病、負傷、分娩、廃疾、死亡、老齢、失業、多子その他困窮の原因に対し、保険的方法又は直接公の負担において経済保障の途を講じ、生活困窮(こんきゅう)に陥った者に対しては、国家扶助によって最低限度の生活を保障するとともに、公衆衛生及び社会福祉の向上を図り、もってすべての国民が文化的社会の成員たるに値する生活を営むことができるようにすることをいうのである。」

「このような生活保障の責任は国家にある。国家はこれに対する綜合的企画をたて、これを政府及び公共団体を通じて民主的能率的に実施しなければならない。（中略）他方国民もまたこれに応じ、社会連帯の精神に立って、それぞれその能力に応じてこの制度の維持と運用に必要な社会的義務を果さなければならない。」日本の社会保障制度の体系は、上記の考え方を基本として発展してきたが、上記勧告のような社会保障の捉え方は、ヨーロッパ諸国におけるそれよりも広く、現在の日本の社会保障制度の特徴の一端を垣間見(かいまみ)ることができる。

本章では、日本の社会保障の目的と機能について説明するとともに、社会保障制度全般の特徴を紹介し、各制度の概略について解説する。

1. 社会保障の目的と機能

社会保障の目的は、国民の生活の安定が損なわれた場合に、国民に健やかで安心できる生活を保障することである。近年では、社会保障は、一般に、「国民の生活の安定が損なわれた場合に、国民にす

こやかで安心できる生活を保障することを目的として、公的責任で生活を支える給付を行うもの」(社会保障制度審議会『社会保障将来像委員会第1次報告』1993(平成5年)とされている。

　日本の社会保障の仕組み具体的には、傷病や失業、労働災害、退職などで生活が不安定になった時に、健康保険や年金、社会福祉制度など法律に基づく公的な仕組みを活用して、健やかで安心な生活を保障することである。

　それでは、社会保障は実際にどのような機能を果たし、国民の暮らしにどのような効果を及ぼしているのだろうか。社会保障の機能としては、主として、① 生活安定・向上機能、② 所得再分配機能、③ 経済安定機能の3つが挙げられる。なお、これらの機能は相互に重なり合っていることが多い。

　社会保障の「生活安定・向上機能」は、人生のリスクに対応し、国民生活の安定を実現するものである。社会保障の機能の1つ目としては、生活の安定を図り、安心をもたらす「生活安定・向上機能」がある。例えば、病気や負傷の場合には、医療保険により負担可能な程度の自己負担で必要な医療を受けることができる。現役引退後の高齢期には、老齢年金や介護保険により安定した生活を送ることができる。雇用・労働政策においては、失業した場合には、雇用保険により失業等給付が受給でき、生活の安定が図られるほか、業務上の傷病等を負った場合には、労災保険により、自己負担なしで受診できる。また、職業と家庭の両立支援策等は、子育てや家族の介護が必要な人々が就業を継続することに寄与することで、その生活を保障し安心をもたらしている。このような社会保障の機能により、私たちは社会生活を営んでいく上での危険(リスク)を恐れず、日常生活を送ることができるとともに、人それぞれの様々な目標に

挑
いど
むことができ、それがひいては社会全体の活力につながっていく。逆に言えば、社会保障が不安定となれば、将来の生活への不安感から、例えば、必要以上に貯蓄をするために消費を抑制する等の行動をとることによって経済に悪影響が及ぼされるなど、社会の活力が低下するおそれがある。

　社会保障の「所得再分配機能」は、社会全体で、低所得者の生活を支えるものである。社会保障の機能の2つ目としては、所得を個人や世帯の間で移転させることにより、国民の生活の安定を図る「所得再分配機能」がある。具体的には、異なる所得階層間で、高所得層から資金を調達して、低所得層へその資金を移転したり、稼得
かとく
能力
のうりょく
のある人々から稼得能力のなくなった人々に所得を移転したりすることが挙げられる。例えば、生活保護制度は、税を財源にした「所得のより多い人」から「所得の少ない人」への再分配が行われている。また、公的年金制度は保険料を主要財源にした、現役世代から高齢世代への世代間の所得再分配とみることができる。また、所得再分配には、現金給付だけでなく、医療サービスや保育等の現物給付による方法もある。このような現物給付による再分配は、報酬に比例した保険料額の設定など支払能力（所得水準）に応じた負担を求める一方、必要に応じた給付を行うものであり、これにより、所得の多寡
たか
にかかわらず、生活を支える基本的な社会サービスに日本国民が平等に日本の社会保障の仕組みアクセスできるようになっている。

　社会保障の「経済安定機能」は、経済変動の国民生活への影響を緩和し、経済成長を支える機能である。社会保障の3つ目の機能としては、景気変動を緩和し、経済成長を支えていく「経済安定機能」が

ある。例えば、雇用保険制度は、失業中の家計収入を下支えする効果に加え、マクロ経済的には個人消費の減少による景気の落ち込みを抑制する効果(スタビライザー機能)がある。また、公的年金制度のように、経済不況期においても継続的に一定の額の現金が支給される制度は、高齢者等の生活を安定させるだけでなく、消費活動の下支(したざさ)えを通じて経済社会の安定に寄与している。さらに、雇用保険制度に限らず雇用・労働政策全般についても、前述の生活安定・向上の機能を有するのみならず、国民に、困った時には支援を受けられるという安心をもたらすことによって、個人消費の動向を左右する消費者マインドを過度に萎縮させないという経済安定の機能があるといえる。

2. 日本の社会保障の特徴

　日本の社会保障制度には、国民皆保険制度、企業による雇用保障、子育て・介護における家族責任の重視、小規模で高齢世代中心の社会保障支出といった特徴があった。私たちは、社会的なつながりを基盤として日常生活を営んでいる。具体的には、親子、夫婦、兄弟、親族といった家族の支え合いの中で家庭生活を営み、近所やコミュニティでの人づきあいを通じて地域生活を営み、そして企業等の職場において職業生活を営んでいる。

　日本の社会保障制度は、日本の社会の家族、地域、企業による生活の保障を代替あるいは補完する機能を果たすものであるといえる。日本では、国民の生活基盤の安定は、右肩(みぎかた)上(あ)がりの経済成長や低失

業率と、それらを背景とした企業の長期雇用慣行(終身雇用を前提とした正規雇用)、地域の雇用維持のための諸施策(公共事業による雇用創出等)など、男性世帯主の勤労所得の確保によるところが大きかった。

そして社会保障は、どちらかと言えばこれを補完する役割を担ってきた。その結果、他の先進諸国と比較すると、社会保障支出は規模の点で小さく、そのために必要となる負担も抑制されてきた。支出面ではっきり増大してきたのは、高齢者人口の増大に伴い、人々が職業生活を退いた後の年金給付や高齢者の医療費等であった。また、男性世帯主が仕事に専念する一方で、子育てや介護については、家庭内での家族によるケアへの依存度が高く、特に、専業主婦の奮闘(ふんとう)によるところが大きかった。

このように、日本の社会保障制度には、① 国民皆保険・皆年金制度、② 企業による雇用保障、③ 子育て・介護の家族依存(特に女性に対する依存度が高い)、④ 小規模で高齢世代向け中心の社会保障支出、といった特徴があったといえる。

「国民皆保険・皆年金」は日本の社会保障制度の中核である。1961(昭和36)年に実現された「国民皆保険・皆年金」は、全ての国民が公的医療保険や年金による保障を受けられるようにする制度である。この「国民皆保険・皆年金」を中核として、雇用保険、社会福祉、生活保護、介護保険などの諸制度が組み合わされて、日本の社会保障制度は構築されてきた。

戦後の日本では、企業による雇用保障が大多数の国民の生活を支えてきた。1960年代の高度経済成長期に、不足しがちな労働力を確保するため、終身雇用や年功賃金といった長期雇用慣行が定着して

いった。また、企業は魅力ある職場づくりのために法定外（企業内）の福利厚生を充実させ、こうした中で、労働者の側も企業への帰属意識を強めていった。

　このような「日本型雇用システム」は、農林水産業や自営業に従事する人が減少し労働者（被用者）が増加する中で、日本の失業率を、諸外国と比較して低水準に抑えることに貢献するとともに、労働者とその家族の生活の安定や生活水準の向上に大きく寄与し、生活保障の中心的な役割を果たしてきた。

　戦後の日本では、性別役割分業の下、専業主婦を中心とした家族が、子育てや介護の中核を担った。日本型雇用システムは、右肩上がりの経済成長と低失業率を背景として、会社が従業員に対して長期の安定した雇用を保障する見返りに、従業員は会社に忠誠を尽くすことを求めるものであったとされている。このため、男性従業員は、長時間労働や頻繁に行われる転勤など、生活（ライフ）よりも仕事（ワーク）を優先することを余儀なくされた。また、男性が仕事に専念することが可能であったのは、結婚または出産を機に会社を退職して専業主婦となった女性を中心とする家族が、「夫の役割は仕事、妻の役割は家事」という性別による役割分担に基づき、育児や介護などの身内に対するケアに必要な労働を主に担ったからであるといえる。

　また、このような、性別役割分業の下で、女性は、出産・子育て期には就業を中断して、育児や家事に専念するというライフコースのパターンが確立し、女性の就業カーブは、出産・子育て期に最も低い「M字カーブ」を描くようになった。

　現役世代の生活保障は企業や家庭がその中核を担ったため、政府

の社会保障支出は高齢世代を中心に行われ、規模は比較的小さくなっている。日本の社会保障支出の内訳は、「国民皆保険・皆年金」を中心とした社会保障の構造を反映して、公的年金や医療保険等の社会保険の占める割合が高くなっている。また、年金支給額の内訳では老後の生活保障である老齢年金が大部分を占め、医療保険では、病気にかかりやすい高齢者への医療給付が大きな割合を占めていることから、社会保障支出は、高齢世代向けの給付の比重が大きくなっている。

一方、現役世代向けの支出については、企業と家族が現役世代の生活保障の中核を担ってきたことから、家族給付が少なかった結果、その規模は比較的小規模に抑えられている。

具体的には、日本型雇用システムの下では、企業は不況期になっても従業員を直ちに解雇するのではなく雇用維持を図ろうとするため、失業率は不況期になっても比較的低水準に抑制され、その結果、再就職支援や職業能力開発への公的な支出の規模が小さくなっている。また、家庭が外部のサービスにあまり頼らず、育児や介護に関するニーズを自ら充足してきたため、これらに対する政府の支出が比較的低水準に抑えられている。こうしたことから、日本の社会保障の規模全体で見ると、高齢化の影響で高齢世代向けの支出は年々増加しているが、その反面、それ以外の世代に対する支出は、他の先進諸国に比べ、相対的に小さな規模となっている。

日本型雇用システムの変化などに対応するためには、社会保障の改革が必要である。このように、日本の社会保障は、1960年代の高度経済成長期以降に、右肩上がりの経済成長と低失業率、正規雇用・終身雇用の男性労働者と専業主婦と子どもという核家族モデル、

充実した企業の福利厚生、人々がつながりあった地域社会を背景として、国民皆保険・皆年金を中心として形作られ、これまで国民生活を支えてきた。しかし、とりわけ1990年代以降の国内外の社会経済情勢の変化の中で、これまでの社会保障が前提としていた日本の社会の構造は、大きく変化した。特に、日本型雇用システムは、経済のグローバル化、国際競争の激化や産業構造の変化への適応を迫られた結果、給与水準の比較的低い非正規雇用の労働者が労働者全体の3分の1を超えるなど、企業における就業形態が多様化し、従来のような生活保障機能は低下傾向にある。また、いわゆる性別役割分業の意識が薄れ、女性の社会進出が進む中で、専業主婦が育児や介護を担うというロールモデルは既に限界となっているともいわれている。加えて、少子高齢化の急速な進展に伴い高齢人口が年々増加するため、社会保障支出も急速に拡大している。このような社会の変化に対応して、社会保障制度も改革していくことが必要であり、現在、どのように現役世代を支援し、高齢世代を支えていくかについて検討が行われ、「社会保障と税の一体改革」が進められている。

2.1 日本の社会保険制度

社会保険とは、社会保障の実施のために国民から保険料を集め、保険料を支払った人が弱い立場におかれたときに、みんなから集めた保険料を使って、お金を配ったり、サービスを提供するような形で彼らを助ける制度のことをいう。社会保険は、国民の最低限度の生活の保障を目指すもので、労働者の生活不安の原因をなくし、社会に必要な労働力の保護と確保を助けるための制度である。

公的な社会保険制度では、法律等によって国民に加入が義務付け

られるとともに、給付と負担の内容が決められる。

　現在、日本の社会保険には、病気・けがに備える「医療保険」、年をとったときや障害を負ったときなどに年金を支給する「年金保険」、仕事上の病気、けがや失業に備える「労働保険」(労災保険・雇用保険)、加齢に伴い介護が必要になったときの「介護保険」がある。

　社会保険の財源は、加入者や事業主が払う保険料中心であるが、国・地方自治体や利用者も一部負担している。社会保険の財源は保険料が中心である。保険料は、被用者保険では被保険者(被用者)本人のみならず、被保険者の職場の事業主も負担するのが原則となっている。また、社会保険制度の財源には、保険料以外にも国庫負担金等がある。医療保険や介護保険の場合は、給付を受ける本人が、かかった費用の一部を支払う「一部負担金(利用者負担)」もある。なお、応能負担の見地から、低所得者を対象に保険料を軽減・免除するために国や地方公共団体も費用の一部を負担している。

　「社会保険方式」と異なる社会保障の仕組みとしては、租税を財源とする「税方式」がある。税方式とは、保険料ではなく専ら租税を財源にして給付を行う仕組みであり、国や地方公共団体の施策として、国民や住民に対して現金または現物(主にサービス)の提供が行われる仕組みである。その典型は、公的扶助としての生活保護制度であるが、その他に、児童福祉、障害者福祉といった社会福祉制度も含まれる。

　社会保険方式は、保険料の拠出と保険給付が対価的な関係にあり、保険料負担の見返りに給付を受けるという点において、税方式の場合よりも、給付の権利性が強いといえる。また、財源面でも、会計的に保険料負担(収入)と給付水準(支出)とが連動していること

から、一般財源としての租税よりも、給付と負担の関係について、国民の理解が得られやすい側面がある。

社会保険制度は、保険料を支払った人々が、給付を受けられるという自立・自助の精神を生かしつつ、強制加入の下で所得水準を勘案して負担しやすい保険料水準を工夫することで、社会連帯や共助の側面を併せ持っている仕組みである。

社会保険の導入は、保険によるリスクの分散という考えに立つことで、社会保障の対象を一定の困窮者から、国民一般に拡大することを可能としたものといえる。このように、自立・自助という近現代の社会の基本原則の精神を生かしながら、社会連帯の理念を基盤にしてともに支え合う仕組みが社会保険であり、自立と連帯という理念に、より即した仕組みであるといえる。

社会保険方式には、未納、徴収漏れの問題を回避できないといった短所も指摘されている。一方、社会保険方式のデメリットとしては、社会保険の加入対象でない者や保険料を納付しない者は、給付による保障を受けられないことが指摘される。特に、事業主経由ではなく、直接本人から保険料を徴収する国民年金制度や国民健康保険制度においては、保険料の未納や徴収漏れといった制度運用上避けられない問題があり、非正規雇用の労働者を対象とした厚生年金保険等の適用拡大や保険料納付率向上のための効果的な未納対策も併せて重要な課題となっている。

2.2　国民皆保険・皆年金

　国民年金は20歳以上の全国民が加入する年金保険である。基礎年金ともいわれる。65歳から支給される。日本では、国民皆保険・皆年金により、国民誰もが医療を受ける機会や老後の生活の保障を実現させている。日本では、国民全てが公的な医療保険に加入し、病気やけがをした場合に「誰でも」、「どこでも」、「いつでも」保険を使って医療を受けることができる。これを「国民皆保険」という。社会全体でリスクをシェアすることで、患者が支払う医療費の自己負担額が軽減され、国民に対して良質かつ高度な医療を受ける機会を平等に保障する仕組みとなっている。

　また、老後の生活保障については、日本では、自営業者や無業者を含め、国民すべてが国民年金制度に加入し、基礎年金の給付を受けるという仕組みになっている。これを「国民皆年金」という。基礎年金は、老後生活に必要な収入の基礎的部分を保障するため、全国民共通の現金給付を支給するものであり、その費用については、国民全体で公平に負担する仕組みとなっている。こうした国民皆年金制度を実現することにより、社会全体で老後の所得保障という問題に対応していくことが可能となっている。

　国民皆保険・皆年金は、1961年に国民健康保険制度が完全普及し、国民年金制度が導入されることにより実現した。日本の社会保険制度は、第一次世界大戦後の1922(大正11)年に制定された健康保険法をはじめ、他の先進諸国と同様に、まず労働者(被用者)を対象として発足したが、労働者以外の者にも医療保険を適用するため、1938年に(旧)国民健康保険法が制定され、戦後の国民皆保険制度の展開の基礎が作られた。しかし、第二次世界大戦後、1955年頃まで、

農林水産業従事者や自営業者、零細企業従業員を中心に国民の約3分の1に当たる約3,000万人が依然無保険者であったため、社会問題化し、社会保障の充実の要望が高まった。そのため、被用者及びその家族以外の地域住民に対する社会保険制度を整備し、全国民の生活を保障することとした。1961年に国民健康保険制度が完全普及する一方、国民年金制度が発足し、国民皆保険・国民皆年金が実現した。

全ての国民が平等に社会保険の便益を享受できるよう、政府は、制度の運営や財政支援など積極的な役割を果たしている。公的医療保険の運営者（これを「保険者」という）は、全国健康保険協会、健康保険組合、市町村、後期高齢者医療広域連合など複数あるが、どの保険に加入していても同じ治療には同じ診療報酬点数表などが適用されるため、全国で平等に医療が受けられるようになっている。

こうした医療の平等な保障を担保するため、政府は、医療保険制度の制度設計、診療報酬や薬価基準の改定、保険者間の財政調整、財政運営に積極的な役割を果たしている。また、負担能力の低い者を含めて国民全てが社会保険に加入できるよう、公費負担が行われている。

国民年金および厚生年金（サラリーマンが加入する年金保険で、65歳から支給される）保険については、国が制度設計や財政運営上の責任を持つ一方、業務運営は、2010（平成22）年1月以降は日本年金機構が責任を持って担っている。また、公的年金の財源は、保険料収入および積立金の運用収入を基本としているが、制度の持続可能性の維持の観点から、基礎年金の給付に必要な費用の2分の1については、国庫負担により賄うことにしている。また、社会保障と税の一体改革では、この国庫負担の恒久財源として消費税率の引き上

げによる増収分が充てられることになっている。

　共済年金は公務員などが加入する年金保険で、65歳から支給される。しかし、サラリーマンや公務員たちは国民年金のほかにも厚生年金や共済年金も払わなければならない。サラリーマンや公務員たちはこれらの年金も支払っているおかげで、国民年金の6万円以外にも、20万円前後の年金を受け取ることができるので、老後の生活は、国民年金しかもらえない自営業、農家よりも安定したものになるといわれている。

3. 日本の社会保障の諸制度

　日本の社会保障はいろいろな制度があり、諸制度の概要について以下通り説明する。

3.1　医療制度・公衆衛生・公的年金制度

1）医療制度

　医療保険制度は、全ての国民に医療を提供するための基盤である。医療保険は、全ての国民に医療サービスを提供するためのものである。国民は、公的保険に強制加入し、保険料を納付する義務があり、医療機関の窓口で保険証を提示することで、一定割合の自己負担で医療を受けることができる。

　一部負担金は、原則的にかかった医療費の3割となっている。ただし、義務教育就学前の子どもでは2割、70歳以上の者では所得に応じて1割または3割となっている。自己負担分を除いた医療費に

◎ 第9章 日本の社会保障 ◎

については、大部分は医療機関から保険者に請求される。実際には、保険者は実施された医療サービスが適正なものであったかの審査および支払を審査支払機関（社会保険診療報酬支払基金など）に委託しているので、医療機関は審査支払機関に請求書（レセプト）を送り、医療費の支払いを受けることになる。

　高額な医療費に対しては、高額療養費制度により自己負担が軽減される。医療費総額が高額になると一部負担金が3割といってもかなりの自己負担額になる。医療保険制度では、医療機関や薬局での一部負担金の合算額が暦月単位で自己負担限度額（年齢や所得に応じて定められる。）を超えた場合に、その超過分については医療保険から別途支給を受けることができるため、かかった医療費がどんなに高額になっても、患者本人の負担額は自己負担限度額以下となり、負担が軽減される。これを高額療養費制度という。

　国庫補助などによって保険者間の財政力の格差を是正することにより、国民皆保険を担保している。医療保険は職域を基にした各種被用者保険と、居住地（市町村）を基にした国民健康保険、75歳以上の高齢者等が加入する後期高齢者医療制度に大きく分けられるが、基本的な給付の内容は同じである。保険料については、被用者保険は、被保険者の給与・ボーナスの額に応じて保険料を労使折半する。国民健康保険や後期高齢者医療制度は、世帯人員・所得などに応じて保険料が決まり、市町村が徴収する。各保険者の財政状況は、加入する被保険者の違いを反映して、各制度によって異なる。例えば、健康保険組合の運営する健康保険では、他の医療保険制度と比べると、加入者の平均年齢が若いため1人当たりの医療費が相

対的に安くなり、また、平均所得が比較的高いため保険料収入は相対的に安定している。

　これに対し、国民健康保険では、他の医療保険制度と比べると、加入者の平均年齢は高いため1人当たりの医療費は相対的に高くなり、また平均所得が比較的低いため保険料収入は相対的に不安定なものとなっている。特に退職後には被用者保険から国民健康保険に移ることが多くなっているため、財政的には厳しい状況となっている。このような保険者間で構造的に生じている財政力の格差を是正するため、公費（税金）を財源とした国庫補助や保険者間の65歳から74歳までの高齢者の偏在（へんざい）による負担の不均衡（ふきんこう）の調整（前期高齢者財政調整）等を行っている。また、75歳以上の高齢者の医療費を国民全体で公平に負担するため、後期高齢者医療制度に対する現役世代からの支援の仕組みとして、給付費の約4割に対して後期高齢者支援金が充当されている。

　医師等の専門職の養成や医療機関の適正配置などを通じた医療提供体制の整備も重要である。医療保険が整備されたとしても、実際に医療が受けられなければ、医療保障は実現しない。したがって、医療保険の仕組みによって必要な医療を保障するためには、医師や看護師等の医療従事者がきちんと充足されるとともに、その活動の場である病院などの医療施設や医療設備が適切に整備されていることが前提条件となる。このような医療サービス基盤のことを、医療提供体制という。この医療提供体制を整備することも社会保障の重要な役割のひとつである。病気の診断や治療などの行為は、医師や看護師といった資格を持った医療の専門職以外が行うことができないため、大学等の専門教育機関で、医療技術の進歩や患

者のニーズに見合った数の専門職を育成することが重要である。

　日本の医療機関には、20床以上の入院施設を持つ「病院」と、それ以外のいわゆる開業医などが開設する「診療所」がある。日本では、公的病院が中心のヨーロッパ諸国とは異なり、医療法人・個人合わせて民間医療施設が7割を超えているが、自由にどこでも設立できるわけではない。衛生面からの設備・人員の配置基準に関する医療法上の規制のほか、医療機関の地域ごとの偏在（過剰・不足）を防ぐため、都道府県が策定する、各地域の必要病床数を示した「医療計画」に基づく規制が行われている。

　また、国民が安心して暮らしていく上で欠かすことができない救急医療体制等を全国的に整備するため、国庫補助（国税）による支援を行っている。

2）公衆衛生

　国民が健康的な生活を送れるようにするため、保健事業を行っている。医療は、病気を治療し、心身の健康を回復するために必要不可欠であるが、健康的な生活を送るためには、日頃から、「自分の健康は自分で守る」という自覚を持って、病気の予防に努めるとともに、積極的に健康づくりを行うことが重要である。このような取組みを公的に行うのが、保健事業であり、社会保障の重要な役割の一つである。

　日本の保健事業は、都道府県や政令指定都市・中核市等を単位に設けられる「保健所」や市町村単位に設置される「市町村保健センター」を中心に行われている。

　保健所や市町村保健センターでは、保健指導または保健サービスと呼ばれるサービスが提供される。その例としては、がん等の生活

習慣病の検診、妊産婦・乳幼児に対する健康診査や保健指導、エイズの検査、相談、啓発、結核などの感染症対策、保健師による健康相談、一般的な健康診断、精神保健福祉に関することなどが挙げられる。

　また、保健所では、快適な生活環境を確保するため、食中毒の原因調査や予防対策、理・美容業、クリーニング業等（これらは生活衛生関係営業と呼ばれる。）の施設の衛生管理指導、動物愛護や狂犬病予防、大気汚染・水質汚濁対策、毒劇物の取り扱いの規制などの業務も行っている。

　医薬品や医療機器の有効性や安全性を確保するために、薬事行政を行っている。医療を行ううえで、飲み薬や注射などの医薬品と包帯や検査機器などの医療機器は不可欠なものであり、これらが有効で安全なものでなければ適切な医療を行い、病気やけがを治すのは困難である。これらの医薬品や医療機器の有効性や安全性を確保するために行われるのがいわゆる薬事行政であり、「薬事法」に基づき、製造から販売、市販後の安全対策まで一貫した規制を行っている。また、献血に代表される血液事業、薬物乱用防止対策、化学物質の安全対策など国民の生命と健康に直結する様々な問題に取り組んでいる。

　海外からの脅威から国民の健康や安全を守ることも重要な課題である。近年のグローバル化の進展により、海外から様々な感染症等が進入することにより、国民の健康が害される恐れが高まっている。それを水際で防ぐのが「検疫」であり、全国の「検疫所」がその

業務を行っている。特に、日本の総合食料自給率はカロリーベースで約4割であり、輸入食品の安全性確保は、国民の健康を守る上で極めて重要である。検疫所では、輸入食品の水際における監視指導を実施している。

3）公的年金制度

公的年金制度は、賦課方式による世代間扶養の仕組みである。日本の公的年金制度（厚生年金保険及び国民年金等）は、サラリーマン、自営業者などの現役世代が保険料を支払い、その保険料を財源として高齢者世代に年金を給付するという賦課方式による「世代間扶養」の仕組みとなっている。将来、現役世代が年金を受給する年齢層になったときには、その時の現役世代が拠出した保険料が年金に充てられることになっており、貯蓄や個人年金のような、自分が積み立てた保険料が将来年金として戻ってくる「積立方式」とは異なる仕組みをとっている。

核家族化や長寿化が進行した現代社会において、高齢者が私的な貯蓄等のみで老後生活を送るのは困難になっている。かつて高齢者は、自分の子どもによる私的な扶養や老後のための私的な貯蓄等を支えにして老後生活を送っていた。貯蓄については、誰もが自分の寿命を正確には予測できないし、老後の生活に必要十分な貯蓄額を事前に確定することは困難である。しかも、若いころから引退時、さらに寿命を全うするまでには何十年という長い時間があり、その間に、経済変動が激しくその動きが不確実な市場社会、とりわけ金融市場の不安定さの中で、予想を超えるインフレなどのリスクにより貯蓄の実質的な目減りが生じる可能性もある。また、子ども

による私的な扶養も不安定である。頼るべき子どもが全ての人にいるわけではないし、扶養能力は子ども自身の所得水準等に左右されることになる。戦後の日本の社会の構造変化、特に第1次産業で働く人の激減や若者の都会への集中、核家族化（老親との別居）等により、私的な扶養に頼ることはさらに難しくなった。また、平均寿命が大幅に伸び、かつての時代に比べ、現役引退後の老後生活が長期化したことも、私的な扶養や貯蓄等に頼って老後生活を送ることを困難にしている。

　「世代間扶養」は、一人ひとりが私的に行っていた老親の扶養・仕送りを、社会全体の仕組みに広げたものである。現役世代が全員で保険料を納付し、そのときそのときの高齢者全体を支える仕組みは、私的な扶養の不安定性やそれをめぐる気兼ね・トラブルなどを避けられるというメリットがある。また、現役世代が稼ぎ出す所得の一定割合を、その年々における高齢者世代に再分配するという「賦課方式」の仕組みをとることにより、物価スライド（物価の変動に応じて年金支給額を改定すること）によって実質的価値を維持した年金を一生涯にわたって保障するという、私的な貯蓄では不可能な、老後の安定的な所得保障を可能にしている。このような社会全体での世代間扶養の仕組みは、支えられる側の高齢者世代にとってはもちろんのこと、支える側の若い世代にとっても、自分の老親への私的な扶養に伴う経済的負担や自分自身の老後の心配を取り除く役割を果たしている。現在、3,500万人の方に50兆円の年金支給が行われており、高齢者世帯の平均所得の約7割が年金で占められるなど、今や公的年金制度は高齢者の生活保障にとってなくてはならないものとなっている。

◎ 第9章　日本の社会保障 ◎

　公的年金は、国民全てに共通の国民年金と勤め人が加入する厚生年金などから構成される。公的年金制度は、「2階建て」の仕組みになっている。

　日本全国民が共通に加入する国民年金（基礎年金）があり、サラリーマンなどの被用者（勤め人）は、その上にいわば2階部分として厚生年金または共済年金にも加入する。また、任意加入の制度としては、自営業者等が基礎年金の上乗せとして受給する「国民年金基金」等があり、厚生年金の上乗せとして「厚生年金基金」等がある。基礎年金により老後生活に必要な恒常的収入の基礎的部分が保障され、厚生年金や共済年金により、被用者が退職して給与所得を得られなくなった（稼働能力を失った）時の所得が保障される仕組みとなっている。

　国民年金は、20歳以上の全ての国民が加入する1階部分の年金制度であり、保険料や年金支給額は定額である。

　国民年金の基本的な目的は、老後生活に必要な収入の基礎的な部分を保障することであり、20歳以上60歳未満の日本に住所のある人はすべて加入しなければならない。

　保険料を納めた期間や加入者であった期間等（受給資格期間）が25年以上ある人が65歳になったときに支給されるのが老齢基礎年金である。具体的には、国民年金への加入義務がある20歳以上60歳未満の間の合計40年間（480月）保険料を払った場合、満額の老齢基礎年金2012（平成24）年4月現在で月額65,541円が支給される。もし、保険料納付済期間の月数がそれより短ければ、それに比例して減額される。たとえば、30年しか払っていない場合の受給額は、全期間払った場合の4分の3になる。また、国民年金に加入し、一

定の要件を満たしていれば、交通事故などで重度の障害者になったとき、生涯にわたって障害基礎年金を受給することができる。

勤め人やその被扶養配偶者の国民年金保険料は、厚生年金保険料等の中からまとめて拠出している。

国民年金の被保険者には、第1号被保険者、第2号被保険者、第3号被保険者がある。第1号被保険者は、主に自営業者や学生、また就業者ではあるが厚生年金の対象とならない者(短期間労働者など)や無職の者など、第2号被保険者は会社等に勤務して厚生年金等に加入している人々、第3号被保険者は、第2号被保険者に扶養されている配偶者、つまり勤め人の妻で専業主婦などがこれに当たる。

国民年金の保険料については、第1号被保険者は保険料を市町村等に直接支払い、第2号被保険者は、厚生年金等の保険料の中に国民年金の保険料も含まれている。第3号被保険者の給付に必要な費用は、扶養している夫や妻の加入している厚生年金などが負担し、国民年金に財源として拠出している。

第1号被保険者の国民年金の保険料は定額だが、低所得者のための「免除」、「減免」や、学生のための「納付猶予」の仕組みがある。

第1号被保険者については、国民年金の保険料は定額であり、2012(平成24)年4月現在、月額14,980円の保険料を支払わなければならない。しかし、所得が低くて支払が困難な場合には保険料の「免除」や「減免」の仕組みがある。また、学生については、在学中は払えずに卒業後にその分を払うことができる「納付猶予」の仕組みがある。但し、このような「免除」、「減免」、「納付猶予」が適用されるためには、生活保護や障害基礎年金を受給している場合を除き、本

人から市町村に申請が必要である。

　厚生年金は、被用者を対象とした2階部分の制度であり、報酬に比例して、保険料や年金支給額が決まる。

　民間の会社に勤めている(常時使用されている)人は、会社が厚生年金の適用事業所とされていることにより、厚生年金に加入することとなる。その場合、自動的に国民年金にも加入したことになり、厚生年金に保険料を払えば、別に国民年金保険料を払う必要はない。加入手続きや保険料の支払い等については、健康保険と同様である。手続き等は会社で行い、保険料は給与・ボーナスに決まった率2012(平成24)年4月現在16.412％を掛けた額となり、その半分は会社が負担し、残りの半分は本人の給与・ボーナスから天引きされる。

　保険料も年金支給額も給与所得に比例して決まる、報酬比例制となっているため、給与所得の高い人ほど、保険料や年金額も高くなる。また、年金額は、保険料納付済期間にも比例しており、保険料納付済期間が長いほど年金額が高くなる。

　公的年金制度の財源は、保険料収入のほか、積立金の運用収入や国庫負担により賄われている。公的年金制度の財源には、保険料収入のほかに、積立金の運用収入や国庫負担がある。積立金の運用収入については、保険料として徴収された財源のうち年金給付に充てられなかったもの(年金積立金)を運用し、その運用収入を年金給付に活用することによって、将来の現役世代の保険料負担が過大にならないようにしており、年金積立金管理運用独立行政法人が運営を行なっている。また、毎年度の基礎年金の給付に必要な費用の総額の2分の1は、国庫で負担することにしている。

3.2 介護保険制度・高齢者福祉

　介護保険は、介護が必要になった場合に、かかった費用の1割の利用者負担で、介護サービス事業者の提供する介護サービスを受けることができるものである。介護保険制度は、2000(平成12)年から実施されている最も新しい社会保険制度である。年をとったときに、脳梗塞(のうこうそく)などの病気やけがをして、治療が終わっても寝たきりをはじめ身体が不自由な状態になったり、あるいは認知症になったりして、介護が必要になった場合に、かかった費用の1割の利用者負担で、介護サービス事業者の提供する在宅や施設での介護サービスを受けることができるものである。

　介護保険制度は、市町村などが運営主体であり、40歳以上の人が加入している。介護保険制度の運営主体(保険者)は、市町村であり、国と都道府県は、財政面及び事務面から市町村を支援する体制となっている。介護保険に加入するのは40歳以上の人であり、保険料は所得水準に応じて決まる。40歳以上65歳未満の医療保険加入者の保険料は、医療保険の保険料と一括して徴収され、65歳以上の高齢者の保険料は、原則として公的年金から天引(てんび)きされる仕組みとなっている。

　介護保険には、利用前に市町村が調査し要介護度を認定すること、ケアマネジャーがケアプランを作成することなどの特徴がある。介護サービスを利用するときは、市町村に要介護認定の申請を行い、市町村の職員または市町村から委託を受けた介護支援専門員(ケアマネジャー)が心身の状況などの調査をした後、かかりつけ医の意見を踏まえて、保健・医療・福祉の専門家からなる審査会で要

介護度を判定する仕組みとなっている。認定をうけると、ケアマネジャーは、要介護者や要支援者がその心身の状況などに応じた適切なサービスを利用できるように「介護サービスの利用計画」(ケアプラン)や「介護予防ケアプラン」を作成し、事業者との連絡調整などを行う。このように、利用前に市町村が調査し要介護度を判定すること、ケアマネジャーがサービスの利用計画を策定することが医療保険と異なる特徴である。

　サービスには、大きく分けて在宅サービス、施設サービス及び地域密着型サービスがある。在宅サービスの例としては、訪問介護(ホームヘルプ)、訪問入浴、通所（つうしょ）リハビリテーション(デイケア)、通所介護(デイサービス)、短期入所生活介護(ショートステイ)などがある。施設サービスの例としては、特別養護老人ホーム、介護老人保健施設などがある。地域密着型サービスは基本的に都道府県単位で指定が行われる在宅サービスや施設サービスと異なり、市町村単位で指定を行う地域に密着したサービスとして2006年度に創設されたものであり、定期巡回（じゅんかい）・随時対応型（ずいじたいおうがた）訪問介護看護、小規模多機能型居宅介護（のうがたきょたく）、認知症高齢者（にんちしょうこうれいしゃ）グループホームなどがある。

　介護保険のサービスを利用した場合、利用者はかかった費用の1割(施設サービスを利用する場合、費用の1割に加えて食費・居住費)を負担する。なお、高額な利用者負担の支払いを避けるため、利用者負担額の上限が設定されており、また、低所得者にはより低い上限額が適用され、負担軽減が図られている。また、65歳以上の人で、環境的・経済的な理由により居宅において日常生活を営むことが困難な場合などには、老人福祉法に基づき、市町村の職権(措置)により、養護老人ホームなどへの入所等を保障している。

3.3 雇用保険制度・求職者支援制度・労災保険制度

1）雇用保険制度

　雇用保険制度は、政府が管掌する強制保険制度であり、労働者を一人でも雇用する事業主は、加入しなければならない。雇用保険は、失業や、雇用の継続が困難となる事態に直面したり、職業教育訓練を受けた場合に、生活・雇用の安定と就職の促進のために給付を行う保険制度である。また、雇用保険制度では、あわせて、事業主を対象に、失業の予防、雇用状態の是正及び雇用機会の増大、労働者の能力の開発及び向上その他労働者の福祉の増進を図るための事業（雇用保険二事業）を行っている。

　雇用保険の財源は保険料と国庫負担であり、このうち失業等給付に充てるための保険料は、事業主と労働者本人の折半で負担している。一方、雇用保険二事業の財源となる保険料については、事業主のみが負担している。

　基本手当は、再就職活動中の生活を支えるために支給されるものである。代表的な給付としては、「基本手当」がある。基本手当は、被保険者（労働者）が定年、倒産、契約期間の満了等により離職した場合に、失業中の生活不安を軽減して、新しい仕事を探し、一日も早く再就職できるようになるために支給されるものである。一般的に、基本手当の所定給付日数（基本手当の支給を受けることができる日数）は、31日以上引き続き雇用されることが見込まれる者であり、かつ、1週間の所定労働時間が20時間以上である場合には、雇用保険の被保険者となる。離職の日における年齢、雇用保険の被保険者であった期間及び離職の理由などの個別の事情に基づいて決定

され、90日から360日までの間で決められる。ただし、特に倒産・解雇等により再就職の準備をする時間的余裕もなく離職を余儀なくされた場合などには、一般の離職者に比べ手厚い給付日数となる場合がある。

また、雇用保険で受給できる1日当たりの金額（基本手当日額）は、原則として離職した日の直前の6か月間の一日平均の賃金額（賃金日額）のおよそ50〜80％（60〜64歳については45〜80％）となっており、賃金の低い人ほど高い率となっている。例えば、おおよその目安では、離職前の賃金が月額12万円の場合、給付額は月額9万6千円程度、離職前の賃金が月額36万円の場合は給付額は18万円程度となる。

ハローワーク（公共職業安定所）では、雇用保険の手続きのほか、職業に関する相談や紹介を行っている。基本手当等は、求職活動中の生活支援を目的とするものであるため、受給するためには、継続的に求職活動をしていることが要件となる。手当の支給をはじめとする雇用保険の手続きは、全国に550か所以上あるハローワークで行っている。ハローワークでは、全国の求人情報をもとに、求職者に対して、仕事の紹介や職業相談を行い、再就職の支援を行っている。また、基本手当以外にも、高齢者雇用、介護休業、育児休業の時に支給される雇用継続給付などの各種給付を行っている。

2）求職者支援制度

求職者支援制度は、雇用保険を受給できない人のための新たなセーフティネットとして、2011（平成23）年5月に成立した「職業訓練の実施等による特定求職者の就職の支援に関する法律」に基づき、同年10月から実施している制度である。この制度は、雇用保険を

受給できない求職者を対象に、民間教育訓練機関等を活用して、知識・技能を身につけるための職業訓練を実施するとともに、訓練期間中に、訓練の受講を容易にするために給付金の支給を行うこと等により求職者の早期の就職を支援することを目的としている。ハローワークは、求職者に対してキャリアコンサルティングを行い、求職者を適切な訓練へ誘導するようにするとともに、求職者一人ひとりのために就職支援計画を作成し、訓練期間中から訓練終了後まで、一貫(いっかん)した支援を行う役割を担っている。

3) 労災保険制度

労災保険制度は、仕事中や通勤の際の災害に遭遇した場合に、医療費や休業中の賃金の補償を行う制度である。労災保険制度は、労働者災害補償保険法(以下「労災保険法」という)に基づく制度で、仕事中に業務が原因となって発生した災害(業務災害)や通勤途上の災害(通勤災害)に遭遇した場合に、被災した労働者又はその遺族に対し所定の保険給付を行う制度である。また、このほかに被災した労働者の社会復帰の促進、被災した労働者及び遺族の援護なども行っている。労働基準法では、労働者が業務上負傷したり、病気にかかったりした場合には、事業主が療養補償や休業補償などを行わなければならないと定められている。そこで、被災した労働者が確実にこれらの補償を受けられるよう事業主の災害補償責任を担保するために設けられたのが、労災保険制度である。

労災保険制度は、使用されている全ての労働者を対象とした制度である。労災保険制度は、労働基準法で定める事業主の災害補償責任を担保するための保険制度であることから、保険料は全額事業主負担とされている。また、正社員、パート、アルバイト等の雇用形態

の種別にかかわらず、労働者であれば誰でも、業務災害又は通勤災害により負傷等をした場合は保険給付を受けることができる。

労働基準監督署では、労災保険制度に関する業務のほか、事業場において労働法令が守られているかチェックする業務を行っている。労災保険制度に関する相談受付、加入手続き、保険料の徴収、保険給付などの業務については、厚生労働省と都道府県労働局、労働基準監督署で行われる。このほか、労働基準監督署では、監督機関として労働基準法や労働安全衛生法などに定める労働条件などの最低基準が、職場で適切に守られるよう会社を指導し、また未払賃金の立替払に関する調査を行うなどの業務を行っている。

3.4 生活保護制度・社会福祉制度

1）生活保護制度

生活保護制度は、憲法で定める「健康で文化的な最低限度の生活を営む権利」(生存権)を国が最終的に保障するための制度である。日本国憲法第25条では、全ての国民は、「健康で文化的な最低限度の生活を営む権利」(生存権)を有するとしている。この憲法の理念に基づき、国民の生存権を保障する国の制度が、生活保護制度であり、「社会保障の最後のセーフティネット」といわれている。

生活保護制度は、その利用できる資産、能力その他あらゆるものを活用しても、なお生活に困窮する方に対し、必要な保護を行うとともに、自立を助長する制度である。国民は、生活に困窮した場合には、生活保護法の定める要件を満たす限り、無差別平等に保護を受けることができる。生活保護はその世帯で利用できる資産、働く能力、年金・手当・給付金など他の制度による給付、親子間などの

扶養・援助などあらゆるものを活用しても、なお生活できないときに行われる。そのため、支給に当たってはその人が本当に活用できるお金などの所得や資産がないか調査することになっている。また、生活保護で保障される生活水準は、健康で文化的な最低限度の生活を維持するためのものとされている。

生活保護制度は、市等の設置する福祉事務所への申請によって行われ、国の定めた基準によって計算された、世帯の最低生活費の額に不足分を保護費として支給する仕組みである。生活保護制度は日本国の定める制度であるが、その運営は、福祉事務所を設置する地方自治体が担っている。福祉事務所では、生活保護申請者の世帯構成、年齢、住居地などに基づき、国の定める基準（保護基準）に照らして、その世帯にとっての最低生活費を算出し、その上で、その世帯の収入や貯え、資産などを活用してもなお生活に困窮するときは、その不足分を保護費として支給している。

受給者が自立した生活ができるように支援することが課題となっている。日本国や地方自治体は、受給者を自立した生活ができるように支援する一方、受給者本人も、自立のために努力する必要がある。2012（平成24）年3月には、生活保護の受給者数が210万人を超えるなど、生活保護世帯への就労支援を一層進めるとともに、給付を適正に行うことが重要である。また、就労による経済的自立が容易でない高齢者等についても、主体的に社会とのつながりを持つことができるよう、社会的自立に向けた支援が必要である。

2）社会福祉制度

社会福祉制度は、子どもへの保育や、障害者等への福祉サービスなどを社会的に提供することにより、生活の安定や自己実現を支援

する制度である。社会福祉とは、個人の自己責任による解決に委ねることが困難な生活上の諸問題に関して、社会的に種々のサービスを提供することにより、生活の安定や自己実現を支援する制度であり、子どもへの保育や、障害者等への福祉サービスなどの提供などがある。

福祉サービスには大きく分けて施設サービスと在宅サービスがある。社会福祉制度は、税金を財源として運営されており、医療保険のようにあらかじめ制度に加入したり、一定のお金（保険料）を拠出したりすることは必要とされないが、高齢者、児童、障害者、母子家庭というように対象者が特定された上で個別に制度化されている点が特徴的である。

社会福祉制度の実施主体は、地方自治体であり、高齢者、障害者、保育を要する子どもへの福祉サービスは市町村が実施している。また、サービス提供の形態には、大きく分けて施設サービスと在宅サービスがある。身近なところでは、保育所での保育が挙げられる。

社会福祉制度は、社会保険と公的扶助（生活保護）の中間に位置する制度であるともいわれる。社会福祉は、社会保険のように給付を受けるために事前にお金を出し合う仕組みではなく、税金を財源として、政府が給付を行うものであり、その点では、公的扶助（生活保護制度）と共通している。

しかしながら、子ども、障害者等への福祉サービスの提供については、経済的困難がなくても、対象者の個々の事情に応じて必要なサービスが実際に提供されるようにすることが求められるため、原則として所得制限や資力調査（ミーンズテスト）は行われない。また、利用者には利用する保育所などやサービスを選択する一定の自

由度があるところなどが、医療保険等の社会保険に似ている。例えば、介護保険は、沿革的には社会福祉から発展して創設された制度である。このように、社会福祉は、公的扶助と社会保険の中間に位置づけられるともいわれる制度である。

3）保育・児童福祉

保育所は、児童の保育に欠けるところがある場合において、保護者から申込みがあったときに、児童に保育を提供するものである。保育所（保育園とも呼ばれる）は、保護者または同居している親族等が、就労または病気であるなどの理由により乳幼児を十分に保育することができない場合に、児童福祉の観点から、乳幼児を預かり、保護者に代わって保育することを目的とするものである。

保育所を利用する場合は、希望する保育所を選択したうえで、市区町村に申請する。一般に保育所といわれるのは、保育の提供に必要な保育士の人数や施設面などでの国の基準を満たしていることを条件に認可されている「認可保育所」である。保育所には、市区町村が設立しているもののほか、社会福祉法人等が設立している私立保育所もあるが、いずれも、国および地方自治体から公費を受けて運営されている。

認可保育所への入所を希望する場合には、公立、私立に関わらず、希望する保育所を選択したうえで、市区町村に申し込みを行い、「保育に欠ける」という要件を満たすと判断されることが必要である。

保育所の費用の大部分は、公費負担によりまかなわれ、利用者が負担する保育料は子どもの年齢や所得状況に応じて異なる。保育所の費用は、大部分は国と地方自治体による公費負担でまかなわれている。利用者負担額は、「保育料」として市区町村が決めている

が、医療保険のような、実際にかかっている費用の一定割合を負担する仕組み（応益負担）ではなく、子どもの年齢と各家庭の所得などにより、負担能力に応じて負担する仕組み（応能負担）となっている。また、保育料は、公立・私立の区別なく同じ市町村内の認可保育所であれば、どこの認可保育所に入所しても同じとなっている。

手当を支給する制度として、中学校卒業までの児童を養育する人を対象とした児童手当や、ひとり親家庭を対象とした児童扶養手当がある。

児童手当は、中学校卒業までの児童を養育している人に支給されるものである。支給額は、3歳未満と、3歳から小学生の第3子以降については月額1万5千円、3歳から小学生の第1子・第2子と中学生については月額1万円となっている。ただし、所得制限があり、夫婦と児童2人世帯の場合、年収960万円以上の人には児童手当は支給されないが、特例給付として、所得制限額以上の人には、月額5千円が支給される。

また、児童手当に加え、ひとり親家庭の児童のために地方自治体から支給される手当として、児童扶養手当がある。基本の額は、児童が1人の場合、月額4万1430円となっているが、所得制限があり、手当の全部又は一部が支給されない場合がある。

乳児院（にゅうじいん）、児童養護施設、自立支援施設などの施設が社会福祉制度で運営されている。児童福祉関係の施設としては、保育所のほかに、入所型の施設として、乳児院、児童養護施設、児童自立支援施設などがある。これらの施設は、保護者のない児童や被虐待児（ひぎゃくたいじ）など家庭環境上養護を必要とする児童に対して、公的な責任で、社会的に養護を行うことを目的とするものである。これらについては、保

育所と違って、保護者がいてもその選択による適切な利用が期待できない場合が多いことから、保護者の意向や児童本人の希望等を考慮しつつも、最終的には自治体が決定した上で、自治体の「措置」に基づく施設保護を実施している。

4）障害者福祉

　障害者自立支援制度は、障害者の日常・社会生活の支援を行う制度である。「バリアフリー」や「ノーマライゼーション」という概念に象徴されるように、障害者が他の人々と同じように暮らせる社会を実現させることは重要であり、そのためには、障害者が自立した生活を送るための支援の仕組みが必要である。2006（平成18）年10月から全面施行となった障害者自立支援法では、これまで障害の種別によって異なっていた各種サービスを一元化し、これによって、障害の種別を越えて、それぞれの障害特性などを踏まえたサービスを提供することができるようになり、比較的小規模な市町村においても、サービスを提供しやすい仕組みとしている。

　サービスは、個々の障害者の障害の程度などをふまえて利用される「障害福祉サービス」と、市町村や都道府県の創意工夫により、地域の実情に応じて柔軟に実施できる「地域生活支援事業」に大別される。

　障害者自立支援法では、市町村が支給決定した後に、利用者が事業者などと直接契約を結び、「障害福祉サービス」を利用する。

　障害者が、「障害福祉サービス」の利用を希望する場合は、まず市町村に相談し、障害福祉サービスの利用申請を行う。市町村で、介護給付費や訓練等給付費といった「障害福祉サービス」に係る給付を支給することが適当と認められ、支給決定がなされた後、利用者

である障害者は、事業者や施設と直接契約を結び、「障害福祉サービス」を利用する仕組みとなっている。

障害福祉サービス利用時の費用の大部分は、公費負担によりまかなわれ、利用者の負担は応能負担が原則となっている。

障害者自立支援法の施行により、「障害福祉サービス」を利用した場合、利用者である障害者は、事業者や施設に対して利用者負担額（原則1割負担）を払うこととされた。その際、低所得者への配慮から、所得に応じ、月額の負担上限額の設定や個別の減免措置がきめ細かく設けられてきたが、さらに2010（平成22）年4月からは、低所得者の「障害福祉サービス」及び補装具に関する利用者負担が無料になり、2012（平成24）年4月からは、法律上も定率負担ではなく応能負担が原則とされた。

利用者負担を除くサービス提供のための経費については、公費負担でまかなわれ、原則として国と自治体が半分ずつ負担することとなっている。

「地域社会における共生の実現に向けて新たな障害保健福祉施策を講ずるための関係法律の整備に関する法律」が2012年6月に成立し、障害者自立支援法は、障害者総合支援法となり、2013年4月から施行される。

障害者制度改革については、「障害者制度改革の推進のための基本的な方向について」（平成22年6月閣議決定）において、現行の障害者自立支援法を廃止し、制度の谷間のない支援の提供、個々のニーズに基づいた地域生活支援体系の整備などを内容とする「障害者総合福祉法」（仮称）を制定することとされた。これを受けて、多くの障害当事者が参加する「障がい者制度改革推進会議」の下に総合福祉部会が設けられ、同部会は2011（平成23）年8月に「障害者総合

福祉法の骨格に関する総合福祉部会の提言―新法の制定を目指して―」(以下「骨格提言」という。)を取りまとめた。

　この骨格提言や2011(平成23)年8月に公布・施行された改正障害者基本法などを踏まえて新たな法律の検討を進め、2012(平成24)年3月に「地域社会における共生の実現に向けて新たな障害保健福祉施策を講ずるための関係法律の整備に関する法律案」を国会に提出し、一部修正が加えられ、同年6月20日に成立したところである。これにより、「障害者自立支援法」は、「障害者の日常生活及び社会生活を総合的に支援するための法律」(障害者総合支援法)となり、一部を除いて2013(平成25)年4月から施行されることとなっている。

　現金を給付する制度として、20歳未満の障害児を育てている親などを対象とした特別児童扶養手当や、20歳以上の重度障害者を対象とした特別障害者手当などがある。

　障害者に対するその他の制度としては、20歳未満の障害児を育てている親などを対象とした特別児童扶養手当や、20歳以上の重度障害者を対象とした特別障害者手当がある。特別児童扶養手当は、20歳未満の障害児を家庭で育てている父、母又は養育者に支給されるものである。20歳以上の者には、国民年金から障害基礎年金が支給されるが、20歳に達するまでの間の介護等に要する資金の給付に相当するものである。支給額は、障害等級1級で月額50,400円となっているが、支給にあたっては所得制限がある。特別障害者手当は、精神又は身体に著しく重度の障害を有するため、日常生活において常時特別の介護を必要とする状態にある在宅の20歳以上の方に支給されるものである。支給月額は26,260円であるが、支給にあたっては所得制限がある。また、20歳未満の重度障害児に支給される障

◎ 第9章　日本の社会保障 ◎

害児福祉手当がある。

　以上、社会保障の諸制度を説明したが、この保障の諸制度と、社会保険の中の5つの社会保険制度や4つの医療保険、3つの年金保険がごちゃごちゃになってしまう人が多いようである。もう一度、図にまとめて整理する。

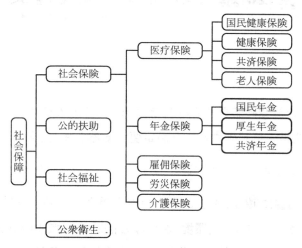

図9.1　日本の社会保障制度

第 10 章　現代日本文化産業

　日本文化産業戦略を進める上で、まずは、日本人自身が「日本の魅力」を再認識・再評価することが重要である。また、文化産業は、日本の経済的な利益や、他国民を魅了するソフトパワーを通じた外交上の利益に直結するという視点も重要である。同時に、グローバル化が加速する中、環境、安全など国際的な課題の解決に向けて、多様性の尊重、自然との共生、モノを大切にする等々の普遍性を持ちうる日本国の価値観を世界に発信していくという目線も極めて重要になる。

1. 日本文化産業戦略概要

1.1　日本文化産業の影響力

　文化産業の海外への波及は、それを通じた日本のライフスタイルや文化産業の背景にある価値観、美意識への共感を醸成し、それら

を育んだ日本の文化・芸術や伝統に対する理解を促す。そして、そうした総合的な文化力に対する「憧れ」が、世界を惹きつけ、幅広い産業への中長期的な波及効果も大きい（大で終わってもよい）。同時に、経済効果と日本イメージ向上を通じた「日本ブランド」価値の増大や、日本への訪問や交流等を通じた国民間の相互理解にも資する。産業振興の次元を超えた、文化の交流・発信のための戦略が必要である。現在、日本のポップカルチャーやライフスタイルが「ジャパン・クール」として広く世界で評価されている。この源泉は、一人ひとりの日々の生活を通じた感性である。近世以前から内外の多様な文化を純粋かつ寛容に受入れ、洗練させてきた大衆の審美眼と表現力が、精巧な工業製品をはじめ様々な製品・サービスを産み出し、現在ではポップカルチャーとして開花している。

日本で育まれてきた生活様式、風俗、慣習、伝統文化・芸能・工芸など歴史的に醸成されてきた「土壌」が存在する。

日本の文化産業の発展を考える上では、常に革新し続けるテクノロジーや海外からの文化を取り込みながら、洗練させ、様々な「花」を開花させてきたこうした「土壌」を重視することが必要である。

1.2　日本文化産業の現状

1）各国のソフトパワー政策の展開と日本の状況

文化、イデオロギー、制度の魅力等の非軍事的な方法を通じて、他国を説得する力、すなわちソフトパワーを重視し、米、英、仏、韓等が、戦略的な取り組みを実施。近年、アニメ、ゲーム、マンガ等の日本のポップカルチャーやライフスタイルが世界で高く評価されている。アート、デザイン、コンテンツ、文化財、あるいは、衣食住、稽古

事などライフスタイル、そのものにつながるものまで含めると、日本は「文化資源大国」である。しかし、歴史上、必ずしも「資源大国」が「経済大国」にそのままなれるわけではない。

現に、日本の「文化資源」でも、海外の目で発見され、ブランド品に組み込まれてはじめて注目を浴びるというケースも多い。

日本の「文化資源」は、うまく育めば長期的に枯渇しない資源である。伝統と最先端のテクノロジーを有する日本は、「文化資源」を更に拡大させていくことが可能である。

さらに、伝統文化・芸能の中でも、現代化・産業化等により新たな魅力を発信しているものもある。「価値はあるものではなく、作るものである」という観点から、「文化資源大国」として、資源の発掘から活用まで戦略的な対応が必要である。この「文化資源」は、日本各地域に存在している。歴史的文化資産や町並み、景観、伝統文化・伝統芸能、米をはじめとする多様な食文化などの地域の「文化資源」の価値を再評価し、有効に活用することは、地域の活性化にも結びつく。今後、地域経済や地域社会において、地域に根ざした伝統文化・芸能をはじめとする「文化資源」の持つ価値は益々その重要性を増すだろう。観光資源としての活用や産業化、あるいはコミュニティの再構築など、各自治体が自らこれらを戦略的に活用していく視点が重要になる。

2）デジタル化と今後の展開

IT革命の進展で、メディアの多様化、市場の世界化が進展していく。デジタル化は、メール、ウェブサイト、携帯ネット、着信メロディ、ビデオメール等々新しい領域を開拓され、新しいライフスタイル、文化、風俗、ビジネスが生み出される。

デジタル化は、誰もが情報を共有し、生産を容易化でき、プロとアマの垣根(かきね)を崩(くず)すことになる。少数のプロが生産する商品を大衆が消費する構造から、大きく転換し、大衆文化として長く蓄積されてきた表現力を「新しい表現手段」と「誰もが生産者になる」という、この変化への対応が鍵である。新たなスタイルの発信が期待される。

　「日本の魅力」の再認識・再評価・発信。日本人の日常の消費スタイルを含めたライフスタイルや価値観、美意識、品質へのこだわりといった日本人の「感性」や伝統に支えられた文化や儀式、風習などのありようを、国民たち自身が、「日本の魅力」として、自ら再認識し、評価し、発信することが重要になる。

　「日本の魅力」の世界への発信。中長期的な文化産業の発展を支えるため、ポップカルチャーに加え、その背景にあるライフスタイルや感性など「日本の魅力」を強力に世界に発信する。国内での各種イベントの連携だけでなく、アジア域内での連携まで視野に入れることによる発信力の強化、国内メディアに加え、海外のアート・カルチャー関連メディアとの連携など戦略的な対応が必要となる。その際には、日本側の独りよがりの発信ではなく、海外の有識者や研究者などが、「日本の魅力」を十分に理解した上で、自ら発信していくように促す視点が重要になる。

1.3　現代文化産業戦略

1) 具体的な政策課題

　「日本の魅力」の海外への発信による市場の拡大。国内での発信機会の充実と強化。「日本独自の評価」の多様な形での発信、メディア芸術祭など日本自ら設定する「評価の枠組み」の他分野への拡大

(食、建築、ロボット、新日本様式、グッドデザイン、キッズデザイン、知的資産経営、省エネなど)、評価軸を海外に提示するための表彰・顕彰事業の実施、「日本文化の普及啓蒙につくした外国人」、「海外の人々が憧れる日本の表現者」の「総理表彰・顕彰」の制定。「国際漫画賞(仮称)」の制定。日本ファッションの発信強化に向けた戦略的展開、「メディア芸術」の発信強化、アジア諸国への展開を含めた「メディア芸術祭」の強化、フィルムアーカイブの拠点であるフィルムセンターの機能拡充などによる日本の現代文化のアーカイブの充実及びメディア芸術の拠点化推進、日本のコンテンツを総合的に結集した「JAPAN国際コンテンツフェスティバル」の実現、「新日本様式」、「グッドデザイン賞」等のイベントによる発信強化、海外のクリエイターや識者等への発信強化や作品の海外展開を促すため、コンテンツの国際共同製作等を促進、日本食・日本食材の積極的な海外発信、建築のオリンピックたる「UIA(国際建築家連合)2011年東京大会」に向けた戦略的な対応の実施、日本の自然、日本人の自然の楽しみ方や自然との共存のあり方の積極的な海外発信(留学生が外国人に母国語で情報提供)、アジア域内の優秀な人材の交流促進。

　海外への発信基盤の整備。「日本の魅力」の海外での発信拠点の強化、「メディア芸術祭」、「新日本様式」、ファッション、デザインなど目に見えた形で日本の魅力を伝え、日本語教育の拠点となるなど、リアルな日本を発信する「ジャパン・クリエイティブ・センター(仮称)」の設立、在外公館・独法・自治体等の関係オフィスの連携強化、ポップカルチャーや日本のライフスタイル・代表的な感性などの発信強化。一定期間、教員の派遣、学生の短期日本留学等を支援するといった提案も参考に、発信拠点の拡充に向けた取り組みを図

◎ 第10章　現代日本文化産業 ◎

る。成田空港等の国際玄関を「日本の魅力」を示す優れた商品、感性、食文化等の発信・体感拠点として活用。また、地域ブランドや次世代のアーチストの発信のチャンス。大使館や在外公館を活用した、イベントの開催など「日本の魅力」の発信。アニメ文化事業の促進、ポップカルチャー等についてアカデミックな分析・発信の強化、海外からのアクセスを円滑にするため、文化産業に関する情報の英語など外国語での発信やICTを活用したリアルタイムでの情報発信を促進、映像国際放送の強化（等身大の生活・文化等を、多様な価値観のバランスをとりつつ、欧米からの見地だけでない日本的、アジア的な見地から発信。）、「外国人向けの映像による国際放送の強化」に向けた政府や関係団体一体の取り組みの推進、海外映画祭への出品支援、海外における日本映画の特集上映の開催・強化、海外における日本産農林水産物等の常設店舗の設置、日本文化発信拠点としてアジア「ふれあいの場」の設置。

2) 日本文化産業は海外に展開

① 日本のコンテンツの強みを世界的に発揮コンテンツ産業のグローバル化のため、分野別、地域別のアクションプランを含む「コンテンツグローバル戦略」を策定し、海外展開を加速、海外を意識したコンテンツ制作、マルチユースを促進し、透明でオープンなコンテンツ取引市場を形成。同時に、その成果をクリエイターや利用者に適切に還元、コンテンツ事業者の法務能力の向上、海外展開を見据えた権利処理の促進。「感性」をビジネスに活かす仕組みの構築、心地よく感じる住居や自動車の開発など、「感性」を軸にしたイノベーションや「感性」を大事にしたものづくりの推進、個人の感性や創造性を高め、知識創造を誘発するためのオフィス環境整備や公共調達

におけるプロポーザル方式の積極的活用、生活者と企業が共創できる場など暮らしを「感性」で彩る機会創出、国際的な知的財産権保護の動きへの貢献。文化産業の基盤の整備、文化産業の担い手やそれを支える人材など基盤の整備、文化産業分野を支える幅広い人材の育成、子どもの創作活動や感受性を育む(デザイン、工作、絵などを楽しむ)活動を支援する活動の促進、小・中学校などの学校教育における子供たちの創造性を育む体験活動の充実、日本をアジアにおける若手クリエイターの育成拠点化に向け、産学連携等によるコンテンツ分野を支える幅広い人材の育成、「感性価値創造」活動の支援及び国民運動化の推進、専門学校や大学等へ海外からの留学生の受入れ促進。

② 国際的に通用する専門人材の育成、国際的に通用する専門人材の育成(国際的なプロデューサー、エンターテイメント・ロイヤーの育成など)、海外一流人材養成機関等への留学生支援、伝統文化、伝統芸能等の活用推進など文化資産の活用促進、世界を魅了する「文化力」の向上のため、伝統的なものから現代的な文化芸術まで、多様な文化芸術の振興、各地域の個性や特色を表す木造建造物等の保存修理や地域の祭りなどの保存継承といった文化財等の保存・活用を通じた地域の活力と「美しい国、日本」の基盤の拡充。

③ 国際文化交流の推進と日本語教育の充実、芸術家等の相互交流等文化芸術を軸とした国際交流の推進、アジアにおける海外学習拠点の大幅増、日本語能力試験の見直し推進など日本語教育の強化、海外現地における文化発信、日本語教育と留学生支援サービスの一体的提供に向けた関係諸機関等の連携強化、文化の多様性に配慮しつつ、アジア各国の有形・無形の文化遺産の保護への協力。

④ 法制度・契約の改革と技術開発の推進、ビジネススキームを

支える著作権制度の構築、クリエイターに適正な報酬がもたらされる仕組みの下での円滑な利用促進、一般ユーザーが著作物を楽しむ機会の充実、世界をリードするコンテンツ関連技術の開発、普及の推進。ハードとソフトを連携させたビジネスモデルの構築、バランスのとれたプロテクションシステムの採用。

2. 日本の漫画

　日本の漫画がほぼすべてが右開きであり、2014年以降のファミ通のような左開きの雑誌でも右開きで掲載される。出版科学研究所の発表によると、日本国内で2006年に出版された漫画の単行本は10965点、漫画雑誌は305点存在する（廉価版が1450点含まれる）。また漫画と漫画雑誌の販売部数は、2006年に販売された出版物全体の36.7％に及ぶ。

　現在では日本の漫画および日本風の漫画を指す「Manga」や、「Tankōbon」（単行本）といった語は欧米にも輸出されている。日本の漫画はアメリカン・コミックスや、フランス語圏のバンド・デシネなどの各国の漫画と比べて、モノクロ表現や独特のディフォルメ、ストーリー性などの異なる特徴を持っている。以前は『AKIRA』（あきら）国際版の様にアメコミ形式に再構成や彩色が行われる事が多かったが、近年はむしろ日本漫画の特徴を押し出して原書に近い形で出版されている。一方で翻訳は日本独自の文化や擬態語などのために苦労が見られる。

　外来語である「アニメーション」（アニメ）という言葉が1970年代後半から一般化し始めるまでは、テレビアニメ、アニメ映画などの

アニメーション作品及び児童向けドラマ（特撮作品を含む）も「漫画」「まんが」「マンガ」と呼ばれていた（例「東映まんがまつり」「まんが日本昔ばなし」など）。このため当時の世代を中心に今でもアニメや特撮作品を漫画、テレビまんが、まんが映画と呼ぶ者もいる。また1960年代、1970年代のアニメ作品の主題歌集CDなどでは現在でも「テレビマンガ」という表記が使われることもある。

　出版社などビジネスの世界では、漫画絵のことをしばしば「ポンチ絵」と呼ぶ。これは、イギリスの風刺漫画雑誌『パンチ』をもとに日本国内で在留中のイギリス人によって創刊された日本最初の漫画雑誌『ジャパン・パンチ』を語源とする。「ポンチ絵」は書籍業界に限らず、建築業やIT業などの製造業界でも「製品イメージが伝わる簡単なスケッチ」という製品概念・構想図を意味する製図用語として使われている。

2.1　日本漫画の語源と表現形式

1）語源

　「漫画」という言葉は、字義的には「気の向くままに漫然と描いた画」という意味である。「漫画」という用語は日本で生まれた和製漢語であるが、どのような経緯で生まれたかはよくわかっていない。中国から伝わった「気の向くままに（文章を）書く」という随筆を意味する漢語「漫筆」が日本で「漫筆画」という絵を描く意味も含ませた語に派生し「漫画」になったとする説と、中国語名で「漫画（マンカク）」というヘラサギ（箆鷺）の一種をもとに、ヘラサギは雑食で水をくちばしでかき回して何でも乱雑に食べることから「種々の事物を漁（あさ）る」「雑文（ざつぶん）」「様々な事柄を扱う本」を指す意味になったとする

説がある。いずれも文章を指す用語が絵を指すように転じたとされる。『日本近代漫画の誕生』は、「マンカク」が戯画の意味を持たないことを指摘し、前者を支持している。

　1798年に発行された絵本『四時交加』の序文では、山東京伝により「気の向くままに（絵を）描く」という意味の言葉として、用語「漫畫（画）」が使用されている。1814年の葛飾北斎の北斎漫画により、「漫画」は戯画風のスケッチを指す意味の言葉として広まった。『北斎漫画』は絵手本（スケッチ画集）であったが、戯画や風刺画も載っていた。『北斎漫画』が示すとおり、江戸時代から「漫画」という言葉自体は存在したものの、この「漫画」は「戯画的な絵」「絵による随筆」という意味合いが強かった。北斎漫画は第二次世界大戦後も版行されるロングセラーとなり、幅広い層に愛読された。この影響を受け、尾形光琳の『光琳漫画』（1817年）などいくつもの戯画風の絵を載せた書籍が「―漫画」というタイトルになっている。明治時代に入っても月岡芳年の『芳年漫画』（1885年）など、「―漫画」の伝統は失われていない。ただしこれらはまだ「漫筆画」の意味に近く、現代語の「漫画」と同じ意味とは言えない。

　日常語として「漫画」という言葉が使われ始めたのは昭和時代からで、それまでは「ポンチ」や「鳥羽絵」、「狂画」、「戯画」などと呼ばれていた。風刺（コミカル）など現代人と同じ意味で「漫画」という語を使い始めたのは明治時代の今泉一瓢である。一瓢は1895年10月31日、風刺画を中心とする『一瓢漫画集初編』を出版、「caricature」または「cartoon」の訳語として「漫画」を用いている。一

瓢は、一瓢雑話において「漫画というものは、一口にいえば滑稽書であって、その内に風刺的なものを含んだのもある、また含まないのもある。日本に昔からあるものは俗に鳥羽書、あるいは北斎漫画のような類の書であって、この他にはオドケ書と云うと論じた。明治期に日本に入ってきた「cartoon」と「comic」の訳語として「漫画」という言葉を使用したのは、北澤楽天が最初であり、以後この意味での「漫画」が現代における漫画という語へ定着するようになった。

2）表現の形式

日本の漫画は普通「コマ・登場人物・背景・ふきだし・音喩・漫符・台詞・その他の技法」から成る。まず一般的なストーリー漫画の表現形式と技法を以下に挙げる。

紙面はコマと呼ばれる枠によって分割されており、それぞれが一つの場面を表す。読み手はあるコマを読んだ後、次のコマはどれか判断しなければならないが、順序は明示されずに暗黙の了解とされている場合が多い。例外もあるが、基本的な右綴じ（縦書き）漫画のコマの読み進め方は以下の通り。右から左のページへと読み進める。ページ内においては、上段から下段へ向かって読み進める。同じ段に複数のコマが存在する場合は、右から左へ向かって読み進める。

隣接するコマとの間の間隔（空白）に明らかな違いが設けられている場合、近いコマを次に読む。次ページに跨っているコマは、そのページの最後に読む。

コマに番号が振られている場合（一部の4コマ漫画や初期の漫画

などに見られる)は、番号順に読み進める。

漫画のセリフ・ナレーション等の主な文章が横書き(左綴じ)の場合、この例の鏡面対称となる読み順となる。かつて欧米では日本の漫画を翻訳出版する際、左から右に読む欧米言語の正書法に合わせるため、左右反転し左開きにすることが一般的だったが、この手法では作品全体が左右逆になるという弊害があり、近年では元の作品を尊重して、日本と同じ右開きのまま出版するケースが増えている。この場合、欧米の言語であっても日本式に右から左へ読み進める。巻頭に読み方のレクチャが掲載されることも多い。

2.2 日本漫画の技法、評論、分類

1) 技法

登場人物のセリフや思考はふきだしと呼ばれる枠の中に文字で書かれる。フキダシの形や文字の字体により語調を表す。擬音語・擬態語(オノマトペ)が、手書きの書き文字として絵の中に書かれる。細々としたセリフが書き文字で書かれる事もある。漫符と呼ばれる一種の記号を使用して、人物の心理や動作、ものの動きなどを明示的に表現する。

意図的に何も描かず空間を出して物語おける「時間の間」を生み出したり、またキャラクターの心情をいくつかのコマ分割で描写する事で、キャラクターの心情心理を描写し、物語の奥行きを与えている。

2) 特徴

様々な方向性・対象の漫画が揃っている。野球やサッカーなどの

メジャースポーツでは、野球漫画など一つのジャンルを形成し、さらに高校野球、プロ野球などサブジャンルに分けられる。それ以外にも様々な事象を扱う。例としてはサイクルサッカーや伝書鳩レースのように、日本では非常にマイナーな競技を主題とする作品も存在する。プロによる作品は雑誌・新聞で連載された後、単行本として刊行されるものが多い。漫画雑誌以外の紙媒体（雑誌・新聞）でも漫画作品が掲載される事例が多く、文章・写真・挿絵と同様に紙媒体における表現手法として定着している。学習漫画など、純粋な娯楽ではなく、歴史や社会情勢などの説明や学習としても用いられる。

3）評論

漫画作品自体の発展に比べ、評論は比較的未発達の分野である。日本では1960年初頭から漫画を評論の対象とする事が行われ始めた。それは一部の貸本漫画への大きな社会的な批判に始まる（白土三平の忍者武芸帳を筆頭に有害図書問題として新聞・PTAなどに取り上げられた）。その批判に対するファンによる反発・異論の多さから徐々に寸評が増え始める。1970年頃からは梶井純、石子順造、鶴見俊輔らによって詳細な評論が出始める。一時はブームの観さえあった。しかし専門の評論家や批評の場もまだ少なく、文学や音楽、映画に比べると大きく見劣りし、評論の手法も確立されているとは言い難い状況が続いた。1990年前後に夏目房之助や四方田犬彦が、漫画のコマや描線と「漫符」と名付けられた漫画特有の記号的表現に注目して分析する分析手法を開拓し、漫画学

の模索が始まった。現在では夏目の他、石子順や村上知彦、呉智英、伊藤剛、竹内、長谷邦夫、藤本由香里ら漫画研究者・評論家の活動の他に、大塚英志、石川淳らサブカルチャー畑の研究者や実作者によって批評が行われる事もある。その一つの背景として、これまで読み捨て状態にされてきたため、データベースの不備が著しく、作品を目にする事自体に困難が伴う場合が少なくないという状況がある。日本マンガ学会は2001年に設立され、現在データベースの整備など、評論の土台を固める作業に取り組んでいる。また、これらとは別に心理学的な立場からアプローチを試みる者もおり、マンガ心理学研究会という団体も存在する。

4）対象読者による分類

作品の主な対象となる読者の年齢や性別という観点では、次のように分類される。

幼年漫画（小学生向け漫画）—児童漫画とも呼ばれる。
少年漫画（小学生—高校生中心の漫画）
少女漫画（小学生—高校生、一部大人の女性向けの漫画を含む）
青年漫画（高校生以上）
女性漫画—大人の女性を対象とする漫画。ヤング・レディースを含む。

以上の分類は、あくまで一般的と思われる便宜上の分類に過ぎない。例えば青年漫画を女性が読むこともあるし、少年漫画を大人が読むこともある。成人向け漫画—18歳以上を対象とした、性描写を含む漫画。レディースコミックを含む。

3. 日本出版物の出版状況

　日本出版物近年の動向は、2000年代頃から、新たな漫画雑誌の創刊が多くなされてきている。一方では、休刊になってしまった漫画雑誌も増えつつある。その中には、古くから続いたものも多く含まれる。

　近年、漫画雑誌の売上は減少を続け、漫画単行本の売上も10％ほど減少している。また漫画に限らず書籍全体の販売も落ち込んでいる(出版不況)。1995年には漫画雑誌の販売金額が3357億円、単行本の販売金額が2507億円であったが、漫画雑誌の売上は減少が続き、2005年には漫画雑誌の販売金額が単行本の金額を下回り、2009年には1913億円までに落ち込んでいる。

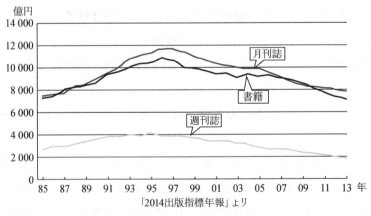

図10.1　日本の出版販売額（取次ルート）

　雑誌の売上は低下したが、単行本にはアニメ化などのメディアミックスされた作品を中心にヒット作が生まれている。雑誌を読まな

くなりメディアミックスで作品を知るケースが増えたため、単行本の売上は維持されていると言われている。

1）書籍

1996年をピークに長期低落傾向が続いている。2000年代はじめ頃は「ハリー・ポッター」シリーズ（静山社）などメガヒット商品があり年間販売実績を持ち上げていたが08年のリーマンショック以降大きなヒットがなく、13年で7年連続のマイナスと低落傾向にある。売れ行きが一部のベストセラーに集中し、売れる本と売れない本の二極化が一段と進んでいる。

2）月刊誌

月刊誌・週刊誌ともに1997年をピークに、以降16年連続のマイナス。販売・広告ともに不振。休刊点数が創刊点数を上回り、総銘柄数（そうめいがらすう）は7年連続で減少。読者年齢の上昇が顕著で読者は30代や40代にシフト。対象年齢の高い雑誌はまだ堅調だが、若い読者をとりこめる雑誌が現れていない。

3）週刊誌

インターネットやスマホの普及で情報を得るスピードが格段に速くなり、速報性を重視した週刊誌は厳しくなっている。総合週刊誌では芸能スキャンダルやシニア向けのSEX特集で売れ行きを伸ばす号はあるが発行部数は縮小傾向。

4）文庫本

20世紀90年代後半以降、書籍全体の売上げが逓減する中、手堅いと言われた文庫本も低落傾向にある。2000年代に入ってからは価格の上乗せによってそれを補ってきた。『ダ・ヴィンチ・コード』

（角川文庫）が大ヒットした2006年以降、再び伸び悩んでいる。映像化原作や東野圭吾、佐伯泰英などの人気作家作品は手堅い売れ行きだが、新刊点数は増加傾向にあり、棚差しされた既刊本などが特に不振で、2013年は3年ぶりのマイナスとなった。

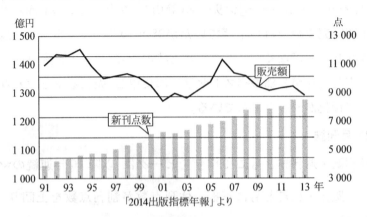

図10.2　文庫本販売額（取次ルート）

4. 日本のアニメ

日本製アニメーションはanime（アニメ）と呼ばれる。英語から輸出される形で移入される。アニメーション（動画）はdessinanimé（デサンナニメ）（動く画）と呼ばれる。

4.1　日本アニメの発展

1963年1月1日、日本初の商業用連続テレビアニメ（週一アニメ）番組『鉄腕アトム』が放送開始した。視聴率は30％を超える人気を

◎ 第10章　現代日本文化産業 ◎

博し、世界中で放映された。これ以降他の国のアニメーションと異なる方向に発展を遂げることになる。

1960〜1970年代の日本産アニメの少なかった頃には『トムとジェリー』、『ポパイ』など輸入作品も多数放送されていたが、国産アニメも増加し、1968年にカラー放送も始まり、1969年に『サザエさん』の放送が開始、テレビまんがとして認知されるようになった。

1970年代から1980年代にかけて、『宇宙戦艦ヤマト』・『銀河鉄道999』の松本零士、『機動戦士ガンダム』の冨野由悠季、『風の谷のナウシカ』の宮崎駿、『うる星やつら2ビューティフル・ドリーマー』の押井守、『トップをねらえ！』の庵野秀明など、後に日本アニメ界を牽引する著名なアニメ監督が多数登場した。この頃からテレビ局への納品や交通の便が良い練馬区や杉並区などの西武新宿線沿線に制作会社が集結するようになり、日本一のアニメ企業集積地となっている。

1990年には、アニメ番組の年間平均視聴率が9.7％と、1978年以後で史上最高（ビデオリサーチ調べ・関東地区）となった。しかし、前年の1989年に東京・埼玉連続幼女誘拐殺人事件が発生し、犯人の宮崎勤がアニメオタクとして報道される。各メディアとも宮崎の異常性の見られる性格を強調、一時は同傾向の見られる独身男性に対する、あからさまな社会的嫌悪感まで形成されるという、モラル・パニック的な風潮も見られた。特に、当時のおたく文化には提供側の趣味もあって、極端に幼女を対象に据えて性的興奮を煽る内容が散見されたことから、1990年代前半の電脳学園・宮崎県有

害図書指定訴訟、沙織事件、有害コミック騒動などの規制強化に向けた騒動の引き金となった。1980年代から1990年代にかけてフランスの子供番組で日本のテレビアニメが連続して放映され人気を博し、多くのアニメファンを育てた(この世代は、番組のパーソナリティーの名前を冠して「ドロテ世代」と呼ばれている)。この人気を受けて、フランス以外でも日本のテレビアニメの放送が増えていき、日本アニメの国際的受容のきっかけとなった。

2000年代になると、朝夕やゴールデンタイムのアニメ放送枠の視聴率低下により、ニュースや情報番組、バラエティ番組などに改変され、削減された放送枠を補うように、以前から青年層向けに単発で放送されていた深夜枠が業界で注目された。時間帯から従来のターゲットである子供から中高生や成人にターゲットを絞った低予算の深夜アニメが爆発的に増加し、2000年には7本だったものが、2004年には60本制作されるなど粗製濫造された。一方で『新世紀エヴァンゲリオン』は1997年に再放送が深夜帯に行われたが、深夜帯の再放送では異例の視聴率5％台を出すなどの成果も出た。もともと視聴者が少なく、低視聴率でスポンサーが付きにくい時間帯という事情もあるが、低予算の作品を乱発したことにより品質の低下(作画崩壊)などを引き起こし、視聴者離れを招き打ち切りなどが多発した。深夜帯ゆえの注目度の低さを補う為に人気のある声優に頼った作品が増え始め、後にアイドル声優などと呼ばれる流れとなった。

一方で、宮崎駿監督、スタジオジブリ制作『千と千尋の神隠し』は国内興行収入が300億円を超え、世界でも評価され、第75回アカデミー賞長編アニメーション映画賞や第52回ベルリン国際映画祭金

熊(くましょう)賞などを受賞した。またスタジオジブリではこの頃から俳優やアニメーション監督など声優に頼らない作品が増加していった。

　2002年公開の新海誠(しんかいまこと)が、監督・脚本・演出・作画・美術・編集を殆(ほとん)ど一人で行なったことでも注目を集めた、フルデジタルアニメーション『ほしのこえ』は、個人制作のアニメーションでは他に類を見ないほどの出来として、大きく評価され世界中で様々な賞を受賞した。また、シャフトやピーエーワークスなど背景や演出が特徴的なアニメーション制作会社も登場し、『魔法少女まどかマギカ』で大きな注目を浴びることになる。

　2005年頃から、民放5大キー局は様々な事情を抱える深夜アニメの放送枠を削減し、放送枠を失った深夜アニメは、テレビ神奈川やTOKYO MX、サンテレビ(兵庫県)など首都圏や関西圏といった人口密集地域を放送地域とするローカル局に追いこまれた。三大都市圏では深夜アニメが地上波で年間100本を超えるような地域がある一方で、1本も放送されない地方も存在する。その頃からインターネットの大衆化により、テレビなどマスメディアでは取り上げられない深夜アニメに関する情報が入手しやすくなり、じわじわとではあるが視聴者が増えていくようになった。また情報番組でも2005年放送のドラマ『電車男(でんしゃおとこ)』ブームで『萌(も)え』という言葉が新語・流行語大賞のトップテンを受賞したことに便乗して秋葉原やメイド喫茶などアニメやそれに関連する情報が批判的な物も含め出回るようになり、いわゆるオタクに興味を持つ者や偏見を持つ者が増えていった。

　2010年代に入ると、国民的アニメなどと呼ばれる長寿作品と子供向けアニメ以外を朝夕やゴールデンタイムで放送しても視聴率が取れないことから、ほぼ放送枠を失い深夜枠の放送時間が上回るように

なった。一部の深夜アニメの話題作がスマートフォンの普及によりインターネットやTwitter上の口コミを通じてアニメに関心の無い若者や、アニメ好きの芸能人の熱烈な支持を集め、CDや書籍などのランキングに上位にランクインし、アニメファン特有の購買力に目を付けたローソンなど様々な企業で深夜アニメとのタイアップキャンペーンが増加し、以前と比べると深夜アニメは身近な存在となりつつある。しかし深夜枠で1クール（3ヶ月・13週）と放送期間が短いことなどから全世代的な話題となるような作品もなく、『最近、妹のようすがちょっとおかしいんだが。』のように露骨（ろこつ）な性描写で放送倫理・番組向上機構に指摘される作品もある。一方で子供向けアニメでは社会現象となるような『妖怪（ようかい）ウォッチ』も登場している。また近年ではインターネット動画サイトで世界中でいつでもアニメを楽しめるようになり、電器店やアニメ、漫画などサブカルチャーが集結する秋葉原はオタクの聖地から世界的な観光地となりつつあり、外国人向けツアーのルート組み込まれるようにもなっている。

　世界的に日本のアニメーション需要が高まる一方で、アニメーターの労働環境や賃金など慢性的に抱える問題は解消されることもなく、少子高齢化による国内市場の縮小という問題にも直面している。

4.2　輸出と外国の評価

　日本での商業用アニメーションのテレビ放送と同時に、制作費を短期間で回収するため、安価で多くの国へ輸出する販売戦略がとられた。日本国内で流通を前提に制作されていたものを輸出するため、輸出先の国内法や文化的事情で内容に大きな改変が行われる場合が多い。また、作品名・登場人物名やスタッフ名等は輸出先の各国に合わせて書

き換えられたり、視聴者が日本製であることを知らない場合もある。

また著作権ごと(放棄した)契約で販売された作品もある。アメリカでは、『超時空要塞マクロス』・『超時空騎団サザンクロス』・『機甲創世紀モスピーダ』の3作品をハーモニーゴールドUSA社(Harmony Gold USA)が翻案した『ロボテック』が制作され、さらに他国に輸出された事例も存在する。

世界的な多チャンネル化でソフト不足の中、日本アニメは安さで世界各地に広がった。近年は海外におけるアニメ市場が拡大する陰で、日本製アニメのシェアは縮小傾向にある。また放映終了後に各国の言語字幕を入れて違法に配信する「海賊版アニメサイト」が増加している。

1961年 東映動画(現:東映アニメーション)の初期長編作品がアメリカへ輸出される。大川博が「東洋のディズニー」を目指し設立した東映動画は当初から国際市場を意識していた。

1963年 テレビアニメとして、初輸出された『鉄腕アトム』は、放送開始から8か月後に、アメリカのNBC系列のNBCエンタープライゼスによって、全米ネットワークでなく番組販売される形で放送された。続く『ジャングル大帝』は初めからアメリカ市場を意識して人種差別等を考慮して制作された。

1970年代前半 テレビアニメの輸出が一般的になり、最初は中国香港と中国台湾向けに始まり、北東アジア圏、東南アジア圏で放送されるようになる。1970年代後半で、最初はイタリア、次いでフランスに向けに始まり、1980年代にかけてヨーロッパに大量に輸出される。その背景には、ヨーロッパにおける、テレビの多チャンネル化による需要と、日本製の作品が廉価で、本数の多さがあった。東映動画が制作したテレビアニメのうち全体の3分の2はヨーロッパ向けで、特にフ

ランスとイタリア向けが多かった。アメリカ、アジア圏同様、内容が改変されることもあった。イタリアでは、最盛期には1日計7時間、日本のアニメを放送していた。1980年代中国で放送される。

2013年情報通信政策研究所の発表によると、2013年の日本の放送コンテンツ海外輸出額は約138億円であり、このうち、アニメが62.2％を占める。

現在、中国香港、タイ、中国台湾などでは、ほぼ1週間程度の差で日本で放送のアニメ作品が放送されている。またネットでは海外向けのアニメの配信が行われ、日本での放送の1時間後には全世界で日本のアニメが見られるようになった。

近年では海外を中心に「海賊版」と呼ばれる違法アニメ配信サイトが存在しており、海外への輸出展開を難しくしている。経済産業省の試算によると海賊版による損失は中国だけで年間5600億円、米国では2兆円を超えるとされ、2014年より海賊版を配信しているサイトへ削除要請をしていく取り組みがされている。

文化の違いとして、『ドラえもん』など日本の生活風景が出るものや、『ベルサイユのばら』など特定の国を扱ったものは、受け入れられるかどうかは国によって大きく異なる。『ドラえもん』は、ヒーロー的な男性を尊ぶ北米では受け入れられず2014年まで放送されなかったが、東南アジア圏では人気がある。

東南アジア圏では性的な表現を除き、日本文化的な表現も受容されつつあり、再評価されている。好まれる作品は日本とあまり変わらない。また『超電磁マシーンボルテスⅤ』のように、特定の国で一部の人物の間（ファン）の中でヒットする作品も存在する。またキャラクターの人気も国によって異なる。

附　録

附録 1　日中简体汉字对照表

1. 本表按 50 音顺序排列，左侧为日本汉字，右侧为中国汉字。
2. 本表所列为一些常用的汉字，共 897 对。

ア	亜亚	愛爱	悪恶	圧压
イ	偉伟	違违	緯纬	異异
	囲围	為为	遺遗	壱壹
	逸逸	員员	陰阴	隠隐
	飲饮	韻韵		
ウ	雲云	運运		
エ	詠咏	栄荣	鋭锐	衛卫
	営营	駅驿	閲阅	謁谒
	煙烟	円圆	園园	鉛铅
	遠远	艶艳	塩盐	縁缘

オ	応応	桜樱	億亿	憶忆
	穏稳			
カ	仮假	貸贷	菓果	華华
	渦涡	過过	禍祸	箇个
	課课	画画	賀贺	価价
	餓饿	廻回	開开	階阶
	絵绘	塊块	懐怀	壊坏
	貝贝	該该	角角	殻壳
	覚觉	較较	確确	閣阁
	嚇吓	獲获	穫获	嶽岳
	拡扩	滑滑	轄辖	幹干
	乾干	喚唤	換换	間间
	閑闲	漢汉	監监	陥陷
	還还	館馆	慣惯	関关
	歓欢	勧劝	艦舰	環环
	鑑鉴	観观	願愿	緩缓
	簡简	頑顽		
キ	気气	軌轨	記记	飢饥
	亀龟	幾几	揮挥	棄弃
	貴贵	輝辉	機机	机几
	帰归	規规	騎骑	偽伪
	義义	議议	犠牲	戯戏
	擬拟	詰诘	喫吃	級级
	糾纠	給给	宮宫	窮穷
	許许	挙举	拠据	魚鱼
	漁渔	況况	協协	脅胁

◎ 附録 ◎

	郷乡	響响	橋桥	矯娇
	鏡镜	兇凶	競竞	驚惊
	業业	暁晓	極极	錦锦
	緊紧	謹谨	銀银	欽钦
	僅仅			
ク	駒驹	駆驱	繰缲	訓训
	勲勋	軍军		
ケ	計计	啓启	恵惠	掛挂
	繫系	経经	径径	茎茎
	軽轻	継继	係系	頃顷
	傾倾	慶庆	鶏鸡	蛍萤
	瑩莹	熒荧	榮荣	芸艺
	囈呓	鯨鲸	劇剧	擊击
	傑杰	決决	結结	潔洁
	訣诀	見见	硯砚	県县
	懸悬	軒轩	儉俭	劍剑
	険险	検检	驗验	撿捡
	鹼碱	堅坚	賢贤	鍵键
	絹绢	鵑鹃	権权	憲宪
	謙谦	繭茧	顕显	牽牵
	厳严	現现	減减	
コ	個个	滬沪	庫库	誇夸
	顧顾	蠱蛊	滸浒	壺壶
	呉吴	娯娱	誤误	語语
	碁棋	護护	後后	効效
	鉸铰	構构	溝沟	購购

	講讲	岡冈	崗岗	鋼钢
	綱纲	剛刚	広广	鉱矿
	膠胶	閘闸	闔阖	閣阁
	誥诰	紅红	絞绞	貢贡
	項项	興兴	穀谷	獄狱
	紺绀	鯤鲲	墾垦	懇恳
	渾浑	褌裈	譁哗	
サ	差差	嗟嗟	蹉蹉	磋磋
	詐诈	採采	歲岁	災灾
	砕碎	際际	斉齐	斎斋
	済济	臍脐	灑洒	曬晒
	細细	釵钗	載载	債债
	財财	剤剂	錯错	殺杀
	薩萨	雑杂	産产	桟栈
	傘伞	懺忏	燦灿	賛赞
	讃赞	残残	斬斩	暫暂
シ	師师	獅狮	歯齿	詩诗
	詞词	試试	誌志	紙纸
	視视	糸丝	飼饲	姉姊
	幟帜	熾炽	諮咨	児儿
	時时	璽玺	識识	織织
	軸轴	質质	実实	写写
	潟泻	紗纱	車车	捨舍
	謝谢	釈释	種种	腫肿
	須须	樹树	誦诵	竪竖
	週周	輯辑	緝缉	繡绣

	終终	鍬锹	習习	執执
	羞羞	皺皱	醜丑	襲袭
	從从	縱纵	銃铳	渋涩
	獣兽	縮缩	粛肃	術术
	順顺	潤润	閏闰	純纯
	準准	緒绪	諸诸	処处
	書书	嶼屿	詳详	詔诏
	証证	訟讼	頌颂	紹绍
	鈔钞	鬆松	廠厂	嘗尝
	賞赏	償偿	傷伤	衝冲
	鍾钟	鐘钟	将将	奨奖
	醤酱	漿浆	慫怂	牆墙
	薔蔷	嘯啸	蕭萧	簫箫
	摂摄	渉涉	勝胜	焼烧
	粧妆	場场	浄净	縄绳
	乗乘	剰剩	孃娘	讓让
	穣穰	醸酿	壤壤	畳叠
	植植	殖殖	職职	燭烛
	飾饰	親亲	針针	紳绅
	審审	診诊	進进	尋寻
	滲渗	陣阵		
ス	図图	帥帅	雖虽	粹粹
	酔醉	綏绥	錐锥	穂穗
	錘锤			
セ	畝亩	瀨濑	勢势	聖圣
	誠诚	請请	跡迹	隻只

	責责	積积	績绩	設设
	説说	節节	摂摄	浅浅
	箋笺	践践	餞饯	錢钱
	賎贱	繊纤	線线	薦荐
	鮮鲜	禅禅	漸渐	繕缮
	殲歼			
ソ	蘇苏	訴诉	礎础	組组
	喪丧	掃扫	莊庄	倉仓
	蒼苍	滄沧	槍枪	艙舱
	創创	窓窗	聡聪	総总
	綜综	叢丛	贈赠	像象
	蔵藏	臓脏	則则	側侧
	測测	賊贼	続续	贖赎
	孫孙	遜逊	損损	
タ	駄驮	駝驼	鴕鸵	楕椭
	儺傩	攤摊	貸贷	颱台
	帯带	滞滞	対对	隊队
	態态	擡抬	題题	餒馁
	託托	択择	沢泽	鐸铎
	謫谪	濁浊	諾诺	達达
	撻挞	奪夺	誕诞	鍛锻
	単单	嘆叹	団团	弹弹
	談谈	壇坛	灘滩	
チ	値值	恥耻	馳驰	遅迟
	置置	築筑	註注	誅诛
	駐驻	紐纽	儲储	貼贴

◎ 附錄 ◎

	貯贮	庁厅	長长	張张
	漲涨	帳帐	悵怅	脹胀
	腸肠	暢畅	釣钓	頂顶
	鳥鸟	徴征	懲惩	調调
	弔吊	趙赵	彫雕	聴听
	寵宠	直直	沈沉	陳陈
	鎮镇	賃赁		
ツ	墜坠	塚塚	漬渍	
テ	訂订	釘钉	貞贞	偵侦
	逓递	締缔	鄭郑	敵敌
	適适	滌涤	擲掷	鉄铁
	徹彻	綴缀	転转	輾辗
	巓巅	纏缠	電电	澱淀
ト	塗涂	賭赌	東东	凍冻
	棟栋	偸偷	套套	稲稻
	討讨	島岛	搗捣	湯汤
	蕩荡	統统	頭头	膳膳
	騰腾	闘斗	動动	働协
	働动	銅铜	導导	篤笃
	読读	瀆渎	牘牍	犢犊
	頓顿	噸吨	鈍钝	曇昙
ナ	軟软	難难		
ニ	認认			
ネ	寧宁	獰狞	熱热	
ノ	納纳	腦脑	惱恼	農农
	濃浓			

ハ	頗颇	馬马	罵骂	敗败
	廃废	輩辈	拝拜	貝贝
	賠赔	黴霉	買买	売卖
	縛缚	鉢钵	発发	撥拨
	潑泼	髪发	抜拔	罰罚
	閥阀	販贩	飯饭	煩烦
	頒颁	範范	盤盘	絆绊
	輓挽			
ヒ	飛飞	費费	罷罢	誹诽
	駢骈	備备	筆笔	畢毕
	姫姬	謬谬	繆缪	氷冰
	飄飘	馮冯	憑凭	評评
	標标	貧贫	浜滨	賓宾
	殯殡	臏膑	繽缤	鬢鬓
	頻频	瀕濒	蘋苹	
フ	負负	婦妇	膚肤	駙驸
	誣诬	賦赋	譜谱	風风
	楓枫	瘋疯	諷讽	復复
	複复	覆复	輻辐	払拂
	仏佛	墳坟	噴喷	憤愤
	紛纷	奮奋	糞粪	聞闻
ヘ	併并	並并	閉闭	幣币
	別别	辺边	変变	編编
	騙骗	辦办	辮辫	弁辨
ホ	舗铺	鋪铺	補补	輔辅
	砲炮	訪访	報报	飽饱

	縫缝	豊丰	幇帮	鳳凤
	鵬鹏	貿贸	紡纺	厖庞
	謀谋	僕仆	撲扑	蔔卜
マ	碼码	満满	縵缦	謾漫
	饅馒	鰻鳗		
ミ	脈脉	憫悯		
ム	無无	夢梦	務务	霧雾
メ	銘铭	謎谜	鳴鸣	滅灭
	綿绵	緬缅	麵面	
モ	網网	門门	問问	悶闷
	紋纹			
ヤ	約约	薬药	訳译	鑰钥
	躍跃			
ユ	諭谕	輸输	癒愈	喩喻
	郵邮	遊游	猶犹	誘诱
	憂忧	優优		
ヨ	与与	預预	湧涌	楊杨
	揚扬	陽阳	瘍疡	搖摇
	謠谣	徭徭	瑤瑶	葉叶
	樣样	漾漾	養养	窯窑
	擁拥			
ラ	羅罗	蘿萝	鑼锣	騾骡
	賴赖	萊莱	絡络	駱骆
	楽乐	蘭兰	欄栏	覽览
	攬揽	濫滥	藍蓝	籃篮
	襤褴	纜缆	嵐岚	巒峦

リ	裏里	鯉鲤	離离	籬篱
	陸陆	劉刘	瀏浏	竜龙
	虜虏	侶侣	閭闾	慮虑
	両两	倆俩	輛辆	猟猎
	諒谅	涼凉	領领	綾绫
	療疗	遼辽	瞭了	糧粮
	緑绿	倫伦	淪沦	綸纶
	輪轮	鄰邻	臨临	鈴铃
ル	類类	壘垒	涙泪	
レ	麗丽	齢龄	嶺岭	厲厉
	霊灵	隷隶	暦历	歷历
	瀝沥	連连	漣涟	練练
	煉炼	錬炼	簾帘	攣挛
	摩挛	憐怜	聯联	
ロ	呂吕	魯鲁	櫓橹	盧卢
	蘆芦	廬庐	顧颅	艫舻
	濾滤	婁娄	僂偻	蔞蒌
	鏤镂	勞劳	撈捞	臘腊
	蠟蜡	滝泷	壟垄	隴陇
	瓏珑	籠笼	聾聋	録录
	論论			
ワ	話话	賄贿	穢秽	彎弯
	湾湾			

◎ 附録 ◎

⦿ 附録2　日本の国立大学一覧表

北海道・東北地区

北海道大学	北海道教育大学	室蘭工業大学
小樽商科大学	帯広畜産大学	旭川医科大学
北見工業大学	弘前大学	岩手大学
東北大学	宮城教育大学	秋田大学
山形大学	福島大学	

関東・甲信越地区

茨城大学	筑波大学	筑波技術大学
宇都宮大学	群馬大学	埼玉大学
千葉大学	東京大学	東京医科歯科大学
東京外国語大学	東京学芸大学	東京農工大学
東京芸術大学	東京工業大学	東京海洋大学
御茶ノ水女子大学	電気通信大学	一橋大学
横浜国立大学	新潟大学	長岡技術科学大学
上越教育大学	山梨大学	信州大学
政策研究大学院大学	総合研究大学院大学	

◎ 新編日本社会文化 ◎

東海・北陸・近畿地区

富山（とやま）大学　　金沢（かなざわ）大学　　福井（ふくい）大学　岐阜（ぎふ）大学
静岡（しずおか）大学　　浜松医科（はままついか）大学　　名古屋（なごや）大学
愛知（あいち）教育大学　　名古屋（なごや）工業大学　　豊橋（とよはし）技術科学大学
三重（みえ）大学　　滋賀（しが）大学　　滋賀医科（しがいか）大学
京都（きょうと）大学　　京都教育大学　　京都工芸繊維（こうげいせんい）大学
大阪（おおさか）大学　　大阪外国語大学　　大阪教育大学
兵庫（ひょうご）教育大学　　神戸（こうべ）大学　　奈良（なら）教育大学
奈良女子（ならじょし）大学　　北陸先端科学技術（ほくりくせんたん）大学院大学
和歌山（わかやま）大学　　奈良先端（ならせんたん）技術大学院大学

中国・四国地区

鳥取（とっとり）大学　　島根（しまね）大学　　岡山（おかやま）大学
広島（ひろしま）大学　　山口（やまぐち）大学　　徳島（とくしま）大学
鳴門（なると）教育大学　　香川（かがわ）大学　　愛媛（えひめ）大学
高知（こうち）大学

九州・沖縄地区

福岡（ふくおか）教育大学　　九州大学（九州芸術工科（こうか）大学）
九州工業大学　　佐賀（さが）大学　　長崎（ながさき）大学
熊本（くまもと）大学　　大分（おおいた）大学　　宮崎（みやざき）大学
鹿児島（かごしま）大学　　鹿屋（かのや）体育大学　　琉球（りゅうきゅう）大学
沖縄（おきなわ）大学科学技術大学院

附録3　日本三大名称一覧表

1. 日本三大河川

1) 信濃川（しなのがわ）　長野県新潟県、367 km。

2) 利根川（とねがわ）　群馬県、322 km。

3) 石狩川（いしかりがわ）　北海道、268 km。

2. 日本三景

1) 松島（まつしま）　宮城県、宮城県の松島湾内外にある大小260余の諸島。

2) 天橋立（あまのはしだて）　京都府宮津市、京都府宮津市の宮津湾と内海の阿蘇海を南北に隔てる砂嘴。

3) 安芸の宮島/厳島（あきのみやじま/いつくしま）　広島、瀬戸内海西部、広島湾の北西部に位置。厳島神社を中心とした島。

3. 日本三名山（三霊山）

1) 富士山　静岡県と山梨県に跨る活火山、3776 km。

2) 立山（たてやま）　富山県飛騨山脈（北アルプス）にある山地の総称、3015 m。

3) 白山（はくさん）　石川県、福井県、岐阜県の3県にまたがる成層火山。

4. 日本三名園

1) 兼六園（けんろくえん）、石川県金沢市、広さは3万坪、江戸時代を代表する池泉回遊式庭園がその特徴。

2）偕楽園　茨城県水戸市、広さは約13ヘクタール。100種3000本の梅が植えられている。

3）後楽園　岡山市、総面積は133000 m^2。1687年（貞享4年）に着工して1700年に完成。

5. 日本三大温泉

1）別府温泉　大分県、温泉都市別府内に数百ある温泉の総称。

2）由布院温泉　大分県、標高1584 m。

3）伊東温泉　静岡県、旅館、大型ホテルなどが広範囲に数多く存在。

6. 日本三大巨桜

1）三春滝桜　福島県、樹齢1000年以上のベニシダザクラ。

2）淡墨桜　岐阜県、淡墨公園にある樹齢1500年以上のエドヒガンザクラの古木。

3）神代桜　山梨県、実相寺境内にある樹齢2000年ともいわれるエドヒガンザクラの老木。

7. 日本三大名瀑

1）那智の滝　和歌山県、落差133 m、滝幅13 m、水系：那智川。

2）華厳の滝　栃木県、落差97 m、滝幅7 m、水系：利根川水系大谷川。

3）袋田の滝　茨城県、滝幅73 m、水系：久慈川水系滝川。

8. 日本三大珍味

1）唐墨　長崎県産のものが有名。ボラなどの卵巣を塩漬けし、

塩抜き後、天日干しで乾燥させたもの。長崎県産のものが有名。

2）海鼠腸(このわた)　伊勢湾、三河湾瀬戸内海や能登半島ナマコの腸(はらわた)の塩辛である。寒中に製した、また腸の長いものが良品であるとされる。

3）海胆(うに)　浅い海の砂や岩場に生息し、生殖腺（精巣・卵巣）を食用にし、刺身や寿司ネタなどにして食べる。/河豚(ふぐ)の卵巣(らんそう)の糠漬(ぬかづ)け石川県の郷土料理である。

9. 日本三大祭り

1）祇園(ぎおん)祭(まつり)　京都市、八坂神社。かつては、旧暦6月に行われていたが、現在ではグレゴリオ暦7月に行われている。

2）天神(てんじん)祭(まつり)　大阪市、大阪天満宮。6月下旬吉日〜7月25日の約1ケ月間に渡り諸行事が行われる。

3）神田(かんだ)祭(まつり)　東京都、神田明神5月15日に近い土曜日に行われる神社の行事。

10. 日本三大鳥居

1）大神神社大鳥居(おおみわじんじゃおおどりい)　奈良県桜井市、高さ32 m

2）厳島(いつくしま)神社鳥居(じんじゃどりい)　広島県廿日市、高さ16.8 m

3）気比神宮鳥居(けひじんぐうどりい)　福井県敦賀市、高さ10.93 m

11. 日本三大寺

1）大安寺(だいあんじ)/大官大寺(だいかんだいじ)　所在地：奈良市大安寺、宗派：高野山真言宗、本尊：十一面観音、創建年：飛鳥時代、開基聖徳太子。

2）元興寺(がんこうじ)/飛鳥寺(あすかでら)　所在地：奈良市中院市、宗派真言律宗、本尊：智光曼荼羅（重要文化財）、創建年：推古天皇元年(593年)、開基：蘇我馬子。

◎ 新编日本社会文化 ◎

3) 弘福寺(ひろしふくでら)　所在地:東京都墨田区、宗派:黄檗宗(おうばく)、本尊:隅田川七福神のうち布袋像、創建年:1673年、開基:稲葉正則

12. 日本三大名城

1) 熊本城(くまもとじょう)　熊本県熊本市　城郭構造:梯郭式平山城、天守構造:連結式望楼型3重6階地下1階(非現存・1600年築)外観復元(RC造1960年再)、築城主:出田秀信、築城年:1469年—1487年、主な改修者:加藤清正、主な城主:加藤氏、細川氏、廃城年:1874年

2) 名古屋城(なごやじょう)　愛知県名古屋市　城郭構造:梯郭式平城、天守構造:連結式層塔型5重5階地下1階(1612年築・非現存)(1959年再SRC造外観復元)、築城主:徳川家康、築城年:1609年(慶長14年)、主な改修者:名古屋城再建委員會、主な城主:尾張徳川氏、廃城年:1871年(明治4年)

3) 姫路城(ひめじじょう)　兵庫県姫路市　城郭構造:梯郭式平山城、天守構造:連立式望楼型5重6階地下1階、築城主:赤松貞範、築城年:1346年(南朝:正平元年、北朝:貞和2年)、主な改修者:黒田孝高、池田輝正、主な城主:池田氏、本多氏、酒井氏、廃城年:1871年(明治4年)

13. 日本三大大仏

1) 奈良大仏(ならだいぶつ)　奈良県、東大寺・盧舎那仏像(るしゃな)

2) 鎌倉大仏(かまくらだいぶつ)　神奈川県、長谷高徳院・阿弥陀如来

3) 京の大仏(きょうのだいぶつ)　京都市、京都・方広寺

14. 日本三大中華街

1) 横浜中華街、神奈川県横浜市

2) 神戸南京町、兵庫県神戸市

3）長崎新地中華街、長崎県長崎市

15. 日本三大都市

1）東京　東京都、関東地方

2）大阪　大阪府、近畿地方

3）名古屋　愛知県、東海地方

16. 日本三名橋

1）錦帯橋　山口県岩国県、木造のアーチ橋

2）猿橋　山梨県大月市、木造では現存する唯一の刎橋

3）かづら橋　徳島県西祖谷山村、かづらで編んだ橋

17. 日本三大自動車メーカー

1）トヨタ自動車　本社所在地：愛知県豊田市トヨタ町、設立：1937年8月28日、代表者：豊田章男、関係する人物：豊田佐吉（創業者）豊田喜一郎（創業者）

2）本田技研工業　本社所在地：東京都港区南青区、設立：1948年9月24日、代表者：伊東孝紳、関係する人物：本田宗一郎（創業者）

3）日産自動車　本社所在地：横浜市西区、設立：1911年、代表者取締役共同会長兼社長兼最高経営責任者カルロス・ゴーン、関係する人物：鮎川義介、川又克二、石原俊

18. 日本三大工業地帯

1）京浜工業地帯　大田区、川崎市、横浜市を中心に、東京都、神奈川県、埼玉県に広がる工業地帯。

2）中京工業地帯　愛知県・岐阜県南部・三重県北部に広がる工業地帯。

3）阪神工業地帯　大阪府・兵庫県を中心に広がる工業地帯。

19. 日本三大私学

1）慶應義塾(けいおうぎじゅく)大学　東京都港区、創立：1858年、創設者：福沢諭吉、大学設置：1920年。

2）早稲田(わせだ)大学　東京都新宿区、創立：1882年、創設者：大隈重信、大学設置：1920年。

3）同志社(どうししゃ)大学　京都府京都市上京区、創立：1875年、創設者：新島襄、大学設置：1920年。

20. 日本三大都市圏

1）首都圏　本州の東部、1都7県：茨城県、栃木県、群馬県、埼玉県、千葉県、東京都、神奈川県、山梨県

2）近畿圏　本州中西部、2府5県：滋賀県、京都府、奈良県、三重県、和歌山市、大阪府、兵庫県

3）中京圏　本州中央部のうち太平洋の地方、4県：岐阜県、静岡県、愛知県、三重県

21. 日本三大貿易港

1）千葉港(ちばこう)　千葉県の市川市・船橋市・習志野市・千葉市・市原市・袖ケ浦市にわたる港湾。

2）名古屋港(なごやこう)　愛知県名古屋市、東海市、知多市、弥富市、海部郡飛島村にまたがる港湾。

3）横浜港(よこはまこう)　神奈川県横浜市の東京湾岸にある港湾。

附録4　中央省庁再編

中央省庁の再編成。

- 省庁を1府22省庁から1府12省庁に大くくりに再編成します。
- 内閣府の新設、政策調整制度の導入により、いわゆる「织割り行政」の弊害を排除します。

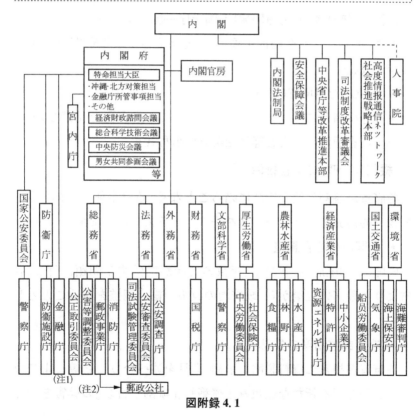

図附録 4.1

注1：金融庁は平成12年7月設置、金融再生委員會は平成13年1月廃止。

注2：郵政事業庁はその設置の2年後の属する年に郵政公社に移行。

◎ 新編日本社会文化 ◎

省庁を大括りに再編成

21世紀に向けて、複雑な政策課題に的確に対応できるよう、現行1府22省庁を1府12省庁に編成します。

- 任務が補完的又は重複するとみられる11省庁を4省に統合

郵政省、自治省、総務庁—総務省

文部省、科学技術庁—文部科学省

厚生省、労働省—厚生労働省

運輸省、建設省、北海道開発庁、国土庁—国土交通省

- 総理府の3庁(金融再生委員会、経済企画庁、沖縄開発庁)を内閣府に吸収
- 環境庁を環境省に昇格
- 他の7省庁についても、任務に応じて所掌事務を見直し、大蔵省を財務省、通商産業省を経済産業省に名称変更

「縦割り行政」の弊害排除

各府省が縦割り的な行政に陥ることなく、政府全体が一体となって効率的に充実したサービスを提供できるようにします。

- 内閣府の総合調整

内閣に「内閣府」を新設し、複数の省庁が関係する問題に対し、各省より一段高い立場から、政府内の改策の総合調整を行うこととします。

- 政策調整制度の創設

各府省が相互に資料説明を求め、意見を述べ合うこと等により政策の調整を図る新たな仕組みを構築し、「縦割り行政」の弊害をなくします。

◎ 附録 ◎

旧省庁体制		新たな省庁編成
総理府		内閣府
国家公安委員会(警察庁)		国家公安委員会(警察庁)
金融再生委員会		防衛省
総務庁	→	総務省
北海道開発庁		法務省
防衛省		外務省
経済企画庁		財務省
科学技術庁		文部科学省
環境庁		厚生労働省
沖縄開発庁		農林水産省
国土庁		経済産業省
法務省		国土交通省
外務省		環境省
大蔵省		
文部省		
厚生省		
農林水産省		
通商産業省		
運輸省		
郵政省		
労働省		
建設省		
自治省		

図附録 4.2

注:2001(平成13)年1月6日新体制スタート

◎ 新編日本社会文化 ◎

中央省庁（2021.9.1現在）		
内閣	内閣官房	
	内閣法制局	
	人事院	
	内閣府	
		宮内庁
		公正取引委員会
		国家公安委員会
		警察庁
		個人情報保護委員会
		カジノ管理委員会
		金融庁
		消費者庁
	デジタル庁	
	復興庁	
	総務省	
		公害等調整委員会
		消防庁
	法務省	
		出入国在留管理庁
		公安審査委員会
		公安調査庁
	外務省	
	財務省	
		国税庁
	文部科学省	
		スポーツ庁
		文化庁
	厚生労働省	
		中央労働委員会
	農林水産省	
		林野庁
		水産庁
	経済産業省	
		資源エネルギー庁
		中小企業庁
		特許庁
	国土交通省	
		観光庁
		気象庁
		運輸安全委員会
		海上保安庁
	環境省	
		原子力規制委員会
	防衛省	
		防衛装備庁

会計監査院

図附録 4.3

注：政府広報オンライン（https://www.gov-online.go.jp/topics/link/index.html）より作成

附録5　日本人のノーベル賞受賞者一覧

受賞年	名前/学歴	賞	受賞理由	備考
1949	湯川秀樹（京大卒）	物理学賞	核力の理論的研究に基づく中間子の存在の予想	京都大学理学部教授（受賞時）
1965	朝永振一郎（京大卒）	物理学賞	量子電気力学分野での基礎的研究	東京教育大学教授（受賞時）
1968	川端康成（東大卒）	文学賞	『伊豆の踊子』『雪国』など、日本人の心情の本質を描いた、非常に繊細な表現による叙述の卓越さに対して	作家
1973	江崎玲於奈（東大卒）	物理学賞	半導体におけるトンネル効果の実験的発見	米国IBMワトソン研究所主任研究員（受賞時）
1974	佐藤栄作（東大卒）	平和賞	非核三原則の提唱	元内閣総理大臣
1981	福井謙一（京大卒）	化学賞	化学反応過程の理論的研究	京都大学工学部教授（受賞時）
1987	利根川進（京大卒）	生理学・医学賞	多様な抗体を生成する遺伝的原理の解明	米国マサチューセッツ工科大学教授（受賞時）
1994	大江健三郎（東大卒）	文学賞	『個人的な体験』『万延元年のフットボール』など、詩的な言語を用いて現実と神話の混交する世界を創造し、窮地にある現代人の姿を、見る者を当惑させるような絵図に描いた功績に対して	作家

◎ 新编日本社会文化 ◎

続表

受賞年	名前/学歴	賞	受賞理由	備考
2000	白川英樹（東工大卒）	化学賞	導電性高分子の発見と発展	筑波大学名誉教授（受賞時）
2001	野依良治（京大卒）	化学賞	キラル触媒による不斉反応の研究	名古屋大学理学部教授（受賞時）
2002	田中耕一（東北大卒）	化学賞	生体高分子の同定および構造解析のための手法の開発	株式会社島津製作所フェロー（受賞時）
2002	小柴昌俊（東大卒）	物理学賞	天体物理学、特に宇宙ニュートリノの検出に対するパイオニア的貢献	東京大学名誉教授（受賞時）
2008	下村脩（長崎大卒）	化学賞	緑色蛍光タンパク質（GFP）の発見と生命科学への貢献	米国ボストン大学名誉教授（受賞時）
2008	益川敏英（名大卒）	物理学賞	小林・益川理論とCP対称性の破れの起源の発見による素粒子物理学への貢献	京都大学名誉教授（受賞時）
2008	小林誠（名大卒）	物理学賞	小林・益川理論とCP対称性の破れの起源の発見による素粒子物理学への貢献	高エネルギー加速器研究機構名誉教授（受賞時）元京都大学理学部助手
2008	南部陽一郎（東大卒）	物理学賞	素粒子物理学における自発的対称性の破れの発見	米国シカゴ大学名誉教授（受賞時：米国籍）
2010	鈴木章（北大卒）	化学賞	クロスカップリングの開発	北海道大学名誉教授（受賞時）
2010	根岸英一（東大卒）	化学賞	クロスカップリングの開発	米国パデュー大学特別教授（受賞時）
2012	山中伸弥（神大卒）	生理学・医学賞	様々な細胞に成長できる能力を持つiPS細胞の作製	京都大学iPS細胞研究所長・教授（受賞時）

◎ 附録 ◎

続表 3.1

受賞年	名前/学歴	賞	受賞理由	備考
2014	赤崎 勇（あかさきいさむ）（東大卒）	物理学賞	高輝度で省電力の白色光源を可能にした青色発光ダイオードの発明	名城大学教授（受賞時）
2014	天野 浩（あまのひろし）（名大卒）	物理学賞	高輝度で省電力の白色光源を可能にした青色発光ダイオードの発明	名古屋大学教授（受賞時）
2014	中村 修二（なかむらしゅうじ）（徳島大卒）	物理学賞	高輝度で省電力の白色光源を可能にした青色発光ダイオードの発明	カリフォルニア大学サンタバーバラ校教授（受賞時：米国籍）
2015	梶田 隆章（かじたたかあき）（埼玉大卒）	物理学賞	ニュートリノが質量を持つことを示すニュートリノ振動の発見	東京大学教授（受賞時）
2015	大村 智（おおむらさとし）（山梨大卒）	生理学・医学賞	線虫の寄生によって引き起こされる感染症に対する新たな治療法に関する発見	北里大学特別栄誉教授（受賞時）
2016	大隅 良典（おおすみよしのり）（東大卒）	生理学・医学賞	不要物の分解と同時に再利用も行う細胞の働き「オートファジー（自食作用）」の存在を解明	東京工業大学特任教授（受賞時）
2018	本庶 佑（ほんじょたすく）（京大卒）	生理学・医学賞	免疫を抑える働きを阻害することで癌を治療する方法を発見	京都大学高等研究院副院長（受賞時）
2019	吉野 彰（よしのあきら）（京大卒）	化学賞	リチウムイオン電池の開発成功により、ワイヤレスで化石燃料のない社会基盤に貢献	九州大学名誉教授（受賞時）
2021	真鍋 淑郎（まなべしゅくろう）（東大卒）	物理学賞	地球の気候をコンピュータで再現する方法を開発、地球温暖化の影響予測に貢献	プリンストン大学上席研究員（受賞時：米国籍）

附録6　日本人口状況

表1　日本主要都市人口（調査年月 2020 年 10 月）

都市名	人口
東京都	14,047,594
横浜市	3,777,491
大阪市	2,752,412
名古屋市	2,332,176
札幌市	1,973,395
神戸市	1,525,152
京都市	1,463,723
福岡市	1,612,392
川崎市	1,538,262
広島市	1,200,754
北九州市	939,029

出典：総務省統計局令和 2 年（2020 年）国勢調査.

表2　日本人男女・年齢別人口（調査年月 2020 年 10 月）

年齢	人口（千人）			比率（%）		
	男	女	総計	男	女	総計
0～4 歳	2,311	2,204	4,516	3.87	3.47	3.67
5～9 歳	2,606	2,482	5,089	4.36	3.91	4.13

◎ 附録 ◎

続表

年齢	人口（千人）			比率（％）		
	男	女	総計	男	女	総計
10〜14歳	2,742	2,608	5,350	4.59	4.11	4.34
15〜19歳	2,880	2,737	5,617	4.82	4.31	4.56
20〜24歳	3,017	2,913	5,931	5.05	4.59	4.81
25〜29歳	3,074	2,957	6,031	5.14	4.66	4.90
30〜34歳	3,297	3,183	6,484	5.52	5.02	5.26
35〜39歳	3,696	3,614	7,311	6.19	5.70	5.93
40〜44歳	4,189	4,101	8,291	7.01	6.46	6.73
45〜49歳	4,862	4,787	9,650	8.14	7.55	7.83
50〜54歳	4,277	4,262	8,539	7.16	6.72	6.93
55〜59歳	3,865	3,902	7,767	6.47	6.15	6.30
60〜64歳	3,592	3,704	7,297	6.01	5.84	5.92
65〜69歳	3,910	4,165	8,075	6.54	6.56	6.55
70〜74歳	4,249	4,762	9,011	7.11	7.51	7.31
75〜79歳	3,092	3,838	6,930	5.17	6.05	5.62
80〜84歳	2,196	3,100	5,296	3.68	4.89	4.30
85〜89歳	1,303	2,366	3,669	2.18	3.73	2.98
90歳以上	593	1,758	2,351	0.99	2.77	1.91
総数	59,751	63,443	123,205	100.00	100.00	100.00

出典：総務省統計局令和2年（2020年）国勢調査

総数は全世代の合計数とする。年齢不詳の数はここには含めない。

附録7　祝日・行事

1月

- 1日　元日　年賀　初詣
  　　少年法施行の日
- 2日　初荷　初夢　書初め
  　　皇居一般参賀
- 4日　官公庁御用始め
  　　取引所大発会
- 5日　生鮮卸売市場初せり
  　　初水天宮
- 6日　消防出初式
- 7日　七草
- 8日　初薬師　鬼子母神詣
- 9日　今宵戎（こよいえびす）
- 10日　110番の日　十日戎
  　　（えびす）初金比羅
- 11日　鏡開き　蔵開き
- 15日　成人の日　小正月
  　　（2000年から1月の第2月
  　　曜日）お年玉つき年賀はが
  　　き抽選　左義長
- 16日　藪入り　初閻魔
- 17日　太子講
- 18日　初観音
- 20日　二十日正月
  　　二十日戎（えびす）
- 21日　初大師
- 24日　全国学校給食週間
  　　初地蔵
- 25日　初天神
- 26日　文化財防火デー
- 27日　国旗制定記念日
- 28日　初不動
- 31日　みそか年月

2月

- 1日　テレビ放送記念日
  　　生活習慣病予防週間
- 3日　このころ節分・豆まき
- 7日　北方領土の日
- 8日　針供養　このころ初午
- 11日　建国記念の日
  　　文化勲章制定記念日
- 14日　バレンタインデー

15日　涅槃会（ねはんえ）
16日　所得税確定申告受付
19日　万国郵便連合加盟記念日
22日　世界友愛の日　猫の日

3月

1日　春の全国火災予防運動
　　　ビキニデー
3日　雛（ひな）祭　耳の日
7日　消防記念日
8日　国際婦人デー
10日　農山漁村婦人の日
　　　東京大空襲の日
13日　水産デー（漁業法記念日）
14日　ホワイトデー
15日　万国博デー
　　　所得税確定申告締切り
20日　動物愛護デー　上野動物園開園記念日
21日　このころ春分の日
　　　彼岸の中日
22日　放送記念日
23日　世界気象デー
25日　電気記念日
31日　教育基本法・学校教育法公布記念日　学年末

会計年度末

4月

1日　エープリルフール
　　　新学年
　　　新会計年度児童福
　　　祉法施行記念日売春防止
　　　法施行記念日
7日　世界保健デー
8日　灌仏会（かんぶつえ）（花祭）
10日　婦人の日　婦人週間
11日　メートル法公布記念日
12日　世界宇宙飛行の日
14日　ポスト愛護週間
17日　少年保護デー
18日　発明の日　科学技術週間
20日　通信記念日　郵便週間
　　　切手趣味週間
21日　民放発足記念日
　　　民放週間
22日　アースデー（地球の日）清掃の日
　　　全国環境衛生週間
23日　緑の週間
28日　サンフランシスコ講和記念日

29日　みどりの日　春の叙勲
　　　社会教育週間
30日　図書館記念日

5月

1日　メーデー　憲法週間
2日　郵便貯金創業記念日
　　　このころ八十八夜
3日　憲法記念日
5日　こどもの日　端午の節句
8日　世界赤十字デー
10日　愛鳥週間
12日　ナイチンゲールデー看護
　　　週間
14日　種痘記念日
15日　沖縄復帰記念日
18日　国際善意デー
20日　ローマ字の日
　　　東京開港記念日
21日　家内労働週間
30日　消費者の日
31日　世界禁煙デー

6月

1日　気象記念日　電波の日
　　　写真の日　アユ漁解禁
　　　衣替え　水道週間
2日　横浜・下田・長崎開港記
　　　念日
3日　測量の日雑誌週間
4日　虫歯予防デー
　　　歯の衛生週間
5日　世界環境デー　環境週間
7日　計量記念日
8日　虫供養
10日　時の記念日
　　　火薬類危害予防週間
16日　和菓子の日
18日　海外移住の日
19日　国連協力週間
23日　オリンビックデー沖縄慰
　　　霊の日
26日　国連憲章調印記念
　　　日国際麻薬撲滅デー
28日　貿易記念日
30日　夏越(なごし)の祓(はらい)

7月

1日　国民安全の日
　　　全国安全週間
　　　厚生保護の日
　　　山開き　海開き

2日　ユネスコ加盟記念日
4日　アメリカ独立記念日
7日　七夕
10日　国土建設週間
　　　アルプス山開き
12日　日本標準時制定記念日
13日　盆迎え火　精霊祭
14日　検疫記念日
　　　港の衛生週間パリ祭
15日　盂蘭盆会(うらぼんえ)中元
　　　施餓鬼(せがき)
16日　精霊送り　送り火
　　　藪入り
20日　海の日　海上安全週間
21日　自然に親しむ運動
23日　ふみの日
24日　地蔵盆
28日　水路記念日

8月

1日　八朔　水の日
　　　水の週間観光　の日
　　　観光週間　花火の日
2日　学制公布記念日
5日　食品衛生週間
6日　広島原爆記念日
7日　鼻の日
9日　長崎原爆記念日
10日　道の日　健康ハート週間
14日　国民皆泳の日
15日　終戦記念日
　　　全国没者慰霊祭
19日　家畜衛生週間
29日　文化財保護法施行記念日
30日　防災週間

9月

1日　関東大震災記念日
　　　防災の日　がん征圧月間
　　　知的障害福祉月間
2日　宝くじの日
8日　サンフランシスコ平和条約
　　　調印記念日　国際識字デー
9日　重陽の節句　救急の日
10日　全国下水道促進デー
13日　世界の法の日
　　　司法保護記念日
15日　敬老の日　老人福祉週間
20日　航空記念日　動物愛護週間
21日　秋の全国交通安全運動
23日　このころ秋分の日
　　　彼岸の中日

24日　清掃の日　結核予防週間

10月

1日　衣替え　法の日
　　　全国労働衛生週間
　　　赤い羽根共同募金
4日　里親デー
6日　国際協力の日
9日　国際文通週間
　　　万国郵便連
　　　合創立記念日
10日　体育の日（2000年から10月の第2月曜日）
　　　目の愛護デー
12日　行政相談週間
14日　鉄道記念日
15日　助け合いの日
16日　世界食糧デー
17日　貯蓄の日
18日　統計の日
20日　リサイクルの日　新聞週間
　　　電信電話週間　えびす講
21日　国際反戦デー　国連週間
23日　電信電話記念日
24日　国連の日
26日　原子力の日

　　　新聞広告の日
27日　読書週間
31日　ガス記念日　世界勤倹デー

11月

1日　灯台記念日　自衛隊記念日
　　　教育・文化週間
　　　文化財保護　強調週間
3日　文化の日
　　　秋の叙勲文化勲章授章式
4日　ユネスコ憲章記念日
6日　社会福祉週間
7日　国産品認識週間
8日　世界都市計画の日
9日　太陽暦採用記念日
　　　119番の日　秋の全国火災予防週間
10日　技能の日
11日　世界平和記念日
　　　スライドの日
　　　税を知る週間
5日　七五三　赤十字デー
16日　録音文化の日
19日　鉄道電化の日　農協記念日
23日　勤労感謝の日　新穀感謝祭
　　　農業祭

26日 ペンの日
28日 税関記念日
　　 全国レクリエーション週間
29日 議会開設記念日

12月

1日 世界エイズデー
　　 映画の日　鉄の記念日
　　 歳末助け合い運動
2日 全国防火デー
4日 人権週間
5日 納めの水天宮
7日 神戸開港記念日
8日 太平洋戦争開戦記念日
　　 針供養　事納め　納めの薬師
9日 障害者の日
10日 世界人権デー
　　 納めの金比羅
12日 貯蓄記念日
13日 お事始め
15日 年賀郵便特別扱い受付
　　 開始
18日 国連加盟承認の日
　　 納めの観音
21日 納めの大師
23日 天皇誕生日
24日 クリスマスイブ
　　 納めの地蔵
25日 クリスマス　国際親善の日
　　 納めの天神
28日 官公庁御用納め
　　 取引所納会　納めの不動
31日 大晦日　年越し
　　 大祓(おおはらい)除夜の鐘

附録8　日本と中国の友好都市及び県省の締結状況

都道府県	日本側都市　中国側都市	締結年月日
北海道	札幌市　瀋陽市　遼寧省	1980.11.18
	夕張市　撫順市　遼寧省	1982.4.19
	旭川市　哈爾濱市　黒龍江省	1995.11.21
	苫小牧市　秦皇島市　河北省	1998.9.1
	赤平市　汨羅市　湖南省	1999.9.30
	石狩　彭州市　四川省	2000.10.24
	帯広市　朝陽市　遼寧省	2000.11.18
	函館市　天津市	2001.10.18
	登別市　広州市　広東省	2002.5.19
	室蘭市　日照市　山東省	2002.7.26
	千歳市　長春市　吉林省	2004.10.11
	伊達市　漳州市　福建省	2010.4.7
青森県	西目屋村　梨樹県葉赫満族鎮　吉林省	1985.4.29
	板柳町　昌平区　北京市	1993.6.23
	八戸市　蘭州市　甘粛省	1998.4.14
	青森市　大連市　遼寧省	2014.12.24
岩手県	北上市　三門峡市　河南省	1985.5.25
	金ヶ崎町　長春市　吉林省	1989.2.1
	宮古市　煙台市　山東省	1993.10.26
	平泉町　天台県　浙江省	2010.6.28

◎ 附録 ◎

続表

都道府県	日本側都市　中国側都市	締結年月日
宮城県	仙台市　長春市　吉林省	1980.10.27
	吉林省	1987.6.1
	柴田町　丹陽市　江蘇省	1994.2.23
	大崎市　鄭州市金水区　河南省	1994.7.19
	美里町　済南市長清区　山東省	1996.4.21
	気仙沼市　舟山市　浙江省	1997.10.8
	気仙沼市本吉町　吉林市昌邑区　吉林省	2002.8.30
	登米市　無錫市恵山区　江蘇省	2004.9.9
	石巻市　温州市　浙江省	2005.11.17
秋田県	甘粛省	1982.8.5
	秋田市　蘭州市　甘粛省	1982.8.5
	八峰町　揚州市広陵区　江蘇省	1997.6.4
	北秋田市　鳳城市　遼寧省	1997.9.11
	鹿角市　武威市涼州区　甘粛省	2000.11.6
	由利本荘市　無錫市　江蘇省	2001.7.6
	にかほ市　諸曁市　浙江省	2002.10.21
山形県	山形市　吉林市　吉林省	1983.4.21
	南陽市　南陽市　河南省	1988.10.6
	大石田町　ハルビン市方正県　黒龍江省	1990.2.1
	酒田市　唐山市　河北省	1990.7.26
	長井市　双鴨山市　黒龍江省	1992.5.21
	黒龍江省	1993.8.10
	鶴岡市　尚志市　黒龍江省	2000.10.25
	天童市　瓦房店市　遼寧省	2002.5.27
	米沢市関地区　琿春市三家子満族郷　吉林省	2002.7.4
	庄内町　濰坊市寒亭区　山東省	2012.8.21

続表

都道府県	日本側都市　中国側都市	締結年月日
福島県	いわき市　撫順市　遼寧省	1982.4.15
	会津若松市　荊沙市　湖北省	1991.6.15
	楢葉町　五常市　黒龍江省	1992.2.13
	須賀川市　洛陽市　河南省	1993.8.1
	二本松市　荊門市京山県　湖北省	1994.10.16
	西郷村　天津市　薊県	1995.4.26
	富岡町　嘉興市海塩県　浙江省	1995.6.20
	浪江町　興化市　江蘇省	1996.4.17
	泉崎村　房山区寶店鎮寶店村　北京市	1996.10.29
	喜多方市　江蘇省　宿遷市	2017.4.14
茨城県	取手市　桂林市　広西チワン族自治区	1990.5.7
	古河市　三河市　河北省	1999.11.6
	常陸太田市　余姚市　浙江省	1999.11.17
	水戸市　重慶市	2000.6.6
	鹿嶋市　塩城市　江蘇省	2002.11.8
	つくば市　深圳市　広東省	2004.6.9
	美浦村　桂林市臨桂県　広西チワン族自治区	2008.8.5
	神栖市　上虞市　浙江省	2009.2.16
栃木県	足利市　済寧市　山東省	1984.9.21
	宇都宮市　チチハル市　黒龍江省	1984.9.30
	栃木市　金華市　浙江省	1990.10.30
	鹿沼市　鉄嶺市　遼寧省	1992.3.15
	栃木県　浙江省	1993.10.13
	小山市　本渓市　遼寧省	1994.10.28
	佐野市　衢州市　浙江省	1997.11.11
	矢板市　湖州市徳清県　浙江省	2002.4.12
	日光市　敦煌市　甘粛省	2004.10.12
	小山市　紹興市　浙江省	2009.10.22

◎ 附録 ◎

続表

都道府県	日本側都市　中国側都市	締結年月日
群馬県	太田市　営口市　遼寧省	1987.9.26
	高崎市　承徳市　河北省	1987.10.26
	伊勢崎市　馬鞍山市　安徽省	1989.11.9
	藤岡市　江陰市　江蘇省	2000.4.28
	館林市　昆山市　江蘇省	2004.10.25
埼玉県	さいたま市　鄭州市　河南省	1981.10.12
	埼玉県　山西省	1982.10.27
	戸田市　開封市　河南省	1984.8.21
	秩父市　臨汾市　山西省	1988.10.7
	所沢市　常州市　江蘇省	1992.4.20
	深谷市　順義区　北京市	1995.11.7
	狭山市　杭州市　浙江省	1996.7.8
	草加市　安陽市　河南省	1998.11.1
	入間市　奉化市　浙江省	2000.5.16
	新座市　済源市　河南省	2002.5.16
	上尾市　杭州市　浙江省	2004.3.26
千葉県	市川市　楽山市　四川省	1981.10.21
	柏市　承徳市　河北省	1983.11.1
	千葉市　天津市	1986.5.7
	成田市　咸陽市　陝西省	1988.9.14
	船橋市　西安市　陝西省	1994.11.2
	千葉市呉江区　蘇州市呉江区　江蘇省	1996.10.10
	八街市　濰坊市　山東省	2001.4.20

◎ 新编日本社会文化 ◎

続表

都道府県	日本側都市　中国側都市	締結年月日
東京都	北京市	1979.3.14
	中野区　西城区　北京市	1986.9.5
	目黒区　崇文区　北京市	1991.10.26
	練馬区　海淀区　北京市	1992.10.13
	葛飾区　豊台区　北京市	1992.11.12
	新宿区　東城区　北京市	1997.5.22
	板橋区　石景山区　北京市	1997.10.8
	墨田区　石景山区　北京市	1997.12.13
	奥多摩町　杭州市淳安県　浙江省	1998.4.22
	大田区　朝陽区　北京市	1998.9.21
	文京区　北京市　通洲区	2019.10.29
	荒川区　大連市中山区　遼寧省	2006.3.10
	八王子市　泰安市　山東省	2006.9.23
	東京都　西城区北区　北京市	2011.11.18
神奈川県	横浜市　上海市	1973.11.30
	川崎市　瀋陽市　遼寧省	1981.8.18
	藤沢市　昆明市　雲南省	1981.11.5
	神奈川県　遼寧省	1983.5.12
	厚木市　揚州市　江蘇省	1984.10.23
	相模原市　無錫市　江蘇省	1985.10.6
	鎌倉市　敦煌市　甘粛省	1998.9.28
山梨県	甲府市　成都市　四川省	1984.9.27
	韮崎市　佳木斯市　黒龍江省	1984.10.10
	山梨県　四川省	1985.6.18
	山梨市　蕭山市　浙江省	1993.10.14
	一宮町　肥城市　山東省	1994.6.2
	甲州市　トルファン市　新疆ウイグル自治区	2000.10.3
	南アルプス市・甲斐市・中央市・昭和町　都江堰市　四川省	2006.8.17
	西桂町　桂林市霊川県　広西チワン族自治区	2007.1.23

◎ 附録 ◎

続表

都道府県	日本側都市　中国側都市	締結年月日
長野県	長野市　石家荘市　河北省	1981.4.19
	河北省	1983.11.11
	須坂市　四平市　吉林省	1994.5.12
	伊那市　通県　北京市	1994.11.22
	上田市　寧波市　浙江省	1995.2.9
	松本市　廊坊市　河北省	1995.3.21
	泰阜村　ハルビン市方正県　黒龍江省	1997.9.27
	安曇野市　瀋陽市五三街道　遼寧省	1998.5.28
	坂城町　満城県　河北省	2000.11.3
	下諏訪町　開封市　河南省	2002.4.22
	山ノ内町　密雲県　北京市	2007.4.27
	飯山市　広東省　深セン市福田区	2012.7.10
新潟県	新潟市　哈爾濱市　黒龍江省	1979.12.17
	新潟県　黒龍江省	1983.8.5
	魚沼市　揚州市広陵区湾頭鎮　江蘇省	1989.4.5
	加茂市　淄博市　山東省	1993.11.21
	三条市　鄂州市　湖北省	1994.4.28
	西山町　淮安市　江蘇省	1995.10.29
	上越市　琿春市　吉林省	1996.4.29
	佐渡市　漢中市洋県　陝西省	1998.6.22
	上越市　ハルビン市呼蘭区康金鎮　黒龍江省	2002.4.15
	柏崎市　峨眉山市　四川省	2005.10.27
	胎内市　綏化市　黒龍江省	2011.7.4
富山県	富山市　秦皇島市　河北省	1981.5.7
	福光町　紹興市　浙江省	1983.3.21
	遼寧省	1984.5.9
	高岡市　錦州市　遼寧省	1985.8.10
	砺波市　盤錦市　遼寧省	1991.4.25
	入善町　哈密市　新疆ウイグル自治区	1997.6.6
	南砺市　寧波市鄞州区　浙江省	2005.4.18

続表

都道府県	日本側都市　中国側都市	締結年月日
石川県	金沢市　蘇州市　江蘇省	1981.6.13
	七尾市　大連市金州区　遼寧省	1986.4.13
	川北町　興城市　遼寧省	1992.9.10
	内灘町　蘇州市呉江区　江蘇省	1993.10.7
	白山市　溧陽市　江蘇省	1995.10.9
	羽咋市　南通市通州区　江蘇省	2001.5.22
	小松市　済寧市　山東省	2008.9.5
福井県	蘆原町　紹興市　浙江省	1983.5.18
	福井市　杭州市　浙江省	1989.11.23
	浙江省	1993.10.6
	永平寺町　張家港市　江蘇省	1997.8.13
	敦賀市　台州市　浙江省	2001.11.13
	小浜市　西安市　陝西省	2004.9.28
	小浜市　平湖市　浙江省	2006.4.25
	坂井市　浙江省　嘉興市	2013.10.28
静岡県	浙江省	1982.4.20
	沼津市　岳陽市　湖南省	1985.4.5
	島田市　湖州市　浙江省	1987.5.30
	富士市　嘉興市　浙江省	1989.1.13
	三島市　麗水市　浙江省	1997.5.12
	富士宮市　紹興市　浙江省	1997.11.11
	熱海市　珠海市　広東省	2004.7.25
	浜松市　杭州市　浙江省	2012.4.6
	小山町　浙江省　海寧市	2017.9.28

◎ 附録 ◎

続表

都道府県	日本側都市　中国側都市	締結年月日
愛知県	名古屋市　南京市　江蘇省	1978.12.21
	江蘇省	1980.7.28
	犬山市　襄樊市　湖北省	1983.3.13
	豊橋市　南通市　江蘇省	1987.5.26
	岡崎市　呼和浩特市　内蒙古(モンゴル)自治区	1987.8.10
	稲沢市　赤峰市　内蒙古(モンゴル)自治区	1989.5.16
	田原市　昆山市　江蘇省	1993.5.14
	半田市　徐州市　江蘇省	1993.5.27
	瀬戸市　景徳鎮市　江西省	1996.10.11
	豊川市　無錫市新区　江蘇省	2009.4.15
	愛知県　広東省	2019.5.16
	常滑市　江蘇省　宜興市	2019.10.17
岐阜県	岐阜市　杭州市　浙江省	1979.2.21
	瑞浪市　醴陵市　湖南省	1987.1.14
	江西省	1988.6.21
	関市　黄石市　湖北省	1997.12.1
	大野町　邵陽市　湖南省	1999.10.15
	安八町　豊城市　江西省	2001.5.21
	高山市　麗江市　雲南省	2002.3.21
	多治見市　宜興市　江蘇省	2007.11.30
三重県	四日市市　天津市	1980.10.28
	津市　鎮江市　江蘇省	1984.6.11
	河南省	1986.11.19
	津市　鄭州市恵済区　河南省	1991.5.14
	名張市　蘇州市　江蘇省	2004.3.28
	尾鷲市　大連市金州区　遼寧省	2007.7.6
	松阪市　無錫市浜湖区　江蘇省	2008.10.22

続表

都道府県	日本側都市	中国側都市		締結年月日
滋賀県		湖南省		1983.3.25
	大津市	牡丹江	黒龍江省	1984.12.3
	草津市	徐匯区	上海市	1991.5.21
	彦根市	湘潭市	湖南省	1991.11.1
	栗東町	衡陽市	湖南省	1992.10.7
	八日市市	常徳市	湖南省	1994.8.15
	甲賀市	湖南省	張家界市	2018.11.26
京都府	京都	西安市	陝西省	1974.5.10
	舞鶴市	大連市	遼寧省	1982.5.8
	長岡京市	寧波市	浙江省	1983.4.21
		陝西省		1983.7.16
	向日市	杭州市	浙江省	1985.9.27
	宇治市	咸陽市	陝西省	1986.7.24
	宮津市	秦皇島市	河北省	1987.7.6
	綾部市	常熟市	江蘇省	1989.5.12
	八幡市	宝鶏市	陝西省	1992.11.2
	亀岡市	蘇州市	江蘇省	1996.12.31
	京丹後市	亳州市	安徽省	2006.10.6
大阪府	大阪市	上海市		1974.4.18
	大阪府	上海市		1980.11.21
	池田市	蘇州市	江蘇省	1981.6.6
	堺市	連雲港市	江蘇省	1983.12.3
	摂津市	蚌埠市	安徽省	1984.5.5
	茨木市	安慶市	安徽省	1985.10.5

◎ 附録 ◎

続表

都道府県	日本側都市 中国側都市	締結年月日
大阪府	八尾市　嘉定区　上海市	1986.9.13
	高槻市　常州市　江蘇省	1987.3.18
	枚方市　長寧区　上海市	1987.12.16
	守口市　中山市　広東省	1988.4.18
	岸和田市　汕頭市　広東省	1990.6.2
	柏原市　新郷市　河南省	1990.9.26
	和泉市　南通市　江蘇省	1993.4.24
	寝屋川市　盧湾区　上海市	1994.5.12
	泉佐野市　徐匯区　上海市	1994.10.21
	藤井寺市　黄山市　安徽省	1994.11.9
	岸和田市　楊浦区　上海市	2002.10.31
	富田林市　彭州市　四川省	2002.12.10
	泉佐野市　四川省　成都市新都区	2017.6.5
	泉佐野市　上海市　宝山区	2017.11.8
	泉佐野市　山東省　柳城市東阿県	2019.3.24
	泉佐野市　山東省　威海市	2019.10.16
兵庫県	神戸市　天津市	1973.6.24
	明石市　無錫市　江蘇省	1981.8.29
	尼崎市　鞍山市　遼寧省	1983.2.2
	広東省	1983.3.23
	伊丹市　仏山市　広東省	1985.5.8
	西宮市　紹興市　浙江省	1985.7.23
	姫路市　太原市　山西省	1987.5.13
	兵庫県　海南省	1990.9.28
	播磨町　和平区　天津市	1993.3.25
	多可町　三水市　広東省	1996.12.10
	淡路市　浙江省　義烏市	2014.7.11

続表

都道府県	日本側都市　中国側都市	締結年月日
和歌山県	和歌山市　済南市　山東省	1983.1.14
	山東省	1984.4.18
	橋本市　泰安市　山東省	1987.5.13
	かつらぎ町　萊西市　山東省	2004.10.27
	那智勝浦町　安順市（黄果樹大瀑布）　貴州省	2006.8.29
	有田川町　貴溪市　江西省	2006.8.30
	紀の川市　浜州市　山東省	2007.10.15
奈良県	奈良市　西安市　陝西省	1974.2.1
	橿原市　洛陽市　河南省	2006.2.11
	奈良市　揚州市　江蘇省	2010.5.23
	奈良県　陝西省	2011.9.2
鳥取県	河北省	1986.6.9
	米子市　保定市　河北省	1991.10.13
	境港市　琿春市　吉林省	1993.10.13
	吉林省	1994.9.2
	鳥取市　太倉市　江蘇省	1995.11.23
	八頭町　大安市　吉林省	1996.12.13
	鳥取市　内モンゴル自治区　オルドス市	2009.5.20
	鳥取市　吉林省　延辺朝鮮族自治州	2012.9.1
島根県	浜田市　普陀区真如鎮　上海市	1991.4.22
	出雲市　漢中市　陝西省	1991.7.2
	益田市　寧波市　浙江省	1991.10.20
	寧夏回族自治区	1993.10.6
	浜田市　石嘴山市　寧夏回族自治区	1994.11.2
	隠岐の島町　秦皇島市撫寧県牛頭崖鎮　河北省	1994.11.4
	浜田市　栄成市　山東省	1995.8.1
	松江市　吉林市　吉林省	1997.6.27
	松江市　杭州市　浙江省	2003.10.17
	松江市　銀川市　寧夏回族自治区	2004.9.24

◎ 附録 ◎

続表

都道府県	日本側都市　中国側都市	締結年月日
岡山県	岡山市　洛陽市　河南省	1981.4.6
	新見市　河南省信陽市獅河区	1992.4.16
	岡山県　江西省	1992.6.1
	和気町　嘉定区　上海市	1992.10.15
	玉野市　九江市　江西省	1996.10.5
	倉敷市　鎮江市　江蘇省	1997.11.18
	賀陽町　淮安市　江蘇省	1999.1.26
	真庭市　瑞金市　江西省	2001.1.16
	浅口市　高安市　江西省	2005.9.26
広島県	庄原市　綿陽市　四川省	1974.5.10
	三次市　雅安市　四川省	1982.5.8
	東広島市　徳陽市　四川省	1983.4.21
	広島市　重慶市	1983.7.16
	四川省	1994.8.15
	大竹市　都江堰市　四川省	2001.4.10
山口県	下関市　青島市　山東省	1979.10.3
	山東省	1982.8.12
	山口市　済南市　山東省	1989.9.20
	宇部市　威海市　山東省	1992.11.2
	美祢市　棗荘市　山東省	1993.6.1
	山口県　柳井市　章丘市　山東省	2004.5.14
香川県	香川県　高松市　南昌市　江西省	1990.9.28
	陝西省	1994.4.22
	綾南町　新楽市　河北省	1995.5.23
	丸亀市　張家港市　江蘇省	1999.5.28
	三観広域行政組合(2市)　即墨　山東省	2000.7.27
	多度津町　普陀区　上海市	2001.11.19
	三豊市　咸陽市三原県　陝西省	2005.7.16

続表

都道府県	日本側都市　中国側都市	締結年月日
徳島県	徳島市　丹東市　遼寧省	1991.10.1
	美馬市　大理市　雲南省	2010.8.24
	徳島県　湖南省	2011.10.22
	鳴門市　張家界市　湖南省	2011.10.25
高知県	高知市　蕪湖市　安徽省	1985.4.19
	安徽省	1994.11.8
	中村市　亳州市　安徽省	1997.5.26
愛媛県	新居浜市　徳州市　山東省	1992.7.27
	西条市　保定市　河北省	1994.9.21
	四国中央市　宣城市　安徽省	2001.4.11
	新居浜市　山東省　徳州市	1997.11.11
	愛媛県　陝西省	2015.7.30
	愛媛県　遼寧省	2019.5.24
	愛媛県　遼寧省大連市	2019.5.25
福岡県	北九州市　大連市　遼寧省	1979.5.1
	福岡市　広州市　広東省	1979.5.2
	久留米市　合肥市　安徽省	1980.5.12
	大牟田市　大同市　山西省	1981.10.16
	江蘇省	1992.11.4
	広川町　蘇州市滄浪区　江蘇省	1993.10.20
	糸島市　青浦区　上海市	1998.8.6
佐賀県	唐津市　揚州市　江蘇省	1982.2.22
	多久市　曲阜市　山東省	1993.11.23
	有田町　景徳鎮市　江西省	1996.8.28
	佐賀市　連雲港市　江蘇省	1998.11.27
	唐津市　大連市旅順口区　遼寧省	2004.4.27
	伊万里市　大連市　遼寧省	2007.5.26

◎ 附録 ◎

続表

都道府県	日本側都市　中国側都市	締結年月日
長崎県	長崎市　福州市　福建省	1980.10.20
	福建省	1982.10.16
	佐世保市　厦門市　福建省	1983.10.28
	諫早市　漳州市　福建省	1991.4.15
	大村市　閔行区　上海市	1993.12.3
	平戸市　南安市　福建省	1995.10.20
	諫早市　蘇州市平江区　江蘇省	1996.11.18
	長与町　南匯区　上海市	2002.3.26
	佐世保市　瀋陽市　遼寧省	2012.5.31
	長崎県　湖北省	2011.10.10
	津島市　上海市崇明県	2012.7.12
熊本県	熊本市　広西チワン族自治区桂林市	1979.10.1
	広西チワン族自治区	1982.5.20
	玉名市　瓦房店市　遼寧省	1994.10.6
	八代市　北海市　広西チワン族自治区	1996.3.5
	小国町　登封市　河南省	1998.3.3
	菊池市　済寧市泗水県　山東省	2003.11.15
	熊本市　江蘇省　蘇州市虎丘区	2013.5.22
大分県	大分市　武漢市　湖北省	1979.9.7
	豊後大野市　武漢市洪山区花山鎮　湖北省	1980.9.7
	別府市　煙台市　山東省	1985.7.26
	日田市　蘇州市呉県　江蘇省	1992.6.1
	宇佐市　南匯区　上海市	1993.11.5
	佐伯市　邯鄲市　河北省	1994.4.3
	豊後大野市　荊州市荊州区　湖北省	1994.9.26
	臼杵市　敦煌市　甘粛省	1994.9.27

続表

都道府県	日本側都市　中国側都市	締結年月日
宮崎県	日向市　濰坊市　山東省	1986.2.25
	都城市　江津布　重慶市	1999.11.18
	串間市　安国市　河北省	2000.11.20
	宮崎市　胡蘆島市　遼寧省	2004.5.16
	延岡市　大連市金州新区　遼寧省	2012.5.31
鹿児島県	鹿児島市　長沙市　湖南省	1982.10.30
	霧島市　銅川市耀州区　陝西省	1995.10.23
	和泊町　東莞市望牛墩鎮　広東省	1997.8.1
	さつま町　湖州市安吉県　浙江省	1999.4.13
	南さつま市　宿遷市　江蘇省	2002.10.27
	薩摩川内市　嘉定区馬陸鎮　上海市	2005.4.14
	薩摩川内市　常熟市　江蘇省	2005.4.15
	霧島市　瀏陽市　湖南省	2007.10.19
	南大隅町　奉賢区荘行鎮　上海市	2008.1.22
沖縄県	那覇市　福州市　福建省	1981.5.20
	浦添市　泉州市　福建省	1988.9.23
	宜野湾市　アモイ市　福建省	1995.11.20
	福建省	1997.9.4
	南城市　江蘇省江陰市	2016.8.8

◎ 附録 ◎

附録 9　日中の共同声明、宣伝、平和友好条約

1　日本国政府と中華人民共和国政府の共同声明（1972 年 2 月 29 日に北京で署名）

　日本国内閣総理大臣田中角栄は、中華人民共和国国務院総理周恩来の招きにより、1972 年 9 月 25 日から 9 月 30 日まで、中華人民共和国を訪問した。田中総理大臣には大平正芳外務大臣、二階堂進内閣官房長官その他の政府職員が随行した。

　毛沢東主席は、9 月 27 日に田中角栄総理大臣と会見した。双方は、真剣かつ友好的な話合いを行った。

　田中総理大臣及び大平外務大臣と周恩来総理及び姫鵬飛外交部長は、日中両国間の国交正常化問題をはじめとする両国間の諸問題及び双方が関心を有するその他の諸問題について、終始、友好的な雰囲気のなかで真剣かつ率直に意見を交換し、次の両政府の共同声明を発出することに合意した。

　日中両国は、一衣帯水の間にある隣国であり、長い伝統的友好の歴史を有する。両国国民は、両国間にこれまで存在していた不正常な状態に終止符を打つことを切望している。戦争状態の終結と日中国交の正常化という両国国民の願望の実現は、両国関係の歴史に新たな一頁を開くこととなろう。

　日本側は、過去において日本国が戦争を通じて中国国民に重大な損害を与えたことについての責任を痛感し、深く反省する。また、日本側は、中華人民共和国政府が提起した「復交三原則」を十分理解

する立場に立って国交正常化の実現をはかるという見解を再確認する。中国側は、これを歓迎するものである。

日中両国間には社会制度の相違があるにもかかわらず、両国は、平和友好関係を樹立すべきであり、また、樹立することが可能である。両国間の国交を正常化し、相互に善隣友好関係を発展させることは、両国国民の利益に合致するところであり、また、アジアにおける緊張緩和と世界の平和に貢献するものである。

一、日本国と中華人民共和国との間のこれまでの不正常な状態は、この共同声明が発出される日に終了する。

二、日本国政府は、中華人民共和国政府が中国の唯一の合法政府であることを承認する。

三、中華人民共和国政府は、台湾が中華人民共和国の領土の不可分の一部であることを重ねて表明する。日本国政府は、この中華人民共和国政府の立場を十分理解し、尊重し、ポツダム宣言第八項に基づく立場を堅持する。

四、日本国政府及び中華人民共和国政府は、1972年9月29日から外交関係を樹立することを決定した。両政府は、国際法及び国際慣行に従い、それぞれの首都における他方の大使館の設置及びその任務遂行のために必要なすべての措置をとり、また、できるだけすみやかに大使を交換することを決定した。

五、中華人民共和国政府は、中日両国国民の友好のために、日本国に対する戦争賠償の請求を放棄することを宣言する。

六、日本国政府及び中華人民共和国政府は、主権及び領土保全の相互尊重、相互不可侵、内政に対する相互不干渉、平等及び互恵並びに平和共存の諸原則の基礎の上に両国間の恒久的な平和友好関係を確立することに合意する。

両政府は、右の諸原則及び国際連合憲章の原則に基づき、日本国及び中国が、相互の関係において、すべての紛争を平和的手段により解決し、武力又は武力による威嚇に訴えないことを確認する。

七、日中両国間の国交正常化は、第三国に対するものではない。両国のいずれも、アジア・太平洋地域において覇権を求めるべきではなく、このような覇権を確立しようとする他のいかなる国あるいは国の集団による試みにも反対する。

八、日本国政府及び中華人民共和国政府は、両国間の平和友好関係を強固にし、発展させるため、平和友好条約の締結を目的として、交渉を行うことに合意した。

九、日本国政府及び中華人民共和国政府は、両国間の関係を一層発展させ、人的往来を拡大するため、必要に応じ、また、既存の民間取決めをも考慮しつつ、貿易、海運、航空、漁業等の事項に関する協定の締結を目的として、交渉を行うことに合意した。

1972年2月29日に北京で

日本国内閣総理大臣	田中角栄（署名）
日本国外務大臣	大平正芳（署名）
中華人民共和国国務院総理	周恩来（署名）
中華人民共和国　外交部長	姫鵬飛（署名）

2　日本国と中華人民共和国との間の平和友好条約（1978年8月12日北京で署名）

日本国及び中華人民共和国は、1972年9月29日に北京で日本国政府及び中華人民共和国政府が共同声明を発出して以来、両国政府及び両国民の間の友好関係が新しい基礎の上に大きな発展を遂げていることを満足の意をもつて回顧し、前記の共同声明が両国間の

平和友好関係の基礎となるものであること及び前記の共同声明に示された諸原則が厳格に遵守されるべきことを確認し、国際連合憲章の原則が十分に尊重されるべきことを確認し、アジア及び世界の平和及び安定に寄与することを希望し、両国間の平和友好関係を強固にし、発展させるため、平和友好条約を締結することに決定し、このため、次のとおりそれぞれ全権委員を任命した。

日本国	外務大臣	園田　直
中華人民共和国	外交部長	黄　華

これらの全権委員は、互いにその全権委任状を示し、それが良好妥当であると認められた後、次のとおり協定した。

第一条

1. 両締約国は、主権及び領土保全の相互尊重、相互不可侵、内政に対する相互不干渉、平等及び互恵並びに平和共存の諸原則の基礎の上に、両国間の恒久的な平和友好関係を発展させるものとする。

2. 両締約国は、前記の諸原則及び国際連合憲章の原則に基づき、相互の関係において、すべての紛争を平和的手段により解決し及び武力又は武力による威嚇に訴えないことを確認する。

第二条

両締約国は、そのいずれも、アジア・太平洋地域においても又は他のいずれの地域においても覇権を求めるべきではなく、また、このような覇権を確立しようとする他のいかなる国又は国の集団による試みにも反対することを表明する。

第三条

両締約国は、善隣友好の精神に基づき、かつ、平等及び互恵並びに内政に対する相互不干渉の原則に従い、両国間の経済関係及び文化関係の一層の発展並びに両国民の交流の促進のために努力する。

第四条

この条約は、第三国との関係に関する各締約国の立場に影響を及ぼすものではない。

第五条

1. この条約は、批准されるものとし、東京で行われる批准書の交換の日に効力を生ずる。この条約は、十年間効力を有するものとし、その後は、2の規定に定めるところによつて終了するまで効力を存続する。

2. いずれの一方の締約国も、一年前に他方の締約国に対して文書による予告を与えることにより、最初の十年の期間の満了の際またはその後いつでもこの条約を終了させることができる。

以上の証拠として、各全権委員は、この条約に署名調印した。

1978年8月12日に北京で、ひとしく正文である日本語及び中国語により本書二通を作成した。

日本国のために	園田	直（署名）
中華人民共和国のために	黄	華（署名）

3　平和と発展のための友好協力パートナーシップの構築に関する日中共同宣言（1998年11月26日）

日本国政府の招待に応じ、江沢民中華人民共和国主席は、1998年11月25日から30日まで国賓として日本国を公式訪問した。この歴史的意義を有する中国国家主席の初めての日本訪問に際し、江沢民主席は、天皇陛下と会見するとともに、小渕恵三内閣総理大臣と国際情勢、地域問題及び日中関係全般について突っ込んだ意見交換を行い、広範な共通認識に達し、この訪問の成功を踏まえ、次のとおり共同で宣言した。

一、双方は、冷戦終了後、世界が新たな国際秩序形成に向けて大きな変化を遂げつつある中で、経済の一層のグローバル化に伴い、

相互依存関係は深化し、また安全保障に関する対話と協力も絶えず進展しているとの認識で一致した。平和と発展は依然として人類社会が直面する主要な課題である。公正で合理的な国際政治．経済の新たな秩序を構築し、21世紀における一層揺るぎのない平和な国際環境を追求することは、国際社会共通の願いである。

双方は、主権及び領土保全の相互尊重、相互不可侵、内政に対する相互不干渉、平等及び互恵、平和共存の諸原則並びに国際連合憲章の原則が、国家間の関係を処理する基本準則であることを確認した。

双方は、国際連合が世界の平和を守り、世界の経済及び社会の発展を促して行く上で払っている努力を積極的に評価し、国際連合が国際新秩序を構築し維持する上で重要な役割を果たすべきであると考える。双方は、国際連合が、その活動及び政策決定プロセスにおいて全加盟国の共通の願望と全体の意思をよりよく体現するために、安全保障理事会を含めた改革を行うことに賛成する。

双方は、核兵器の究極的廃絶を主張し、いかなる形の核兵器の拡散にも反対する。また、アジア地域及び世界の平和と安定に資するよう、関係国に一切の核実験と核軍備競争の停止を強く呼びかける。

双方は、日中両国がアジア地域及び世界に影響力を有する国家として、平和を守り、発展を促して行く上で重要な責任を負っていると考える。双方は、日中両国が国際政治、経済、地球規模の問題等の分野における協調と協力を強化し、世界の平和と発展ひいては人類の進歩という事業のために積極的な貢献を行っていく。

二、双方は、冷戦後、アジア地域の情勢は引き続き安定の方向に向かっており、域内の協力も一層深まっていると考える。そして、双方は、この地域が国際政治、経済及び安全保障に対して及ぼす影響力は更に拡大し、来世紀においても引き続き重要な役割を果たすで

◎ 附録 ◎

あろうと確信する。

　双方は、この地域の平和を維持し、発展を促進することが、両国の揺るぎない基本方針であること、また、アジア地域における覇権はこれを求めることなく、武力又は武力による威嚇に訴えず、すべての紛争は平和的手段により解決すべきであることを改めて表明した。

　双方は、現在の東アジア金融危機及びそれがアジア経済にもたらした困難に対して大きな関心を表明した。同時に、双方は、この地域の経済の基礎は強固なものであると認識しており、経験を踏まえた合理的な調整と改革の推進並びに域内及び国際的な協調と協力の強化を通じて、アジア経済は必ずや困難を克服し、引き続き発展できるものと確信する。双方は、積極的な姿勢で直面する各種の挑戦に立ち向かい、この地域の経済発展を促すためそれぞれできる限りの努力を行うことで一致した。

　双方は、アジア太平洋地域の主要国間の安定的な関係は、この地域の平和と安定に極めて重要であると考える。双方は、ASEAN地域フォーラム等のこの地域におけるあらゆる多国間の活動に積極的に参画し、かつ協調と協力を進め、理解の増進と信頼の強化に努めるすべての措置を支持することで意見の一致をみた。

　三、双方は、日中国交正常化以来の両国関係を回顧し、政治、経済、文化、人の往来等の各分野で目を見張るほどの発展を遂げたことに満足の意を表明した。また、双方は、目下の情勢において、両国間の協力の重要性は一層増していること、及び両国間の友好協力を更に強固にし発展させることは、両国国民の根本的な利益に合致するのみならず、アジア太平洋地域ひいては世界の平和と発展にとって積極的に貢献するものであることにつき認識の一致をみた。双方は、日中関係が両国のいずれにとっても最も重要な二国間関係の

一つであることを確認するとともに、平和と発展のための両国の役割と責任を深く認識し、21世紀に向け、平和と発展のための友好協力パートナーシップの確立を宣言した。

双方は、1972年9月29日に発表された日中共同声明及び1978年8月12日に署名された日中平和友好条約の諸原則を遵守することを改めて表明し、上記の文書は今後とも両国関係の最も重要な基礎であることを確認した。

双方は、日中両国は二千年余りにわたる友好交流の歴史と共通の文化的背景を有しており、このような友好の伝統を受け継ぎ、更なる互恵協力を発展させることが両国国民の共通の願いであるとの認識で一致した。

双方は、過去を直視し歴史を正しく認識することが、日中関係を発展させる重要な基礎であると考える。日本側は、1972年の日中共同声明及び1995年8月15日の内閣総理大臣談話を遵守し、過去の一時期の中国への侵略によって中国国民に多大な災難と損害を与えた責任を痛感し、これに対し深い反省を表明した。中国側は、日本側が歴史の教訓に学び、平和発展の道を堅持することを希望する。双方は、この基礎の上に長きにわたる友好関係を発展させる。

双方は、両国間の人的往来を強化することが、相互理解の増進及び相互信頼の強化に極めて重要であるとの認識で一致した。

双方は、毎年いずれか一方の国の指導者が相手国を訪問すること、東京と北京に両政府間のホットラインを設置すること、また、両国の各層、特に両国の未来の発展という重責を担う青少年の間における交流を、更に強化していくことを確認した。

双方は、平等互恵の基礎の上に立って、長期安定的な経済貿易協力関係を打ち立て、ハイテク、情報、環境保護、農業、インフラ等の分

野での協力を更に拡大することで意見の一致をみた。日本側は、安定し開放され発展する中国はアジア太平洋地域及び世界の平和と発展に対し重要な意義を有しており、引き続き中国の経済開発に対し協力と支援を行っていくとの方針を改めて表明した。中国側は、日本がこれまで中国に対して行ってきた経済協力に感謝の意を表明した。日本側は、中国がWTOへの早期加盟実現に向けて払っている努力を引き続き支持していくことを重ねて表明した。

　双方は、両国の安全保障対話が相互理解の増進に有益な役割を果たしていることを積極的に評価し、この対話メカニズムを更に強化することにつき意見の一致をみた。

　日本側は、日本が日中共同声明の中で表明した台湾問題に関する立場を引き続き遵守し、改めて中国は一つであるとの認識を表明する。日本は、引き続き台湾と民間及び地域的な往来を維持する。

　双方は、日中共同声明及び日中平和友好条約の諸原則に基づき、また、小異を残し大同に就くとの精神に則り、共通の利益を最大限に拡大し、相違点を縮小するとともに、友好的な協議を通じて、両国間に存在する、そして今後出現するかもしれない問題、意見の相違、争いを適切に処理し、もって両国の友好関係の発展が妨げられ、阻害されることを回避していくことで意見の一致をみた。

　双方は、両国が平和と発展のための友好協力パートナーシップを確立することにより、両国関係は新たな発展の段階に入ると考える。そのためには、両政府のみならず、両国国民の広範な参加とたゆまぬ努力が必要である。双方は、両国国民が、共に手を携えて、この宣言に示された精神を余すところなく発揮していけば、両国国民の世々代々にわたる友好に資するのみならず、アジア太平洋地域及び世界の平和と発展に対しても必ずや重要な貢献を行うであろうと固く信じる。

附録10　日本の歴史上の人物要覧

古墳時代（こふんじだい）

卑弥呼（ひみこ）(247～248年頃)

日本武尊（やまとたけるのみこと）

仁徳天皇（にんとくてんのう）

飛鳥時代（あすかじだい）

蘇我馬子（そがの　うまこ）(?～626)

聖徳太子（しょうとくたいし）(574～622)

小野妹子（おのの　いもこ）(?～?)2回遣唐使(607、608)

蘇我入鹿（そがの　いるか）(?～645)

中大兄皇子（なかのおおえのおうじ）／天智天皇（てんじてんのう）(626～671)

中臣鎌足（なかとみの　かまたり）／藤原鎌足（ふじわらの　かまたり）(614～669)

天武天皇（てんむてんのう）(630?～686)

奈良時代（ならじだい）

藤原不比等（ふじわらの　ふひと）(659～720)

聖武天皇（しょうむてんのう）(701～756)

行基（ぎょうき）(668～749)

鑑真（がんじん）(688～763)

道鏡（どうきょう）(?～772)

平安時代（へいあんじだい）

桓武天皇（かんむてんのう）（737〜806）

坂上田村麻呂（さかのうえの　たむらまろ）（758〜811）

最澄（さいちょう）（767〜822）

空海（くうかい）（774〜835）

藤原良房（ふじわらの　よしふさ）（804〜872）

菅原道真（すがわらの　みちざね）（845〜903）

平将門（たいらの　まさかど）（903〜940）

藤原純友（ふじわらの　すみとも）（？〜941）

清少納言（せいしょうなごん）（964？〜？）

紫式部（むらさきしきぶ）（973？〜1014？）

藤原道長（ふじわらの　みちなが）（966〜1027）

藤原頼通（ふじわらの　よりみち）（992〜1074）

後三条天皇（ごさんじょうてんのう）（1034〜1073）

白河天皇（しらかわてんのう）/白河上皇（しらかわじょうこう）/

白河法皇（しらかわほうおう）（1053〜1129）

源義家（みなもとの　よしいえ）（1039〜1106）

平清盛（たいらの　きよもり）（1118〜1181）

源義朝（みなもとの　よしとも）（1123〜1160）

後白河天皇（ごしらかわてんのう）/後白河上皇（ごしらかわじょうこう）/

後白河法皇（ごしらかわほうおう）（1127〜1192）

源義経（みなもとの　よしつね）（1159〜1189）

鎌倉時代（かまくらじだい）

源頼朝（みなもとの　よりとも）（1147〜1199）

◎ 新編日本社会文化 ◎

北条政子（ほうじょう　まさこ）(1157〜1225)
後鳥羽天皇（ごとばてんのう）/後鳥羽上皇（ごとばじょうこう）(1180〜1239)
北条泰時（ほうじょう　やすとき）(1183〜1242)
北条時頼（ほうじょう　ときより）(1227〜1263)
北条時宗（ほうじょう　ときむね）(1251〜1284)
フビライ＝カン(1215〜1294)

室町時代（むろまちじだい）

後醍醐天皇（ごだいごてんのう）(1288〜1339)
楠木正成（くすのき　まさしげ）(?〜1336)
新田義貞（にった　よしさだ）(1301〜1338)
足利尊氏（あしかが　たかうじ）(1305〜1358)
足利義満（あしかが　よしみつ）(1358〜1408)
世阿弥（ぜあみ）(1363〜1443)
足利義政（あしかが　よしまさ）(1436〜1490)
雪舟（せっしゅう）(1420〜1506)
一休宗純（いっきゅうそうじゅん）(1394〜1481)

戦国時代（せんごくじだい）

フランシスコ＝ザビエル(1506〜1552)
北条早雲（ほうじょう　そううん）(1432〜1519)
斎藤道三（さいとう　どうさん）(1494〜1556)
毛利元就（もうり　もとなり）(1497〜1571)
武田信玄（たけだ　しんげん）(1521〜1573)
上杉謙信（うえすぎ　けんしん）(1530〜1578)

◎ 附録 ◎

安土桃山時代（あづちももやまじだい）

織田信長（おだ　のぶなが）（1534〜1582）

足利義昭（あしかが　よしあき）（1537〜1597）

明智光秀（あけち　みつひで）（1528〜1582）

豊臣秀吉（とよとみ　ひでよし）（1536〜1598）

千利休（せんの　りきゅう）（1522〜1591）

石田三成（いしだ　みつなり）（1560〜1600）

淀君（よどぎみ）（1567〜1615）

豊臣秀頼（とよとみ　ひでより）（1593〜1615）

伊達政宗（だて　まさむね）（1567〜1636）

江戸時代（えどじだい）

徳川家康（とくがわ　いえやす）（1542〜1616）

徳川家光（とくがわ　いえみつ）（1604〜1651）

天草四郎（あまくさ　しろう）（1621〜1638）

徳川綱吉（とくがわ　つなよし）（1646〜1709）

新井白石（あらい　はくせき）（1657〜1725）

徳川吉宗（とくがわ　よしむね）（1684〜1751）

大岡忠相（おおおか　ただすけ）（1677〜1751）

杉田玄白（すぎた　げんぱく）（1733〜1817）

本居宣長（もとおり　のりなが）（1730〜1801）

田沼意次（たぬま　おきつぐ）（1719〜1788）

伊能忠敬（いのう　ただたか）（1745〜1818）

松平定信（まつだいら　さだのぶ）（1758〜1829）

シーボルト（1796〜1866）

大塩平八郎（おおしお　へいはちろう）（1793〜1837）

◎ 新编日本社会文化 ◎

水野忠邦（みずの　ただくに）（1794〜1851）

ペリー（1794〜1858）

井伊直弼（いい　なおすけ）（1815〜1860）

吉田松陰（よしだ　しょういん）（1830〜1859）

勝海舟（かつ　かいしゅう）（1823〜1899）

島津成彬（しまづ　なりあきら）（1809〜1858）

坂本龍馬（さかもと　りょうま）（1835〜1867）

徳川慶喜（とくがわ　よしのぶ）（1837〜1913）

明治時代（めいじじだい）

明治天皇（めいじてんのう）（1852〜1912）

大久保利通（おおくぼ　としみち）（1830〜1878）

木戸孝允（きど　たかよし）（1833〜1877）

西郷隆盛（さいごう　たかもり）（1827〜1877）

岩倉具視（いわくら　ともみ）（1825〜1883）

伊藤博文（いとう　ひろぶみ）（1841〜1909）

福沢諭吉（ふくざわ　ゆきち）（1834〜1901）

板垣退助（いたがき　たいすけ）（1837〜1919）

大隈重信（おおくま　しげのぶ）（1838〜1922）

陸奥宗光（むつむねみつ）（1844〜1897）

小村寿太郎（こむらじゅたろう）（1855〜1911）

東郷平八郎（とうごうへいはちろう）（1847〜1934）

北里柴三郎（きたさとしばさぶろう）（1852〜1931）

志賀潔（しがきよし）（1870〜1957）

田中正造（たなかしょうぞう）（1841〜1913）

大正時代（たいしょうじだい）

西園寺公望（さいおんじきんもち）（1849〜1940）

野口英世（のぐちひでよ）(1876〜1928)

尾崎行雄（おざきゆきお）(1858〜1954)

原敬（はら　たかし）(1856〜1921)

犬養毅（いぬかい　つよし）(1855〜1932)

昭和時代（しょうわじだい）

山本五十六（やまもといそろく）(1884〜1943)

マッカーサー元帥(1880〜1964)

吉田茂（よしだ　しげる）(1878〜1967)

平成時代（へいせいじだい）

本田宗一郎(1906〜1991)

司馬遼太郎(1923〜1996)

羽生善治(1970〜)

宮崎駿(1941〜)

◎ 新编日本社会文化 ◎

附録 11　年表

世紀	時代	西暦	政治端・経済・社会	文化
	縄		狩りや漁の生活をする	縄文式土器
	原			たてあな式住居
3～2	文			貝塚
B、C			稲作が始まる	金属器が伝わる
1				弥生式土器
		紀元前		高床式食庫
A、D 1	弥	紀元後		
2	始	57	倭の奴国王の使いが後漢にいく	銅たく
				登呂遺跡
3	生	239	卑弥呼の使いが魏にいく	「魏志」倭人伝
			（大和政権の全国支配が進む）	
4				前方後円墳
				埴輪
5				渡来人
	大			大陸文化が伝わる
6				（儒教・漢字・技術）
		538	仏教が伝わる	
	和	(552)		

続表

世紀	時代		西暦	政治端・経済・社会	文化
	古		593	聖徳太子が摂政になる	飛鳥文化
7			604	憲法十七条を定める	
			607	遣隋使を送る	法隆寺(607)
		飛	630	遣唐使が始まる	
			645	大化の改新が始まる	
8		鳥	701	大宝律令ができる	
					古事記(712)風土記(713)
	代（貴族の社会）		710	奈良(平城京)に都をつくる	日本書記(720)
					天平文化
		奈			東大寺大仏(752)
		良			万葉集(759)
		平	794	京都(平安京)に都を移す	天台宗(最澄)(805)
9			858	藤原氏が摂政になる	真言宗(空海)(806)
			887	藤原氏が関白になる	
		安	894	遣唐使をやめる	
10				(武士が発生する)	「古今和歌集」(905)
11					
			1016	藤原道長が摂政になる	「枕草子」
				(藤原氏の勢いがさかんになる)	「源氏物語」
					平等院鳳凰堂(1053)
			1086	白河上皇が院政を始める	
12					源氏梱語絵巻

◎ 新編日本社会文化 ◎

続表

世紀	時代		西暦	政治端・経済・社会	文化
			1167	平　清盛が太政大臣になる	鳥獣戯画
			1185	平氏がほろびる	
				源　頼朝が全国に守護・地頭をおく（武家政治が始まる）	浄土教(1175)
			1192	源　頼朝が鎌倉に幕府を開く	臨済宗(1191)
					鎌倉文化
13			1219	源氏がほろびる	「新古今和歌集」(1205)
				北条氏が執権政治をはじめる	「方丈記」(1212)
			1221	承久の乱がおこる	
		鎌	1232	貞永式目ができる	浄土真宗(1224)
					曹洞宗(1227)
	中		1274	モンゴル人が攻めて来る（元寇）	日蓮宗(1253)
		倉	1281		「平家物語」
					「徒然草」
14			1333	鎌倉幕府がほろびる	
			1334	後醍醐天皇の建武の新政がはじまる	
			1338	足利　尊氏が京都に幕府をひらく	
					室町文化
			1392	南北朝廷が一つになる	金閣(1397)—北山文化—
15	世				

続表

世紀	時代		西暦	政治端・経済・社会	文化
	（武士の社会）	室		（土一揆がさかんにおこる）	能・狂言の完成(1446)
			1467	応仁の乱がおこる	銀閣（1489）—東山文化—
		町		（下剋上の世の中になる）	竜安寺庭園(1499)
16			1543	ポルトガル人が鉄砲を伝える	
				（天下統一事業が始まる）	
			1549	スペイン人のザビエルがキリスト教を伝える	
			1573	室町幕府がほろびる	
16	安土・桃山				安土・桃山
			1582	織田信長が本能寺で殺される	安土城(1576)
			—	豊臣秀吉が検地をおこなう	大阪城(1583)
			1588	秀吉が刀狩り令を出す	
			1590	秀吉が全国を統一する	茶道の大成(1590ごろ)
			1592 / 1597	秀吉が朝鮮に兵を出す 朱印船を出す	伏見城(1594)
			1600	関が原の戦いがおこる	
17	近		1603	徳川家康が江戸に幕府をひらく	出雲の阿国の歌舞伎踊り(1603)
					姫路城(1608)
			1615	武家諸法度が制定される	江戸文化
				（封建社会が確立する）	
			1637	島原の乱がおこる	「日本大文典」(1608)刊

◎ 新編日本社会文化 ◎

続表

世紀	時代		西暦	政治端・経済・社会	文化
			1639	鎖国令（鎖国の完成）	
		江	1641	オランダ商館を長崎（出島）へうつす	
					「好色一代男」(1682)
					―元禄文化―
				（町人が台頭する）	「奥の細道」
18			1716	享保の改革がはじまる	「心中天網島」(1720ころ初演)
					鈴木春信の錦絵(1765)
	世				「解体新書」(1774)
			1787	寛政の改革がはじまる	「古事記伝」(1798)
19					―化政文化―
			1825	外国船打払令を出す	「東海道中膝栗毛」(1802)
			1837	大塩平八郎の乱がおこる	
			1841	天保の改革がはじまる	「東海道五十三次」(1833)
		戸	1853	ペリーが来る（開国）	
			1854	日米和親条約が結ばれる	
			1858	日米修好通商条約が結ばれる	
			1860	桜田門外の変がおこる	慶応義塾(1868)
			1867	江戸幕府がほろびる（王政復古）	
			1868	（近代国家が卯生まれる）（明治維新）	
	近	明		五箇条の御誓文	

◎ 附録 ◎

続表

世紀	時代	西暦	政治端・経済・社会	文化
		1869	版籍奉還が行われる	
	代 治			
19				—文明開化—
		1871	廃藩置県をおこなう	郵便制度(1871)
		1872	学制をきめる	鉄道開通(1872)
		1873	地租改正をおこなう	「学問のすすめ」(福沢諭吉)(1872)
				太陽暦(1872)
		1877	西南戦争がおこる	東京大学(1877)
				早稲田大学(1882)
				—近代文学—
		1889	大日本帝国憲法を発布する	坪内逍遥「小説神髄」(1885)
		1890	第一回帝国議会をひらく	二葉亭四迷「浮雲」(1887)
				教育勅語(1887)
				森鷗外「於母影」(翻訳)
		1889	幸田露伴「五重塔」(1891)	
		1894	条約改正(治外法権をとりのぞく)	
			日清戦争(〜95)を始める	
		1895	下関条約を結ぶ	
			三国干渉をおこなう	樋口一葉「にごりえ」(1896)
				尾崎紅葉「金色夜叉」(1897)

◎ 新編日本社会文化 ◎

続表

世紀	時代	西暦	政治端・経済・社会	文化
20		1901	八幡製鉄所が創業する	「ホトトギス」創刊(1897)
		1902	日英同盟を結ぶ	「明星」(1900～1927)
		1904	日露戦争(～1905)を始める	夏目漱石「吾輩は猫である」(1905)
		1905	ポーツマス条約を結ぶ	島崎藤村「破戒」(1906)
		1910	大韓帝国を併合する	田山花袋「蒲団」(1907)
		1911	条約改正(関税自主権をとりもどす)	「白樺」(1910～1923)
		1914	第一次世界大戦(～18)が始まる	石川啄木「悲しき玩具」(1912)
		1915	中国に21か条を要求する	芥川龍之介「羅生門」(1915)
	現	1918	米騒動がおこる	森鷗外「高瀬舟」(1916)
	大			
		1918	原 敬が政党内閣をつくる	
	正			
	代	1921	ワシントン会議が開かれる	
		1923	関東大震災がおこる	
		1925	治安維持法、普通選挙が公布される	
20				
		1929	世界大恐慌が始まる	小林多喜二「蟹工船」(1929)

◎ 附録 ◎

続表

世紀	時代	西暦	政治端・経済・社会	文化
	昭			
		1931	満州事変がおこる	
		1932	五・一五事件がおこる	
	現	1933	国際連盟を脱退する	谷崎潤一郎「春琴抄」(1933)
		1936	二・二六事件がおこる	島崎藤村「夜明け前」(1935)
		1937	日中戦争を始める	
		1939	第二次世界大戦（〜1945）が始まる	
		1941	太平洋戦争を始める	
	代	1945	広島、長崎に原爆が落ちる	
			ポツダム宣言を受け入れる（日本の降伏）	
			財閥解体が行われ、新選挙法ができる	
		1946	農地改革が始まる	
			極東国際軍事裁判がはじまる	
			労働組合法が公布される	
		1947	日本国憲法が公布される	教育基本法
				六三三制
		1948	極東国際軍事裁判終わる	
		1949		ノーベル物理学賞 湯川秀樹
		1951	サンフランシスコ平和条約、日米安全保障条約調印	

◎ 新编日本社会文化 ◎

続表

世紀	時代	西暦	政治端・経済・社会	文化
		1952	平和条約発効で占領終了	
		1953		テレビ放送開始
		1956	国連加盟可決	
		1960	日米新安全保障条約調印	
		1965		ノーベル物理学賞　朝永　振一郎
		1968	小笠原諸島日本復帰	ノーベル文学賞　川端康成
		1970	日本初の人口衛星打ち上げ	日本万国博会開催（大阪）
	和	1972	日中国交正常化	
			沖縄返還	札幌冬季オリンピック開催
		1973	第一オイルショック	ノーベル物理学賞　江崎　玲於奈
			円変動相場製に移す	ノーベル平和賞　佐藤　栄作
		1974		
		1981		ノーベル化学賞　福井　謙一
		1984	新札発行	
		1987		ノーベル生理学・医学賞　利根川　進
		1989	昭和天皇崩御　消費税導入	
		1994		ノーベル文学賞　大江　健三郎
		2000		ノーベル化学賞　白川　英樹

◎ 附録 ◎

続表

世紀	時代	西暦	政治端・経済・社会	文化
		2001		ノーベル化学賞 野依　良治
		2002	ノーベル化学賞 田中　耕一	
				ノーベル物理学賞 小柴　昌俊
	平	2003	自衛隊イラク派遣	
		2004	新潟県中越地震	
		2005	郵政民営化	
		2006	安倍晋三内閣（自由民主党）が誕生する	山中伸弥らがiPS細胞を作る（後にノーベル生理学・医学賞を受賞）
		2007	福田康夫内閣（自由民主党）が誕生する	
			日本でiPhoneが発売される（スマートフォンの普及開始）	ノーベル化学賞 下村　脩
		2008	第34回主要国首脳会議（北海道洞爺湖サミット）が開催される	ノーベル物理学賞 1. 益川　敏英 2. 小林誠 3. 南部陽一郎
			麻生太郎内閣（自由民主党）が誕生する	
		2009	裁判員制度	
			鳩山由紀夫内閣（民主党）が誕生する	

◎ 新编日本社会文化 ◎

続表

世紀	時代	西暦	政治端・経済・社会	文化
		2010	菅直人内閣(民主党)が誕生する	ノーベル化学賞 鈴木　章　根岸英一
			尖閣諸島中国漁船衝突事件	
		2011	東日本大震災	
			野田佳彦内閣(民主党)が誕生する	
		2012	第2次安倍晋三内閣(自由民主党)が誕生する	ノーベル生理学・医学賞 山中　伸弥
		2013		2020年オリンピックの開催地が東京に決定する
			西之島の付近で噴火が発生して新島が出現(後に西ノ島と一体化)	和食が無形文化遺産に登録される
		2014	憲法解釈変更　集団的自衛権容認　御嶽山噴火、57人死亡6人行方不明	ノーベル物理学賞 赤崎　勇・天野　浩 中村　修二
	成	2015	安全保障関連法成立 IS(Islamic State)が日本人人質殺害	ノーベル生理学・医学賞 大村　智
				ノーベル物理学賞 梶田隆章
		2016	第42回先進国首脳会議(伊勢志摩サミット)が開催される 熊本地震　死者150人超	

◎ 附録 ◎

続表

世紀	時代	西暦	政治端・経済・社会	文化
		2017	天皇退位2019年に決定 九州北部豪雨死者不明者41人	陸上男子100m 桐生祥秀 日本人初の9秒台
		2018	オウム真理教松本智津夫元死刑囚刑執行	平昌オリンピック開催 冬季五輪最多メダル獲得
		2019	令和元年 消費税10％に増税（軽減税率導入） 京都アニメ放火殺人36人死亡	ラグビーW杯日本大会開催 首里城火災 正殿等消失
		2020	新型コロナウィルス世界的流行	千葉の地層「チバニアン」地質時代名になる 選抜高校野球、新型コロナで初の中止
		2021	福島原発処理水、海洋放出を決定 東京五輪、1年遅れで開催	将棋、藤井聡太が史上最年少4冠 大谷翔平、大リーグで満票MVP獲得

参考文献

1. 武心波.当代日本社会与文化[M].上海:上海外语教育出版社,2001.
2. 苑崇利.日本概观[M].北京:外文出版社,2008.
3. 王秀文.日本社会文化读解[M].大连:大连理工大学出版社,2009.
4. 源了圆.日本文化与日本人性格的形成[M].北京:北京出版社,1992.
5. 许建明.人力资源开发和管理的探讨——以日本企业为中心[J].经营管理者,2013(1).
6. 崔香兰,贺静彬.新编日本文化概况[M].大连:大连理工大学出版社,2010.
7. 唐向红.日本文化与日本经济发展关系研究[M].大连:东北财经大学出版社,2012.
8. 许建明.经营管理日语[M].北京:中国农业出版社,2010.
9. 魏常海.日本文化概论[M].北京:世界知识出版社,1996.
10. 武安隆.文化的抉择与发展[M].天津:天津人民出版社,1993.
11. 王家骅.儒家思想与日本的现代化[M].杭州:浙江人民出版

社,1995.

12. 尚会鹏.中国人与日本人[M].北京:北京大学出版社,1998.

13. 池建新,王越.新编日本国家概况[M].南京:东南大学出版社,2012.

14. 叶渭渠.日本文明[M].北京:中国社会科学出版社,1999.

15. 刘小珊,陈访泽.概说日本文化史[M].大连:大连理工大学出版社,2010.

16. 韩立红.日本文化概论[M].天津:南开大学出版社,2006.

17. 顾海根.日本语概论[M].北京:北京大学出版社,2007.

18. 中牧弘允.日本会社文化——昔日的大名,今日的会社[M].何芳,译.北京:北京大学出版社,2011.

19. 南博.日本人の系譜[M].東京:講談社,1970.

20. 梅棹忠夫,多田道太郎.日本文化の構造[M].東京:講談社現代新書,1972.

21. 佐藤弘夫他.概説日本思想史[M].京都:ミネルヴァ書房,2005.

22. 森三樹三郎.中国文化と日本文化[M].京都:人文書院,1988.

23. 村上重良.天皇と日本文化[M].東京:講談社,1986.

24. 多田道太郎.身辺の日本文化[M].東京:講談社学術文庫,1988.

25. 梅棹忠夫.文明の生態史観[M].東京:中央公論社,1967.

26. 加藤周一.日本とは何か[M].東京:講談社,1976.

27. 许建明.日本人力资源管理模式的思考[J].现代企业教育,2013(2).

28. 梅原猛.日本文化論[M].東京:講談社学術文庫,1976.

29. 于长敏. 日本文化史略[M]. 长春：吉林教育出版社，1991.

30. 産業構造ビジョン2010抜粋『文化産業立国』，経済産業省，httpt://www.yahoo.co.jp/.

31. 『観光立国懇談会報告書』，文化庁，httpt://www.kantei.go.jp/jp/singi/kanko/kettei/030424/koukoku.html. httpt://www.mext.go.jp/b_menu/houdou/23/04/1305175.htm.

32. 『経済産業省特定サービス産業動態統計調査』，日経新聞ネット，http://ceron.jp/url/itpro.nikkeibp.co.jp/article/Research/20081027/317903/.

31. 『日本アニメ業界市場動向』，日本アニメ協会，http//www.jetro.go.jp/china/market/trend/index.html/japanesecontentindustry.pdf.

33. 『日本の統計』，統計局ホームページ，httpt://www.stat.go.jp/data/nihon/index.htm.

34. 『文化産業』立国に向けて——文化産業を21世紀のリーディング産業に，文化庁，httpt://www.ogb.go.jp/move/okivison/.

35. 『日本文化産業戦略』～文化産業を育む感性豊かな土壌の充実と戦略的な発信～，http://www.kantei.go.jp/jp/singi/asia/betten_2.pdf♯search.

36. 『全業界従業員数が多い企業ランキング』，従業員数の多い日本企業．http://www.ts-hikaku.com/clist/a0/v1s22t0p.htm